久保田安彦=著
Yasuhiko Kubota

会社法の学び方

日本評論社

はしがき

　本書は，会社法に関するトピックを取りあげて，論じたものである。本書では，数多のトピックの中から，(1) それについて知ると会社法のことがよく分かるのに，多くの教科書では必ずしも十分な説明が行われていないもの，または (2) 比較的最近に問題となったために，やはり多くの教科書ではあまり語られていないものを中心に取りあげた。こうした選定方針のゆえに，取りあげたトピックは，会社法の全体を網羅しているわけではないが，本書をすべて読めば，会社法の主要部分はおおよそカバーできるように思われる。

　本書に所収された論考は，もともと，2015年6月から2017年10月にかけて，月刊の法律雑誌である『法学セミナー』（日本評論社）に連載したものである。論考には，完全な書き下ろしもあれば，別の機会に公表した論考をベースにしたものもある。今回，それらを本書に所収するにあたり，各所で，説明をより分かりやすいものに書き直したり，ミスリーディングな記述を訂正したりしたが，基本的な内容には変更を加えていない。

　本書には『会社法の学び方』というタイトルを付したが，『法学セミナー』連載時のタイトルは「株式会社法の基礎」であった。筆者としては，会社法の基礎的な考え方に立ち戻りつつ，上記のようなトピックについて論じるという意味で「基礎」と名付けたものの，実際にできあがった論考を改めて眺めてみると，「基礎」というイメージからは少し離れた内容のものも含まれている。連載時における読者モニターの感想でも，「分かりやすい」とか「はじめて良く理解できた」といった感想を多数頂戴して，大いに勇気づけられたのであるが，そこでも「この（難しい）トピックに関する論考としては」とか「このトピックについて今まで色々と教科書を読んで考えてきたが」といった前置きが付されていることが少なくなかった。このことからも分かるように，本書の内容のレベルは，（各章の論考によって一様でないとはいえ）全くの初学者が読んですぐに理解できるようなものには必ずしもなっていない。全くの初学者が「基礎」という名前に惹かれて本書を購入し，「思っていた内容とは違う」と悲しむのは本意でないから，万が一にもそうしたことのないよう，本書のタイトルを『会社法の学び方』に改めた次第である。

このような事情から，本書が主に想定している読者は，ある程度会社法に触れたことのある者である。本書の目的は，そうした読者に目を通してもらい，会社法のより深い理解に達してもらうことにある。また，本書の読み方として，第1章「株式とは何か」と第2章「株式会社の区分規制」だけは会社法の全体に係わるトピックであるから最初に目を通してほしいが，それら以外の章は，順番とは関係なく，興味のある章から読んでもらえればよいと思う。

　本書が成るにあたっては，日本評論社の柴田英輔氏（『法学セミナー』編集長）と小野邦明氏（元『法学セミナー』編集部，現『法律時報』編集部）に大変にお世話になった。なんとか『法学セミナー』での連載を続けて，本書の刊行にまで辿り着けたのは，お二人が忍耐強さをもって，暖かく励ましてくれたことが大きい。ここに記して，篤く感謝の意を表したい。

2018年1月

久保田安彦

目次

目次

《総論》
第 1 章　株式とは何か　001
第 2 章　株式会社の区分規制　010
第 3 章　株式の評価方法　020

《株式》
第 4 章　株主名簿の効力　032
第 5 章　株式の準共有　044

《機関》
第 6 章　上場会社の「取締役会の無機能化」問題　055
第 7 章　取締役の利益相反取引　065
第 8 章　取締役の報酬等——確定額の金銭報酬を中心に　078
第 9 章　取締役の報酬等——退職慰労金とストック・オプション　090
第10章　取締役の会社に対する責任　104

《資金調達》

第11章 **公開会社の株式発行** 121

第12章 **非公開会社の株式発行** 133

第13章 **新株予約権制度の趣旨と効用** 145

第14章 **新株予約権の発行手続と株主の救済策** 154

第15章 **株式の仮装払込み** 168

《計算》

第16章 **資本制度と100％減資** 178

《M&A》

第17章 **少数株主の締め出し** 202

事項索引 226

凡例

[法令]

＊法令の略称は，以下のとおりとする。

会社	会社法
会社規則	会社法施行規則
企業内容等開示府令	企業内容等の開示に関する内閣府令
計算規則	会社計算規則
社債株式振替	社債，株式等の振替に関する法律
手形	手形法
民	民法

[判例・裁判例]

＊判例あるいは裁判例は，以下のように略記した。

例：最判平成24年4月24日民集66巻6号2908頁

＊判例あるいは裁判例を示す際の略記は，以下のとおりとする。

最判(決)	最高裁判所判決(決定)
高判(決)	高等裁判所判決(決定)
地判(決)	地方裁判所判決(決定)
民集	最高裁判所民事判例集
集民	最高裁判所裁判集民事編
刑集	最高裁判所刑事判例集
判時	判例時報
判タ	判例タイムズ
金判	金融・商事判例
金法	旬刊金融法務事情

第1章

株式とは何か

1 はじめに

　株式とは何か。一見，簡単な問いのようにもみえるが，必ずしもそうではない。株式の内容に株主総会における議決権のような「会社のコントロール権」が含まれるのはなぜか，株式の内容が均一であるとされるのはなぜか，といった点まで含めると，なかなかの難問であって，本章で述べたことも，実は問題を考える際の出発点にすぎない。以下では，株式とは何かを考えるために，少し遠回りして，株式会社の資金調達方法に関する説明から始めることにしよう。

2 株式とは何か

[1] 株式会社の二つの資金調達方法

　株式会社という企業形態でどのような事業を行うにせよ，事業を行う場合には，相応の資金が必要である。事業を始めようとするときには元手が必要になるし，事業を継続するにも運転資金が必要になるから，そうした資金をどのように調達するかが問題になる。すぐに思いつくのは，銀行などの金融機関からの貸付けを受けるという方法であろう。

　貸付けを受けるという資金調達方法には，以下のような特徴がある。①銀行等の債権者には，あらかじめ契約で定められた額・率（例えば年利3％など）の利息を支払う。こうした利息の支払いは，業績がよくて資金的余裕が大きいときは全く問題ないが，業績が悪いなどの理由によって資金的余裕が小さければ，会社にとって不都合であろう。また，②期限が定められるのが通例

であるから，期限が来れば会社は借入金（元本）を弁済する必要がある。このことも，資金的な余裕があるとか，新たに貸付けを受けることが可能であれば問題ないが，そうでなければ，やはり会社にとっては不都合である。

　貸付けを受ける方法は広く用いられているが，ときに会社にとっては上記のような不都合が生じることもあるから，それとは異なる特徴をもつ資金調達方法を別途用意しておく方がよいであろう。そこで会社法は，株式会社について，人々から「出資」を受けるという方法を用意している[1]。この方法と貸付けを受ける方法とでは，主に以下の3点で異なる。

　第1に，会社が出資を受ける場合，出資者に支払うべきリターンは不確定である。大まかにいうと，会社法上，会社の資産から債権者の取り分（借入金〔元本〕と利息）を除いた，残りの資産の大小に応じて，出資者が受けとるリターン（会社が継続する場合は主として「剰余金の配当」という形をとる）の額も変動する（詳しくは本書第16章参照）。したがって，会社の側からみると，大きな資金的余裕があるときは出資者に多くのリターンを支払うが，小さな資金的余裕しかなければ少しのリターンしか支払わなくてよいことになる。そのことを出資者の側からみると，出資をする場合は貸付けをする場合と比べて，ハイリターンを得られる可能性がある一方，会社の業績に関するリスクを負担しなければならず[2]，どれほどのリターンが得られるかの不確実性が大き

---

[1] 理論上，会社が借入れの方法と出資を受ける方法のいずれで資金調達した場合でも，投資家の裁定取引が行われる結果，企業の市場価値に差は生じない（いずれかの資金調達方法が会社にとって有利という話にはならない）とされる（これは「MM〔モジリアーニ＝ミラー〕の第1命題〔資本構成無関連命題〕」とよばれる）。もっとも，そこでは，投資家の裁定取引にコストがかからないこと，投資家間に情報の非対称性がないこと，企業の倒産リスクがないこと，法人税の影響がないことが前提とされているが，現実にはそうした前提は成り立たないから，借入れの方法と出資を受ける方法とでは，企業価値に与える影響が異なりうる。MMの第1命題については，リチャード・ブリーリー＝スチュワート・マイヤーズ＝フランクリン・アレン『コーポレートファイナンス（上）〔第10版〕』（日経BP社，2014年）695頁以下参照。

[2] 株主にこうしたリスクを負担させるのは，逆説的であるが，会社の他の利害関係者と比べて，株主はリスクに対する許容度が比較的大きいからであると説明される。たしかに上場会社の場合には，その株主は株式市場を通じてリスクを分散させることができるし，会社の業績が悪化した場合でも株式を売却して退出することができる（伊藤秀史「現代の経済学における株主利益最大化の原則」商事法務1535号〔1999年〕6頁）。

い（ハイリスクである）といえる。

　第2に，会社法上，会社が出資を受けた場合は，出資者に出資金を返却しないものとされている。一見すると，この点は，出資者にとって非常に不利であるようにみえるが，実はそうではない。出資者は，たしかに会社からは基本的に出資金の返却を受けられないのであるが，すぐ後で述べるように（〔3〕参照），「剰余金の配当」を受けるといった方法のほか，「株式」を第三者に売却するという方法によって，出資金を回収することが可能なのである。

　第3に，会社法上，出資者の権利は，債権者の権利に劣後する。つまり，会社が消滅する（解散する）場合には，まず会社は債権者に元本と利息を弁済し，その後，残った財産があれば，株主はそこから分配（「残余財産の分配」）を受けることができる（会社105条1項2号・502条）。また，先に少し触れたように，会社が継続する場合でも，会社の資産のうち，債権者の取り分（元本と利息）を除いた残りの部分からしか，剰余金の配当を受けとることができない。

[2] 株式とは何か

　それでは，最初の問いに戻ろう。既述のように，出資者には，剰余金の配当を受ける権利や残余財産の分配を受ける権利が与えられる。また，後述する理由から，出資者には，会社をコントロールするための権利も与えられる。このように出資者が出資の対価として得る，会社に対する様々な権利の総体は，「株式」とよばれる。また，会社から株式の発行を受けて株式を保有する者，または，かかる株式保有者から株式の譲渡を受けて株式を保有する者は「株主」とよばれる。そして，株式会社の一つの大きな特徴は，株式を発行して人々から出資を受けるという方法で資金を調達できる点に求められる。

　株式については，「株主が会社との間で有する法律関係の総体」あるいは「株主としての資格・地位」とも説明される。ただし，会社との間の法律関係（資格・地位）といっても，株主は会社に対して権利は有するものの，義務は負わないから（会社104条参照），上記の説明と実質的には変わらない。

[3] 株主の投下資本回収の方法

　株主が投下資本を回収する方法は，大きく分けて2つである。まず第1に，会社から剰余金の配当を受ける。第2に，株主は，会社からは出資金の返還

を受けられないが，株式を他人に譲渡することによって投下資本を回収することができる。

例えば，AがB株式会社に1000万円出資し，B社がその1000万円を用いて事業を行ったところ，業績が好調で，Aが毎年500万円の剰余金配当を受けられることが見込まれるようになったとしよう。この場合，Aは，株式を保有し続けて，毎年の配当を受け取るという方法で，投下資本を回収することができる。あるいは，そのような高額の配当が期待できる株式であれば，高い価格で他人に売ることもできるであろう。仮にCに3000万円で株式を売却できるなら，Aは，出資金1000万円を回収したうえで，さらに2000万円の株式売却益を手に入れることになる。

このように株主が得られる利益には，主に剰余金の配当と株式の売却益がある。株主が剰余金の配当を手にできるのは，現実に会社に剰余金が生まれて配当された場合に限られる。これに対し，株式売却益は必ずしもそうではない。たとえ現在は会社の剰余金がゼロであっても，将来業績が伸びて多くの剰余金配当が行われることが予想されるなら，株式を高い価格で購入しようとする者が現れ，株価も上昇するから（株式価値の評価方法につき本書第3章参照），株主は多額の株式売却益を得られることになる。ただし，こうした違いはあるものの，そもそも株主が株式売却益を得られるのは，株主が会社から剰余金の配当を受けられる（株式の内容に剰余金の配当を受ける権利が含まれる）からであるという関係にあることを理解してほしい。

3 │ 株主のコントロール権

株式の内容には，株主総会における議決権も含まれる（会社105条1項3号・308条）。会社法上，株主総会とは，株主によって構成され，株式会社の意思を決定するための会議体であり，すべての株式会社は必ず株主総会を置かなければならない（会社295条・326条参照）。株主総会でどのような事項に関する意思決定を行うかは，各会社で必ずしも同一ではない（この点はなぜそうなのかも含めて本書第2章で取り扱う）。ただし，会社経営者である取締役の選任・解任（会社329条・339条）のほか，定款（株主が定める会社の組織・運営に関する規則）の変更（会社466条），他社との合併（会社783条1項・795条1項等）のように会社の組織・運営のあり方に大きな影響を及ぼす事項は，すべ

ての会社で株主総会が決定しなければならないから、会社法上、株主には会社のコントロール権が与えられているといえる。

それでは、なぜ株主にコントロール権が与えられるのであろうか。歴史的な要因を別にすると[3]、その理由として以下のことが挙げられる。

第1に、株主が会社から受けられるリターンは不確定であり、業績がよくて会社の資産額が債権者の取り分（元本と利息）を超えて大きくなればなるほど、株主が受けられる剰余金の配当も多くなる（また株式の売却益も得られやすくなる）。株主は、会社資産から債権者の取り分（元本と利息）を差し引いた、残余の額から配当を受けられるにすぎない。このことを指して、経済学上、株主は「残余権者」であるとされる。このように株主は残余権者であって、リターンが会社の業績によって変動するために、人々が会社に出資して株主になるかどうかを決めるときも、経営者がどのような行動をとるのか（それが会社の業績の行方を左右する）に関心を抱くことになる。

ところが、もし将来、経営者がどのような行動をとるかが全く不明であるとしたら、人々はどのように行動するであろうか。おそらく出資するのを躊躇い、その結果として、出資が集まりにくくなる危険が小さくない[4]。さりとて、株主・会社（または経営者）間で、将来起こり得るすべての状況を予想したうえで、それぞれの状況で経営者がどのような行動を行うべきかを定める契約を設計・締結し、エンフォースする（契約内容を実現する）ことは、現実には不可能に近い（このことは「契約の不完備性」と呼ばれる）[5]。そこで会社法は、株主にコントロール権を与えて、経営者の行動を規律付けることを可能にしている。株主としては、例えば、効率的に（会社資産を効率的に利用して）企業価値を増やす経営をしてくれそうな人を取締役に選び、そうでない人は取締役から解任するというように、コントロール権を上手く行使すれば、効

---

[3] 各国の歴史的要因につき、加藤貴仁『株主間の議決権配分』（商事法務、2007年）、松井秀征『株主総会制度の基礎理論』（有斐閣、2011年）参照。

[4] とりわけ問題になるのは、経営者が自らの私的利益を追求する行動をとる危険があることである。仮に経営者がそうした行動をとる確率と実際にそうした行動をとった場合に生じる株主の不利益の大きさを予測できるのであれば、それは株式の価格に反映され、投資家はディスカウントされた価格で株式を取得できるから、出資が集まりにくくなるという問題は生じにくい。しかし、現実には、かかる予測は極めて困難であるために、出資が集まりにくくなるという問題は生じうる。

率的に企業価値を増やすような経営が行われやすくなって，多額の剰余金の配当を受けることが可能になるし，株式も高い価格で売却することも可能になる。こうして会社法は，株主にコントロール権を与えることにより，出資が集まりにくくなる危険を防ごうとしている。

　第2に，株主にコントロール権を与えることは，効率的に社会の富を増やすことにつながるという意味でも，望ましいと考えられる。先ほど述べたように，株主は，効率的に企業価値を増やすような経営が行われるようにコントロール権を用いるであろうと期待されるから，その結果，効率的に企業価値を増やすような経営が実現されやすくなる。そして，財やサービスを取引する市場（生産物市場）が競争的である場合は（市場の独占・寡占がある場合は話が変わってくる），会社が効率的に利益を上げて企業価値を増やすためには，社会にとって価値のある財やサービスを効率的に生み出すことが必要である。したがって，効率的に企業価値を増やすような経営が実現されやすくなるということは，それだけ社会にとって価値のある財やサービスが効率的に生み出されやすくなること，つまり，社会の富の効率的な増加が実現されやすくなることを意味すると考えられる[6]。

5) 債権者には，金融機関だけでなく，取引先（取引債権者）や従業員（賃金債権者）も含まれる。ただし，会社と継続的な関係をむすぶ取引先や従業員の場合は，将来の取引・雇用について契約を設計・締結・エンフォースするのは難しいから（契約の不完備性），その意味では，株主と同様の立場に立つ。そうだとすると，それらの者ではなく株主にコントロール権が与えられることについては追加的な説明が必要になる。例えば，株主にコントロール権を与えるときは敵対的買収を通じた経営者の規律付けも可能になるから望ましい，あるいは，従業員等にコントロール権を与えるときは何か別の問題（議決権をどのように割り振るかが難しい，従業員等は私的な利益のためにコントロール権を用いる危険が比較的大きいなど）があるので望ましくないといった説明が考えられる（藤田友敬「株主の議決権」法学教室194号〔1996年〕21頁以下，伊藤・前掲注2）8頁以下，田中亘「企業法制と企業統治」中林真幸＝石黒真吾編『企業の経済学』〔有斐閣，2014年〕76頁以下参照）。

6) ただし，株主にコントロール権を与えることが，社会の富の効率的な増加につながらない場合もある。典型的には，株主が有限責任しか負わないために（会社104条），一定の場合において，社会的に望ましくない事業（リスクに見合う以上のリターンが期待できない，ばくち的な事業）を経営者に行わせようとする危険があることが指摘されている（詳しくは，藤田友敬「株主の有限責任と債権者保護（1）（2）」法学教室262号〔2002年〕81頁以下・263号〔同年〕122頁以下，後藤元「株主有限責任制度と債権者の保護」田中亘編『数字でわかる会社法』〔有斐閣，2013年〕39頁以下参照）。

4 │均一の割合的単位としての株式

　株式は「均一の割合的単位」の形をとる[7]。株式とは株主の会社に対する権利の総体であるから，それが均一の割合的単位の形をとることは，各株式の権利内容が等しいことを意味する。つまり，会社法上，株主には，剰余金の配当を受ける権利のように，会社からキャッシュフローの分配を受ける権利に加えて，株主総会での議決権のようなコントロール権も与えられるが，株主が複数存在する場合には，これらの権利は株主間で，基本的にその持株数に応じて配分される（会社109条）。例えば，甲社の株主が2名であり，株主A・Bがそれぞれ7株・3株の株式を保有しているとすると，甲社が剰余金配当を行う場合には，全額の70％をA，30％をBが受け取る（会社454条3項）。また，甲社が株主総会を開催する場合は，Aに7議決権，Bに3議決権が与えられることになる（会社308条1項。これを「一株一議決権原則」という）。

　それでは，なぜ株式の権利内容は等しいとされるのであろうか。この点については，いくつかの理由が挙げられる。第一に，証券市場の存在によって株式の権利内容の均一性が要求されるからである[8]。つまり，会社が人々から多額の出資を受けようとするときは，証券市場である証券取引所に株式を上場する（取引所に当該取引所での株式の売買を認めてもらう）ことが必要になる。さもないと，株式の売買にコストがかかり，株式の売却益を得るのも難しいために，出資して株式の発行を受けようとする者も現れにくいからである。ところが，もし株式の権利内容が均一でなく株式ごとに価値が異なるとすると，証券市場での売買に馴染まないため，株式の権利内容の均一性が求

---

7) 株式は「細分化された」均一の割合的単位の形をとると説明されることもある。「細分化された」ということの意味は，以下のとおりである。例えば出資者がAの1人である場合，会社はAに1株だけ発行してもよいし，100株や1000株を発行してもよい。ただ，将来Aが株式を譲渡することが想定されるなら，一部の株式だけを譲渡することもできるよう，1株ではなく複数の株式を発行しておいた方が便利である。もちろん，まずはAに1株だけ発行しておいて，Aが株式譲渡を望むときに，会社が1株を100株などに分割することもできるが，それは面倒だから，あらかじめ100株発行しておく（株式を細分化しておく）方が便利であるといわれる。もっとも，会社法上，こうした株式の細分化は強制されておらず，各会社の自由に委ねられている。

8) 上村達男『会社法改革』（岩波書店，2002年）85頁以下。

められる。

　第二に，上記とは異なる理由として，以下のようなものも考えられる。まず剰余金配当について，既述のように，そもそも人々が会社に出資をするのは，剰余金配当が受けられるからであった。ところが，株式数に応じて剰余金配当が受けられないとなると，多額の出資をして多くの株式の発行を受けようとする者が少なくなるから，出資が集まりにくくなる危険がある。

　他方，株主総会での議決権については多少話が異なる。というのも，多くの人々は議決権自体を目的に出資するわけではないので，持株数に応じて議決権を与えなくても出資が集まりにくくなるという問題は生じにくいからである。それにもかかわらず，議決権も持株数に応じて配分されるのはなぜであろうか[9]。ここで思い出してほしいのは，株主に議決権などのコントロール権が与えられるのは，株主利益の最大化ひいては社会の富の効率的な増加をもたらすような会社経営を実現させるためであった。ところが，現実の世界をみると，一口に株主といっても，その顔ぶれは実に多様であって，議決権行使のインセンティブや情報収集力・判断力の程度もまちまちである。そのため，理想論としては，個々の株主の顔ぶれをみながら，情報収集力・判断力が高くインセンティブもある者に多くの議決権を与えることが望ましい[10]。もっとも，多くの場合，そうした実質基準による議決権の割り振りは容易でなく，無用の紛争をもたらしうるため，基本的に形式基準が用いられる。形式基準としては一人一議決権と一株一議決権が挙げられるが，どちらがベターか（株主利益の最大化が実現されやすいか）といえば後者であると考えられる。

---

9) 以下の記述につき，藤田友敬「株主の議決権」法学教室194号（1996年）21頁参照。より詳しくは，畠中薫里「企業の資金調達と議決権および利益の配分」三輪芳朗＝神田秀樹＝柳川範之編『会社法の経済学』（東京大学出版会，1998年）292頁以下を参照されたい。

10) このことに鑑みると，もし株主達が，どの株主にどれくらいの数の議決権を割り振るべきかを適切に判断できるのであれば，一株一議決権原則から離れることを禁止すべきではないであろう（藤田・前掲注5）21頁以下，加藤・前掲注3）456頁以下参照）。そこで会社法は，議決権に関する種類株式（会社108条1項3号）を用いることで，一株一議決権とは別の形で，株主間で議決権を配分することを許している。

5 | 株式会社法の目的

これまでの説明には，随所に，効率的な企業経営による株主利益の最大化ひいては社会の富の効率的な増加というフレーズがでてきた。出資が集まりにくくなることが問題視されるのも，それによって会社の資金調達が阻害され，効率的な企業経営ひいては社会の富の効率的な増加も阻害される危険があるからである。

伝統的には，株式会社法の目的は，株主・債権者などの会社の利害関係者の利害調整にあると説かれてきた[11]。ただし，こうした説明には，どのような調整が望ましいのかが明らかでないという問題がある。近時は，株式会社法の目的を株主利益の最大化に求める見解（あるいは株主利益最大化原則に基づく利害調整にあるとする見解）がふえているが，かかる法目的が正当性を有するのも，株主利益の最大化それ自体に社会的価値が認められるからというより，株主利益の最大化によって社会の富の効率的な増加が導かれる（そのことに社会的な価値が認められる）からであると理解すべきであろう[12]。

---

11) 例えば，鈴木竹雄＝竹内昭夫『会社法〔第3版〕』（有斐閣，1994年）4頁参照。
12) 株式会社法の目的をめぐる議論については，落合誠一「企業法の目的」岩村政彦ほか編『現代の法（7）』（岩波書店，1998年）3頁以下，落合誠一「会社法の目的」浜田道代＝岩原紳作編『会社法の争点』（有斐閣，2009年）4頁以下参照。

第2章

株式会社の区分規制

1 ｜ 区分規制の意義とその経緯

　一口に株式会社といっても，その実態は実に多様である。トヨタ自動車のように，株主数が多く，大規模な上場会社もあれば，ごく小規模な八百屋を営み，店主が唯一の株主であるといった株式会社もある。実態が異なれば，それに相応しい規制の内容も異なるから，株式会社法は，会社の実態に応じて，規制の内容を変えるという「区分規制」を行っている。

　もともと，わが国の区分規制の基本なスタンスは，小規模な「閉鎖会社」（閉鎖会社の意味は後で詳しく述べるが，さしあたりは，上記のような八百屋を営み，店主が唯一の株主であるといった会社をイメージしておいてほしい）向けに「有限会社法」（昭和13年制定）を用意する一方，大規模な上場会社向けには株式会社法を用意するというものであった。ところが，第二次大戦後，多くの企業が法人企業になるときに（個人企業よりも法人企業の方が税制上有利であることが多いため），有限会社ではなく，名称の点で社会的に通りのよい株式会社の形態を選択したために，株式会社のなかに小規模な閉鎖会社が多数紛れ込むという状況が生まれた。そこで，そうした状況に対処するために採用されたのが，株式会社法のなかでさらに規制を区分する（大規模な上場会社向けの規定とは別に，小規模な閉鎖会社向けの規定も用意する）という政策である。

　とくに昭和49年改正以降，株式会社法はそうした政策に基づく改正を重ねてきたが，その結果，有限会社法の規定の内容と，株式会社法上の小規模閉鎖会社向けの規定の内容が徐々に接近していくのはいわば当然のことであった。そこで，基本的なスタンスを転換し，有限会社法を廃止して，有限会

社を株式会社に取り込んだうえで[1]，株式会社法のなかでの区分規制を徹底させるという立法が実現されることになった。それが平成17年における会社法の制定である。これから詳しくみていくように，会社法は株式会社について，主に，(1)「公開会社」かどうか，(2)「大会社」かどうかという二つの基準を用いて規制内容を区分することで，実態に応じた規制を企図している。

2 | 公開会社・非公開会社の区分規制

[1] 総説

　会社法上，公開会社は，「その発行する全部又は一部の株式の内容として譲渡による当該株式の取得について株式会社の承認を要する旨の定款の定めを設けていない株式会社をいう」と定義される（会社2条5号）。この定義規定は少し分かりにくいが，要するに，公開会社とは，発行する全株式について譲渡を制限している会社（全株式譲渡制限会社）でない会社のことである。したがって，その反対概念である「公開会社でない会社」（非公開会社）は，全株式譲渡制限会社のことを意味する。

　公開会社の典型は上場会社（証券取引所で株式が売買されている会社）であるから，以下ではまず，上場会社にどのような規制が必要なのかを考えることから始めよう。

[2] 上場会社に関する規制の必要性

　本書第1章で述べたように，株式会社の一つの大きな特徴は，株式を発行して人々から出資を受けるという方法で資金を調達できる点に求められる。

---

1) 有限会社法の廃止にともない，従前の有限会社は法律上は株式会社となったが，経過措置として，従前どおり有限会社の商号を用いて，旧有限会社法に近いルール（そのルールは「会社法の施行に伴う関係法律の整備等に関する法律」〔会社法整備法と略称される〕で定められている）の適用を受けるものとされている。そのような会社のことを特例有限会社という（会社法整備法2条・3条）。なお，特例有限会社も，商号中に株式会社という文字を用いる商号の変更のための定款変更の手続をしたうえで，特例有限会社についての解散の登記と株式会社についての設立の登記をすることにより（会社法整備法45条・46条），会社法の規定の適用を受ける会社になることができる。

そして，会社法が株式の自由譲渡性を原則にしていること（会社127条）の目的も，人々の出資を促進すること（株式譲渡が自由でない場合は，株主が株式売却益を手に入れにくいために，株主になろうとする者も少なくなって出資が集まりにくくなる危険がある），換言すれば，株式会社が上記の特徴をなるべく活用できるようにすることにある。株式会社がさらに上記の特徴を最大限に活用しようとするときは，証券取引所に株式を上場することになる。株式を上場すれば，株式の譲渡は飛躍的に行いやすくなるからである。伝統的に，株式会社の理念型は大規模上場会社（上場会社は比較的規模が大きい）であるといわれてきたが，その理由はここにある。

　上場会社の経営者は，会社の財産を用いて会社経営を行うが，会社財産は，出資金や借入金，株主に配当せずにとっておいた内部留保，または，それらを用いて取得した金銭以外の財産だから，経営者にとって所詮「他人のお金」である。効率的な会社経営を実現しても，ほとんどは他人（特に株主）の利得になるだけだから，倫理観の薄い経営者だと（上場会社の経営者の多くは倫理観が高いであろうが），自らの私的利益を追求する行動（横領，企業価値を犠牲にして自己の名声を求めたり保身を図る行為などのほか，会社経営に手を抜いたりするのも私的利益追求の一つである）にでる危険がある。他方で，上場会社になると多くの人々から出資を受けやすくなるから，それだけ株主数も増えることになる。株主数が増えれば，各株主の持株割合も小さくなりやすい（株式所有の分散）。持株割合が小さくなれば，会社経営への影響力も小さくなるし，会社経営に関する情報も手に入れにくくなる（経営者との情報の非対称も大きくなる）。この結果，株主による経営者の規律付けが十分に働きにくいと考えられるから，その意味でも，経営者の私的利益追求の危険は大きいといえる。

　このことを理解するために，上場会社の一般的な株主（例えば2017年3月末の時点で，トヨタ自動車の発行済株式総数は約33億1000万株で株主数は約69万名だから，各株主の持株数が均一だとしても，1名あたりの持株数・持株割合は約4800株・0.0000014%である）のことを考えてみよう。もしこの株主（A）が，小さくない費用をかけて会社経営に関する情報を入手して分析したところ，現在の会社経営のあり方は妥当でなく，経営者である取締役を交替させるべきとの結論に至ったとする。ところが，取締役の選任・解任は株主総会決議（原則として議決権を行使することができる株主の議決権の過半数を有する株主が

出席し，出席した当該株主の議決権の過半数をもって行う決議。会社341条）で行うとされているから，Aは自分の持株だけだと取締役を交替させるのに足りず，他の株主を説得しなければならない。多額の費用をかけて他の株主を説得して，取締役の交替を実現させ，株価を上げるのに成功したとしても，それによってAが得られる利益は，到底それにかかった費用に見合うものではないと考えられる。そうすると，Aにとって合理的な行動は，会社経営に無関心になることであろう（株主の合理的無関心）。そして，Aが保有するのは上場株式で，株式の譲渡は容易だから，たとえ会社経営に不満を覚えたときも，株式を譲渡して会社から離脱することを選択すると予想される。

　本書第1章で取り上げたように，会社法は，株主が「残余権者」である（会社から受けられるリターンが不確定であり，会社の業績によって変動する）ことに着目して，株主に会社のコントロール権を与えて経営者の行動を規律付けることを可能にしようと考えた。株主利益を最大化するような効率的な経営を行わせるよう，経営者を規律付けることは，出資が過小になるのを防ぐために必要なことであるし，社会の富を効率的に増やすことにつながるという意味で望ましいことであった。ところが，上場会社の一般的な株主に関する限り，コントロール権を行使するインセンティブを十分には持っていないのである。

　もちろん，上場会社の株主の中には，投資ファンドや生命保険会社のように，比較的多数の株式を有する株主も存在する。これらの株主は株式の譲渡による離脱がそう容易でないこともあって（多数の株式を一度に売却すると株価が大きく値崩れして売却損が出やすい），コントロール権の行使に比較的積極的だから，株主にコントロール権を与えることには意味がある。また，株主にコントロール権を与えることは，それによって「敵対的買収の脅威による経営者の規律付け」が可能になるという点でも意味がある。すなわち，非効率な経営が行われ，株価が低迷している場合には，会社を支配できるだけの数の株式を取得したうえで，経営者を交替させ，経営改革を行って株価を上昇させることで利得しようとする敵対的買収（敵対的とは，支配株式の取得〔買収〕について経営者の賛同を得ていないという意味である）のターゲットになる可能性がある。それを怖れる経営者としては，敵対的買収が行われて自分が解任されるのを避けるために，なるべく効率的な経営を行って，株価を低迷させないようにすると期待される。これを敵対的買収の脅威による規律付

けと呼ぶが，こうした規律付けが働きうるのは，株主にコントロール権が与えられており，株主が経営者を選任・解任できるからに他ならない。

これらの点で，上場会社の場合にも，株主にコントロール権を与えることには意味がある。しかし，それでも，株主にコントロール権を与えることだけで，経営者の規律付けが十分であるとは考えにくいから，別途，経営者を規律付けるための仕組みが必要であろう。

そこで，上場会社には，経営者を規律付けるための仕組みとして，株主に代わって経営者を監視・監督する者を置くよう，強制すべきであると考えられる。上場会社に一律に強制するのではなく，そのような者を置くかどうかの判断を株主総会に委ねるとする法制も考えられるが，上記のような一般的な株主の実態からすると，そうした法制は妥当でないであろう。このため，会社法は，上場会社を典型とする公開会社に対し，「取締役会」の設置を強制して（会社327条1項1号），重要事項は取締役会で決定させ，一人の取締役が独断で決定できないようにしたり，取締役の職務執行を取締役会に監督させることにしている（会社362条2項・4項）。さらに会社法は，取締役会に加えて，「監査役」（株主総会で選任される専門のお目付役〔会社329条・381条〕）を同時に設置するか，または，「指名委員会等設置会社」もしくは「監査等委員会設置会社」（これらについては本書第6章で取り扱う）になることを強制することで（会社327条2項），経営者を規律付けようとしている。反面，株主総会の権限は，原則として（株主らが定款で別段の定めをしない限り），会社法が定めた一定の重要事項（取締役の選任・解任〔会社329条・339条〕のほか，定款の変更〔会社466条〕，他社との合併〔会社783条1項・795条1項等〕のように会社の組織・運営のあり方に大きな影響を及ぼす事項）に限定されている（会社295条2項）。

[3] 上場会社と公開会社の関係

ところで，公開会社とは，全株式譲渡制限会社でない会社のことであった。証券取引所に上場する株式について会社が譲渡を制限することは許されないから，上場会社はすべて公開会社である。他方，公開会社のすべてが上場会社というわけではない。株式を上場していないが，全株式譲渡制限会社ではない会社も一定数存在するからである。そのような非上場の公開会社は，大別して，①証券取引所が定める株式上場の条件を満たさないために未だ上場

していないが，少しでも広い範囲の者から出資を募りたいと考えて，株式の譲渡を制限していない会社（上場予備軍のような会社もここに含まれる）と，②実態は，すぐ後で述べるような全株式譲渡制限会社と同一であり，広い範囲の者から出資を募りたいと考えているわけではないが，全株式譲渡制限会社になるための手続を行っていない会社とがある。②の会社のことを考えると，むしろ全株式譲渡制限会社と同一の規制をかけるべきであるが，会社法は，①の会社のことを重視して，非上場の公開会社にも上場会社と同一の規制をかけている（この結果，上場会社・非上場会社ではなく，公開会社・非公開会社で区分規制が行われているわけである）。

　なお，②の会社について付言すると，株式譲渡制限制度は昭和41年改正法で導入されたものである。同改正法の施行後に設立された会社は，おおよそ全株式譲渡制限会社として設立されているのに対し，それ以前に設立された会社の場合は，全株式譲渡制限会社に移行するために厳重な手続[2]を踏まなければならない。全株式譲渡制限会社への移行について厳重な手続が要求されるのは，株式譲渡が制限されると株主に非常に大きな影響が及びうるからである。ところが，会社法の知識がないために全株式譲渡制限会社に移行した方がよいことを知らない，知ってはいるが移行手続が厳重なので躊躇しているなどの理由で，昭和41年改正法の施行前に設立された会社には，全株式譲渡制限会社になっていない会社が一定数存在するのである。

[4] 閉鎖会社の典型としての非公開会社

　これまで上場会社を中心とする公開会社を取り上げてきたが，非公開会社（全株式譲渡制限会社）の場合はそれと実態が大きく異なる。非公開会社とは「閉鎖会社」の典型であるから，以下ではまず，閉鎖会社とはどのような会社なのかを確認することから始めよう。

　閉鎖会社とは，会社法上の用語ではなく学問上の用語であるが，株主が門戸を鎖し，信頼関係のない第三者が株主になって会社経営に関与してくるのを阻止したいという意思をもっている会社のことをいう。このような閉鎖会社の本質は，以下の4つの特徴となって表れる。①株主の全員または多くが会社経営に関与している（株主が出資をして株式を保有するのも，純然たる投資

2）　手続の内容については，後掲注4）参照。

が目的ではなく，会社経営に関与するための前提・手段としての色彩が濃い）。②株主間に信頼関係があることが多く，少なくとも面識はある（そうでないと会社経営にも支障が生じる）。③株主の数が少ない（だからこそ①②の特徴も維持される）。④株式が流通することは稀である（これは①の特徴の反映でもある）[3]。

　こうした特徴から容易に想像できるように，閉鎖会社の多くは中小規模の会社である。つまり，株主が信頼関係のない第三者の会社経営への加入を排除しようとする意思を持っているために，たとえ証券取引所への株式上場が可能であっても，上場はしない。また，上場はできないまでも比較的広い範囲から出資を募ること（株式の公募発行）は可能であったとしても，やはり株式の公募発行も行わない。株式上場や公募発行をしてしまうと，信頼関係のない者が株主となって，会社経営に関与してくる危険があるからである。このように閉鎖会社は広く出資を募ることをしないため，事業規模の成長には不利であり，それゆえ，中小規模の会社が多くなりがちである。ただし，竹中工務店やサントリーホールディングスのように，主に借入れによる資金調達や内部留保を用いて規模を拡大させた大規模な閉鎖会社もみられる（ただしサントリーホールディングスは，閉鎖会社であり続けながらも，さらなる規模拡大を求めるために，2013年に子会社であるサントリー食品インターナショナルを東証第一部に上場させて，株式の公募発行による資金調達を行わせた）。また，100％子会社は閉鎖会社であるが，世に大規模な100％子会社は少なくない（三菱UFJフィナンシャル・グループの100％子会社である三菱東京UFJ銀行など）。

　上記のように，閉鎖会社は，たとえ可能であったとしても，株式の上場や公募発行は行わない。しかし，閉鎖会社であり続ける（会社の閉鎖性を維持する）ためには，それだけでは十分ではなく，株式の譲渡を制限しなければならない。というのも，仮に株式の譲渡が自由であれば，信頼関係のない者に株式が譲渡され，その者が株主として会社経営に関与してくる危険があるからである。そこで，会社法は，会社の閉鎖性を維持させる観点から，会社が自社の株式の譲渡を制限することを認めている（会社107条1項1号・108条1項4号）。こうして発行する全株式について譲渡制限を定める会社は非公開

---

[3] 酒巻俊雄『閉鎖的会社の法理と立法』（日本評論社，1973年）156頁，182頁参照。

会社と呼ばれるから[4]，非公開会社とはまさに閉鎖会社の典型であるといえる。

[5] 非公開会社に関する規制のあり方

　既述のように，上場会社の経営者からすると，たとえ効率的な会社経営を実現しても，ほとんどは他人（特に株主）の利得になるだけだから，倫理観の薄い経営者だと，自らの私的利益を追求する行動にでる危険があった。それにもかかわらず，上場会社では株式所有が広く分散しているために，株主による経営者の規律付けが十分に働きにくいという問題があった。

　ところが，閉鎖会社の典型である非公開会社の場合は大きく事情が異なる。非公開会社では，上記の特徴にも表れているように，株主の多くが会社の経営者になっている。もし自分が経営者として効率的な会社経営を行わなければ，株主としての自分に不利益が生じるから，経営者による私的利益追求の危険は比較的小さいであろう。もちろん，非公開会社でも，株主でない者が経営者になっている場合もある。しかし，その場合でも，株式所有が分散していないから，持株割合の大きい大株主が存在する。そうした大株主は経営に対する発言権が大きいうえに，会社経営に関する情報も比較的入手しやすいから，株主による経営の規律付けが働きやすい。

　このような事情のゆえに，非公開会社については，会社法が，株主に代わって経営者を監視・監督する者を置くよう強制する必要は薄いといえる。そこで，会社法上，非公開会社では，株主総会と取締役の設置が強制されるにすぎず，取締役会の設置も任意とされるなど，基本的にどのような機関を置

---

4) 非公開会社には，①1種類の株式のみを発行する会社で，その発行する全部の株式の内容として定款で譲渡制限を定めた会社（会社107条1項1号・2項1号）のほか，②2種類以上の株式を発行する会社で，全ての種類の株式につき，定款で譲渡制限を定めた会社（会社108条1項4号・2項4号）も含まれる。公開会社が①の非公開会社に移行する場合には，株主総会の特殊決議が要求されるうえに（会社466条・309条3項1号），反対株主には株式買取請求権も与えられる（会社116条1項1号）。また，公開会社が②の非公開会社に移行する場合には，株主総会の特別決議が要求され（会社466条・309条2項11号），反対株主には株式買取請求権が与えられるうえに（会社116条1項2号），さらに各種類株式の株主を構成員とする種類株主総会の特殊決議も要求される（会社111条2項1号・324条3項1号）。

くかは株主らの判断に委ねられている（どの機関を置くかは定款で定めるが〔会社326条2項〕，定款変更は株主総会決議によって行われるから〔会社466条・309条2項11号〕，結局株主の判断に委ねられていることになる）[5]。

また，非公開会社のなかには，株主総会で日常的な経営判断を行うことができるし，また株主らがそれを望んでいる会社もありうる。そこで，会社法は，非公開会社が取締役会を設置する場合は，公開会社の場合と同じく，株主総会は原則として（株主らが定款で別段の定めをしない限り）法定の重要事項についてしか決定できないとする一方（会社295条2項），非公開会社が取締役会を設置しない場合には，いわば株主総会が取締役会の代わりとなって，（株主らが定款で別段の定めをしなくても）どのような事項でも決定できるとしている（会社295条1項）。

上記の他にも，会社法上，非公開会社と公開会社とで，規制の内容が異なっている場面は少なくない。その典型は，新株発行の場面であるが，それについては本書第11章および第12章で取り扱う。

3｜大会社・非大会社の区分規制

会社法上の区分規制のもう一つの柱は，会社の規模によって規制を分けることである。既述のように，基本的に，上場会社を典型とする公開会社は比較的規模が大きく，非公開会社は比較的規模が小さいが，常にそうであるとは限らない。そこで，会社法は，公開会社かどうかという基準とは別に，大会社かどうかという基準を用いて規制を区分している。

会社法上，大会社とは，①資本金（最終事業年度に係る貸借対照表上の資本金）が5億円以上である会社，または②負債（最終事業年度に係る貸借対照表上の負債）が200億円以上である会社をいう（会社2条6号）。資本金の額は，基

---

[5] ただし，株主らが一定の機関を任意に設置した場合には，それに付随して，別の機関の設置が要求されることもある。例えば，非公開会社が取締役会を任意設置した場合は，監査役を設置するか，または監査等委員会設置会社，指名委員会等設置会社もしくは会計参与設置会社にならなければならない（会社327条2項）。こうした規制の合理性は自明でなく，多分に，平成17年改正前商法の下で，そのような機関の組合せが要求されてきた（当時は区分立法が不完全であり，非公開会社における機関設計の自由度は低かった）という過去の経緯によるものであると考えられる。

本的にこれまで新株発行によって調達した金額の累積額によって決まるから（新株発行の都度，それによる資金調達額の2分の1以上は資本金として計上しなければならない〔会社445条1項・2項，会社計算14条〕。詳しくは本書第16章参照），会社法は，新株発行または借入れによって調達した資金の額を基準に，大会社かどうかを決めていることになる。なお，会社の規模を図る基準としては，他に売上高や従業員数も考えられるが，売上高は年によって大きく変動する（年によって大会社かどうかが変わることになりかねない），従業員数は非正規まで含めるかどうか（業種によっては非正規の従業員が多数である場合もあるが，非正規まで含めると従業員数は年によって大きく変動しうる）という問題があるため，これらの基準は採用されていない。

　大会社は，規模が大きい分，債権者などの利害関係者も多いであろうから，それらの利害関係者のために会社の財務情報を開示させる必要が大きいと考えられる。開示させる財務情報については，なるべく情報の信頼性を担保させるのが望ましいが，大会社は，規模が大きい分，会社の財務情報も複雑であり，会計の専門家でなければ情報の信頼性を担保させるのが難しいであろう。また，大会社であれば，会計専門家に支払う費用を負担させても酷ではないと考えられる。そこで，会社法は，大会社に対し，財務情報の信頼性を担保させるため，会計専門家である公認会計士または監査法人を「会計監査人」として選任するよう強制するとともに（会社328条1項2項），それに付随して，一定の機関の設置も強制している（監査役を設置するか，または監査等委員会設置会社もしくは指名委員会等設置会社にならなければならない。会社327条3項・5項）。

第3章

株式の評価方法

1 | はじめに

　会社法上，市場価格のない株式の価値評価が争われる場合は少なくない。例えば，①譲渡制限株式につき，裁判所が譲渡等承認請求者と会社・指定買取人との間の売買価格を決定する場合（会社144条），②裁判所が反対株主の株式買取請求にともなう会社の買取価格を決定する場合（会社117条・182条の5・470条・786条・798条・807条），③全部取得条項付種類株式につき，裁判所が会社の取得価格を決定する場合（会社172条），④裁判所が特別支配株主の株式等売渡請求に係る売渡株式等の売買価格を決定する場合（会社179条の8），⑤募集株式の発行等につき有利発行（会社199条3項）かどうかが争われる場合などである。これらのうち①〜④は非訟事件，⑤は訴訟事件として争われる。

　そもそも株式とは，株主の会社に対する様々な権利の総体のことであった（本書第1章参照）。そして，株式の権利内容は，剰余金配当請求権や残余財産分配請求権のようなキャッシュフローの分配を受ける権利と，株主総会における議決権のような会社のコントロール権とに大別される。そうだとすれば，株式評価とは，本来これらの権利の価値を総体として評価することのはずである。しかし，会社のコントロール権の金銭評価は難しいために，キャッシュフローの分配を受ける権利に着目して株式評価が行われることになる。つまり，剰余金配当請求権に着目するのがインカムアプローチ（収益方式）であり，残余財産分配請求権に着目するのがネットアセットアプローチ（純資産方式）である。また，株式評価の方法としては他に，類似する他の上場会社の株式の市場価格を参考にするといったマーケットアプローチ（比準方式）

もみられる。

以下では、まず各評価方法について概説したうえで、特に上記①譲渡制限株式の売買価格の決定の場合を取り上げ、裁判例の動向や学説の議論について検討することにしよう。なお、近時、最高裁は、少数株主の締め出しや組織再編に関する上記②③の場合について相次いで重要な判断を示しているが、これらについては別途の追加的な考慮が必要であるから、本書第17章で改めて取り上げることにしたい。

2 | ネットアセットアプローチ（純資産方式）

[1] 概要

ネットアセットアプローチでは、評価対象会社の純資産の額を算定したうえで、それを発行済株式総数（自己株式を除く）で除すことによって株式評価を行う。純資産の額の算定方法として簡便なのは、貸借対照表上の帳簿価額を用いる方法（簿価純資産法）である。しかし、簿価として計上されているのは、基本的に会社が当該資産をいくらで取得したのかという取得価額であるから、実際の資産価値から乖離している可能性が大きい。

そこで、会社の純資産の額を時価に引き直して算定する方法（時価純資産法）が用いられることが少なくない。この時価純資産法はさらに、会社を解散・清算して、その財産をただちに処分するとした場合における価格に引き直す方法（清算価値法）と、会社の財産と同一のもの（新品ではない）を調達するとした場合における価格に引き直す方法（再調達価値法）とに分かれるが、いずれの方法にせよ、実際にすべての資産を時価評価するのは必ずしも容易ではない。

[2] 問題点

実務上、ネットアセットアプローチは良く用いられてきた。しかし、ネットアセットアプローチには、そもそも継続企業の株式を評価するにあたり、残余財産分配請求権に着目するのは妥当ではないという難点がある。

例えば、A社とB社で、純資産の額は同額であるが、毎年期待される収益の額はA社の方がB社よりも遥かに高かった場合を考えてみよう。この場合、誰もB社株をA社株と同じ価格で買おうとはしないであろう。それに

もかかわらず，ネットアセットアプローチによれば，A社株とB社株は同じ価格であると評価されてしまう。仮にA社・B社の解散・清算が予定されているなら，A社の株主もB社の株主も同額の残余財産の分配を受けられるにすぎないから，同一の評価額にも納得できるかもしれない。しかし，A社・B社の解散・清算が予定されておらず，継続企業として毎年一定の収益を上げることが想定されている場合には，ネットアセットアプローチだと，毎年の会社収益の額や株主が受け取る剰余金配当の額がまったく考慮されないために，株式評価方法として基本的に妥当でないと考えられる。

3 インカムアプローチ（収益方式）

[1] 概要

インカムアプローチでは，①評価対象会社の株主が将来いくらの剰余金配当を受けられるかを予測して株式の価値を求めたり（配当還元法），あるいは，②会社が将来いくらの利益を上げるかを予測し，その予測額に基づいて株式の価値を求める。このうち②の方法で，会社の将来の利益を基準とするのは，それが株主への配当の原資となるからである。そうであれば，最初から①配当還元法に拠ればよさそうであるが，現実には，会社の配当政策は合理的であるとは限らない。また，事業再生途上であるという理由や税制上の理由により，配当を低く抑えている企業もあるであろう。それらの場合に，過去の実績をもとに将来の配当額を予測するのは妥当でないという考え方から，②の方法では，株主への配当額ではなく会社の利益の額が基準にされている。

②の方法が基準とする会社の利益としては，課税後純利益（収益還元法の場合）のほか，フリーキャッシュフロー（DCF法の場合）が挙げられる。ここでフリーキャッシュフローとは，要するに，企業が事業活動で生み出したキャッシュフロー（現金収入）を用いて必要な投資をおこない，後に残る分（余剰資金）である。具体的にどのようにフリーキャッシュフローを算出すべきかは，なかなか難しい問題であるが，実務上は，会計上の数値を利用して，各期ごとの課税後純利益に非現金支出費用（減価償却費など）を加算したうえで，必要な資本支出額（設備投資額など）を控除することで算出することが少なくない。

[2] 将来フリーキャッシュフロー等の予測

　インカムアプローチでは，将来の配当やフリーキャッシュフローの額を予測する必要がある。永遠に将来の額を予測するのは不可能であるから，例えばフリーキャッシュフローの場合（DCF 法の場合）であれば，まずは，直近の額を基礎に，過去の額の推移や今後の事業計画をも参照しながら，一定期間（5 年間から 10 年間程度）の額を予測する。そのうえで，当該一定期間経過後については，(a) 予測期間の最終期の額をベースに，期待インフレ率などの一定の成長率が継続すると仮定したり，あるいは，(b) 予測期間の平均額が継続すると仮定したりすることが行われる。

[3] 現在価値の算定：リスクがない場合

　インカムアプローチでは，予測される将来フリーキャッシュフロー等の額を適切な「割引率」で割り引く（ディスカウントする）ことも必要になる。というのも，例えば C 社について，1 年後に 1.1 億円，2 年後に 1.21 億円のフリーキャッシュフローが確実に期待できるとしたときでも，そうした 2 年間分のフリーキャッシュフローの現在における価値（現在価値）は 2.31 億円ではない（2.31 億円から割り引いた価値しか有しない）からである。

　そのことを理解するために，C 社が現在保有している 1 億円を，国債などのデフォルトの危険のない（とみてよいであろう）安全な資産に投資するケースを考えてみよう。仮にそうした安全資産の収益率（安全利子率・リスクフリーレート）が年 10％（現在においては少し非現実的な数字ではあるが）であるとすれば，現在の 1 億円は 2 年後には確実に，1 億円×$(1+0.1)^2$＝1.21 億円となる。これを逆にみれば，1.21 億円÷$(1+0.1)^2$＝1 億円というように，2 年後に得られる 1.21 億円を年利 10％で割り引くことによって，1 億円という現在価値が導かれるといえる。同様に，1 年後に得られる 1.1 億円というフリーキャッシュフローの現在価値は，1.1 億円÷$(1+0.1)$＝1 億円であるから，結局，C 社の 2 年間分のフリーキャッシュフローの現在価値は，2.31 億円ではなく 2 億円ということになる。

[4] 現在価値の算定：リスクがある場合

　上記のように，将来，一定額のフリーキャッシュフロー等が確実に（リスクなく）期待できるなら，割引率は安全資産の収益率と同じ数値になる。しか

し，現実にはリスク（不確実性）がないということはありえないところ，リスクのある場合の割引率は，リスクのない場合の割引率（＝安全資産の収益率）よりも大きくなる。

　例えば，1年後に1.1億円のフリーキャッシュフローが確実に期待できるD社と，1年後に50％の確率で2億円のフリーキャッシュフローが期待できるが，50％の確率で2000万円のフリーキャッシュフローしか期待できないE社があるとしよう。E社に期待されるフリーキャッシュフローの額は，2億円×0.5＋2000万円×0.5＝1.1億円であり，それはD社に期待されるフリーキャッシュフローと同額である。そのため，もしD社とE社とで他の条件（発行済株式総数など）が全く同じであれば，株式の価格も同額になりそうである。

　しかし，現実には，一般に人間はリスクを回避したいと考える傾向にあり，将来に期待されるフリーキャッシュフロー等の額が同じであれば，リスクの低いもの（E社株ではなくD社株）を選好する傾向がみとめられる。逆にいえば，リスクのない金融商品（D社株）と比べたとき，リスクがある金融商品（E社株）については，そのリスクの大きさに応じた高い収益率（リスクプレミアム）が期待できない限り，投資しようとする者は現れない。そして，そのことは，上記D社株・E社株という期待フリーキャッシュフローが同じ株式を比べると，E社株の方がリスクがある分だけD社株よりも価値が小さいこと，したがって，リスクのあるE社のフリーキャッシュフローの現在価値を求めるときは，リスクのないE社のフリーキャッシュフローの現在価値（1.1億円÷（1＋0.1[安全資産の収益率]）＝1億円）を求めるときよりも高い割引率（1.1億円÷（1＋0.1[安全資産の収益率]＋ρ[リスクプレミアム[1)]]）＝X円＜1億円）を用いる必要があることを意味する。

　後述するように，学説上はインカムアプローチを基本に据えるべきであるとする見解が有力である。ただし，将来の配当額やフリーキャッシュフローなどの予測は（たとえ5年先や10年先までであっても）必ずしも容易ではない。また，リスク（不確実性）を考慮した適切な割引率を推計する作業にも小さく

---

1) 「安全資産の収益率＋リスクプレミアム」は，資本提供者である株主がリスクのある事業を営む株式会社に資本を提供するにあたり，安全資産と比較するなかで，最低限要求する収益率（株主資本コスト）であるともいえる。

ない困難をともなう[2]。株式評価をめぐる紛争が生じた場合は，これらのフリーキャッシュフロー等の予測額や割引率などが争点となるが，それは，それらの予測・推計が難しいことに加え，どのような額・率を予測・推計するかによって株式価値の評価額が大きく異なるからである。

4 | マーケットアプローチ（比準方式）

　マーケットアプローチでは，過去の株式取引事例を参照して株式の価値を求めたり（取引事例法），評価対象会社と業種・収益状況・企業規模の面で類似する上場会社を選定し，当該上場会社の株式の市場価格を参照して株式価値を求める（類似会社比準法）。

　取引事例法は，過去の取引事例が比較的直近で，その間に会社の状況に大きな変化がないこと，当該取引事例が独立した第三者間で行われたものである（何か特別な事情があって取引価格が決まったわけではない）ことなどが必要であるとされる。しかし，そうした条件を満たす取引事例が存在することは少ないであろう。

　他方，類似会社比準法では，非上場会社である評価対象会社と上場会社である類似会社とを比較して，1株当たり利益，売上高，キャッシュフローなどの会計上の数値が何倍なのかを算定したうえで，その倍率を類似会社の市場価格に適用することで，評価対象会社の株式価値を求める。この方法によれば，例えばインカムアプローチのように将来フリーキャッシュフロー等の額や適切な割引率の推計といった困難な作業は必要ない。市場価格は多数の投資家がそれらの分析作業を行いながら投資判断をした結果として形成されるものであり，そうした市場価格を参考にする方法の方が真の株式価値に接近しやすいようにもみえる。しかし，実際には，類似会社の選定や株価倍率の適用を適切に行うことは相当に難しい。

---

2) どのように割引率を設定するか（リスクプレミアムの数値をどのように求めるべきか），会社に負債がある場合にはそのことが株式評価にどのように影響するかを含めて，DCF法による株式評価のもう少し詳しい内容については，田中亘編『数字でわかる会社法』（有斐閣，2013年）25頁以下［久保田安彦］参照。

5 │ 裁判例の傾向

　譲渡制限株式の売買価格を決定する場合において，裁判所は，評価対象会社の資産状態その他一切の事情を考慮すべきものとされている（会社144条3項）。職権証拠調べが認められる非訟事件であるから（非訟49条1項），裁判所は職権によって鑑定評価を命ずることもできる。各当事者が依頼した鑑定評価は中立性が疑われるとして，裁判所が自ら選任した鑑定人の鑑定評価に依拠しつつ，その鑑定評価を検証する形で売買価格が決定された事例[3]もみられるが，もとより，そうした手法にも問題はない。

　近時の裁判例[4]は，評価対象会社の特徴に着目して様々な価値評価方法を採用するが，複数の方法を併用する点ではおおよそ共通している。その基礎にあるのは，いずれの評価方法にも一長一短があり，ひとつの方法だけを用いると短所が増幅される危険があるという考え方である[5]。

　仮にこうした考え方に従うと，問題になるのは，どのような評価方法をどのような割合で併用すべきかである。裁判例に一定の傾向を見出すことは容易でないが，それでも以下のような傾向は認められる。第一に，収益状況・企業規模・所有財産などの点からみて，会社の継続可能性が高いと考えられる場合には，会社が継続することを想定した評価方法であるインカムアプローチの割合が比較的大きくなる傾向がみられる。

　第二に，少数株主の保有株式については，インカムアプローチの中でも，特に配当還元法が重視される傾向がある。例えば，①東京高決平成2年6月15日金判853号30頁は，売買当事者が配当のみを期待する一般投資家（非支配株主）であることを理由に，配当還元法を基準とすべきであるとしたう

---

3) 大阪地決平成25年1月31日判時2185号142頁。
4) 近時の裁判例につき，高橋英治「日本とドイツにおける会社法の問題としての株式の評価」法学雑誌60巻2号（2014年）416頁，久保田安彦「判批」私法判例リマークス48号（2014年）90頁参照。
5) 例えば福岡高決平成21年5月15日金判1320号20頁は，「各評価方法を概観しただけでも，それぞれ一長一短があることが明らかで，結局，対象会社の特性に応じた株価算定をするしかないのであるが，ひとつの評価方法だけを選択して算出した場合，上記で指摘された短所が増幅される危険があるので，対象会社に適合すると思われる複数の算定方式を適切な割合で併用することが相当である」と述べる。

えで，株式が会社の資産を化体したものである点も加味すべきであるとして，配当還元法と純資産（時価）法を7対3の割合で併用している。

　裁判例で配当還元法が用いられる場合には，過去における実際の配当額をベースに将来の配当額を予測して株式価値を評価すること（実際配当還元法）が少なくない。少数株主は，もっぱら実際の配当額を通じてしかキャッシュフローの分配に預かることができないという考え方に基づくものである[6]。しかし，それだと，過去の配当額が低く抑えられてきた会社では，株式価値が低く評価されてしまう。そこで裁判例のなかには，③東京高決平成元年5月23日判時1318号125頁のように，会社の内部留保が多く，配当が低く抑えられてきたことを主たる理由に，配当還元法と純資産（簿価）法に加えて，収益還元法をも3対1対1の割合で併用したり，④広島地決平成21年4月22日金判1320号49頁のように，DCF法と配当還元法のゴードン・モデル方式（会社の内部留保額についても再投資による将来の配当の増加を期待できるものとして評価する方式）を1対1の割合で併用するものがみられる。さらに，⑤福岡高決平成21年5月15日金判1320号20頁は，会社に配当実績がないので配当還元法は採用できないとして，DCF法と純資産法とを3対7の割合で併用するほか，⑥大阪地決平成27年7月16日金判1478号26頁は，配当還元方式を単独で用いるべきであるとしたうえで，会社の配当性向が相対的にみても低いことから，実際の配当実績ではなく，当該会社の属する業種等における標準的な配当性向に基づいて将来の配当額を予測すべきであるとしている。

6 | 各評価方法の合理性

[1] 原則としてインカムアプローチに拠るべきこと
　学説上も様々な見解が唱えられており，例えば，支配株主の保有株式は収

---

[6] 例えば，大阪地決平成25年1月31日・前掲注3）は，「少数株主の企業価値に対する支配は基本的に配当という形でしか及ぶことはないから，その株式価値の評価に当たり，配当に着目した配当還元法をある程度考慮することは不合理ではない。しかも，少数株主は将来の配当をコントロールすることができないから，現状の配当が不当に低く抑えられているとしても，その限度における配当を期待するほかない。したがって，現状の配当を前提に評価することに不合理な点はないというべきである」と述べる。

益還元法，少数株主の保有株式は実際配当還元法で評価すべきとする見解[7]や，場面ごとに適切な評価方法を採用すべきとする見解[8]のように，上記の裁判例の傾向に親和的なものもみられる。

ただし，株式の価値は，基本的にはその保有者が（主に剰余金配当という形で）会社からどれだけのキャッシュフローの分配を受けられるかによって決まると考えられる。株主は，株式を他人に有償で譲渡するという方法によっても利益を得ることができるが，そもそも他人が有償で株式を譲り受けるのは，やはり会社からキャッシュフローの分配を受けることを期待した結果であるといえる。そうであれば，原則としてインカムアプローチに拠るのが妥当であるといえよう。

そのうえで，有力説[9]が主張するように，インカムアプローチの中でも，DCF法（もしくは収益還元法[10]）に拠るか，あるいは，配当還元法に拠るとしても，合理的な配当政策が採られることを仮定したうえで将来の配当額を予測する方法をとるべきであると解される。なぜ，多くの裁判所が重視する実際配当還元法ではなく，上記のような評価方法に拠るべきなのかといえば，両者の決定的な違いとして，実際配当還元法では，過去の配当が不合理に低く抑えられて内部留保に回されていると（実際そのような例が多い），その内部留保（内部留保が将来の収益を生み出しうること）が株式の評価額に反映されないのに対し，DCF法（もしくは収益還元法）や合理的な配当政策がとられたと仮定した場合の配当還元法では，そうした内部留保が株式の評価額に反映

---

[7] 竹中正明ほか『非公開株式の評価と税務』（商事法務研究会，1981年）250頁［河本一郎］など。

[8] 関俊彦『株式評価論』（商事法務研究会，1983）298頁以下など。

[9] 江頭憲治郎「取引相場のない株式の評価」同『会社法の基本問題』（有斐閣，2011年，初出1983年）136頁以下，宍戸善一「紛争解決局面における非公開株式の評価」岩原紳作編『現代企業法の展開（竹内昭夫先生還暦記念）』（有斐閣，1990年）420頁以下など。なお，江頭憲治郎『株式会社法〔第7版〕』（有斐閣，2017年）16頁注2は，複数の方式を併用することについて，各評価方法に一長一短があるとしても「一つ一つが信頼に値しない数値を複数寄せ集めたからといって，信頼できる数値が算出できるわけのものではない」と批判する。

[10] 収益還元法には，学説上の批判もみられる（江頭・前掲注9）［基本問題］143頁以下。たしかにDCF法よりも簡便な方法であって，信頼性には劣るところもあるが，株価算定の費用負担の面を考慮して収益還元法を用いることも不合理とまではいえないであろう。

されるからである。

　すなわち，会社法上，たとえ支配株主でも，一部の株主が会社の内部留保を独占することは許されない。内部留保を配当として分配することになれば，持株数に応じて分配する必要があるし，会社を解散・清算することになった場合にも，やはり内部留保は残余財産として持株数に応じて分配すべきものであり，支配株主は内部留保の使途を決定できるにとどまる。それにもかかわらず，内部留保が株式の評価額に反映されないとすると，当該株式の株主がその価額で株式を売却して会社から去った後は，本来的には当該株主に帰属すべき内部留保が残りの他の株主（中心は支配株主）の手中に帰すことになる。この結果，支配株主は少数株主に保有株式を売却するよう仕向けることで，本来は独占できなかったはずの内部留保を独占できることにもなりかねない。しかし，そうした帰結が不当であるのは明らかであろう[11]。したがって，裁判所による株式評価に際しては，支配株主の保有株式か少数株主の保有株式かを問わず，内部留保は評価額に反映すべきであるから，実際配当還元法を用いることは基本的に妥当でないと考えられる。

　このようにDCF法に拠るか，あるいは，配当還元法に拠るときには合理的な配当政策がとられたと仮定したうえで将来の配当額を予測すべきところ，そのような仮定を置くかぎり，DCF法と配当還元法とで，算出される評価額にあまり差は生じない。というのも，DCF方式は，会社の将来のフリーキャッシュフローの予測を株式評価の基礎に置くものである。そして，フリーキャッシュフローとは，企業が事業活動で生み出したキャッシュフロー（現金収入）を用いて必要な投資をおこなった後に残る分（余剰資金）であり，それは，株主利益最大化の観点からは全額を剰余金の配当として株主に分配するのが合理的であると考えられるからである[12]。

11）　宍戸・前掲注9) 423頁，427頁参照。
12）　このような考え方は，いわゆるフリーキャッシュフロー仮説によって支えられている。すなわち，フリーキャッシュフロー仮説によれば，企業が抱えている内部資金の用い方について，経営者に最適な用い方を強制することは難しく，どうしても経営者の裁量の余地が大きくなるため，経営者は，企業価値の最大化ではなく，自己の私的利益のために内部資金を用いる可能性が高いとされる。この仮説のもとでは，企業が投資機会をあまり有しておらず，余剰資金を抱えているときは，それを株主に分配するのが望ましいといわれる。

[2] 例外的にネットアセットアプローチに拠るべき場合

　先に触れたように，継続企業の株式評価については，ネットアセットアプローチは基本的には妥当でない。純資産を時価で評価にするにせよ，簿価で評価するにせよ，それは会社が将来どれほどのキャッシュフローを生み出すのか，株主がどれほどのキャッシュフローの分配を受けられるのかとは，直接的には関係しないからである。

　しかし，それにもかかわらず，これも有力説が主張するように，仮に上記のDCF法等による株式評価額が，ネットアセットアプローチの一つである清算価値法（会社の純資産額を算定するときに，会社を解散・清算して財産を直ちに処分するとした場合における時価に引き直す方法）による株式評価額を下回る場合には，かかる清算価値法に拠るのが合理的であろう[13]。というのも，そのような場合には会社は解散・清算されるのが株主利益最大化に資する。そうであれば，株式評価をめぐる争いが生じているときにも，かかる状態が実現したとした場合における価格を株主に与えることが会社法の理念に適うといえるからである。こうした考え方の下では，清算価値法で算出される評価額をもって株式価値の最低限が画されることになる。

7│マイノリティディスカウントと非流動性ディスカウント

　裁判例の中には，少数株主の保有株式につき，少数株主の保有株式であることを理由にしたディスカウント（マイノリティディスカウント）を加えるものもみられる。たしかに，支配株式とそれ以外とでは実際の交換価値が異なりうる。譲渡制限株式などの市場価格のない株式に関していえば，支配株式につき，それを取得すると自己を役員に選任して役員報酬を受けられることを理由に，裁判所が価値評価額を比較的高く算定すること（支配権プレミアムを認めること）は許されるであろう。しかし，インカムアプローチを用いる場合は（他のアプローチを用いる場合も同様であるが），そもそも算定される評価額に上記の意味での支配権プレミアムは含まれないから[14]，支配権プレミア

13）　江頭・前掲注9）［基本問題］154頁以下，宍戸・前掲注9）429頁以下。
14）　江頭憲治郎「支配権プレミアムとマイノリティ・ディスカウント」吉原和志＝山本哲生編『変革期の企業法（関俊彦先生古稀記念）』（商事法務，2011年）130-131頁，138頁。

ムの分をディスカウントする（マイノリティディスカウントを加える）ことは妥当でない。

　譲渡制限株式をはじめとする市場価格のない株式については，流動性がないことを理由としたディスカウント（非流動性ディスカウント）が加えられることも多い。インカムアプローチでは株式の売却は想定されていないから，非流動性ディスカウントは関係ないようにもみえる[15]。しかし，上場株式と比べると，譲渡制限株式は流動性がない分だけ価値が低いと考えられるから，非流動性ディスカウントを加えること，つまり，非流動性を割引率に反映させたり（上場株式の場合と比べると流動性が低い分だけ株主の期待収益率が高いために割引率も高くなると考えられる），あるいは，割引率には反映させずに評価額を算定したうえで，その評価額に非流動性を考慮した一定率のディスカウントを加えることにも合理性が認められるであろう。

15）　宍戸・前掲注9）410頁。

第4章

株主名簿の効力

1 | はじめに

　本章で取り上げるのは、株主名簿制度である。平成16年商法改正以前は、すべての株式会社に株券の発行が義務付けられていた関係で、株主名簿制度も株券の存在を前提に構築されていた。ところが、同改正によって株券を発行しない株式会社も例外的に許容された後、さらに平成17年制定会社法では、原則と例外が入れ替えられ、株券を発行しない株式会社（株券不発行会社）が原則とされることになった。この結果、これまで株券の存在を前提としてきた株主名簿制度との間に齟齬が生まれている。伝統的に、株主名簿の記載（株主名簿の名義書換）には、対抗力（確定的効力）・権利推定力（資格授与的効力）・免責的効力という三つの効力が認められ、そうして初めて十全の機能発揮が可能になると考えられてきたのに対し、近時は、株券不発行会社には免責的効力は認められないとする見解が有力になってきているからである。

　以下ではまず、上記三つの効力の意義も含めて、株主名簿制度を概観する。その後、従来、どのような法的根拠によって株券発行会社の株主名簿に免責的効力が認められてきたのかを確認したうえで、株券不発行会社をめぐる議論について検討することにしよう。なお、株券発行会社のうち振替株式の発行会社（上場会社等）については、「社債、株式等の振替に関する法律」で規定が整備されている。そのため、本章でも、かかる会社への言及は最小限にとどめ、それ以外の株券不発行会社を主たる対象とすることにしたい。

2 | 株主名簿制度の概要

[1] 制度趣旨

　株式会社は，株主名簿を作成し，これに株主の氏名（法人の場合は名称）・住所およびその保有する株式に関する事項（保有株式数，株式の取得日，株券発行会社の場合は当該株式に係る株券の番号など）を記載・記録しなければならない（会社121条）。株主名簿は，書面（帳簿・カードなど）の形でも，電磁的記録の形でもよい。

　会社に株主名簿の作成が義務付けられるのは以下の理由によるものである。すなわち，株式会社では，株主が多数になるケースも予想され，また株式の譲渡も当事者の意思表示によって（株券発行会社では当事者の意思表示と株券の交付とによって）会社のあずかり知らないところで行われる。株主権の行使は集団的かつ反復的に行われるが，その都度，会社は誰が株主権を行使すべき株主なのかを調査し確定する必要があるというのでは，あまりに煩雑である。また株主にとっても，会社に対して株主権を行使しようとする都度，自己が株主であることを証明しなければならないというのでは，やはり不便であろう。そこで会社法は，株式会社に株主名簿の作成を義務づけたうえで，株主名簿の記載に以下のような効力を認めることで，会社の株主管理の便宜を図るとともに，株主の会社に対する権利行使を容易にしようとしている。

[2] 株主名簿の記載の効力

　会社が株主名簿に株式取得者の氏名・住所を記載・記録すること（会社130条参照）を，株主名簿の名義書換という。後述するように，株式取得者が株主名簿の名義書換を受けて，株主名簿に株主として記載されることにどのような効力が認められるかについては見解の対立があるが，伝統的には，以下の三つの効力が認められるといわれてきた。

　まず①株式取得者は，株主名簿の名義書換を受けなければ，株式譲渡の効力を会社に対抗する（株式を譲り受けて自己が株主になったことを会社に主張する）ことができないため，株主権も行使できない（会社130条）。つまり，株主名簿の記載には，株式譲渡の対会社対抗要件としての効力（対抗力。会社としては権利行使させるべき株主を確定できるという意味で確定的効力とも呼ばれる）が認められていることになる。こうした対抗力のゆえに，株主権を行使した

いと欲する株式取得者は会社に名義書換を請求してくるから，それによって会社は誰が株主なのかを容易に把握できるというわけである。

また②株主にとっても都合の良いように，株式取得者がいったん名義書換を受けて，株主名簿に株主として記載されると（株主名簿上の株主になると），その後は真の株主であると推定され，自己が真の株主であることを証明することなく（株券発行会社でも株券を提示することなく），株主権を行使することが認められる（権利推定力・資格授与的効力）。

ところで，会社が無権利者の請求に応じて株主名簿の名義書換を行い，その者を株主名簿上の株主としたために，株主権の行使を認めてしまう事態も生じうる。会社に落ち度があればともかく，そうでない場合にまで，当該者に株主権を行使させたことが違法である（会社が免責されない）とされると，名義書換請求が行われたり株主権が行使されたりする都度，会社は真の権利者による請求・権利行使かどうかを詳細に調査しなければならないことになるが，それはあまりに煩雑である。そこで，③そのような場合には，原則として会社の免責が認められる（免責的効力）。

このように，会社の円滑な運営と多数の株主関係の画一的・技術的な処理を可能とするため，株主名簿の記載（株主名簿の名義書換）には，①対抗力（確定的効力），②権利推定力（資格授与的効力），③免責的効力が認められている。もっとも，会社法上，①については規定（会社130条）があるが，②③については規定が置かれていない。後述するように，このこととの関連で，学説上，株券不発行会社（振替株式の場合を除く）では，③は認められないとする見解も有力である。

[3] 株主名簿の名義書換の方法

株式取得者は，会社に対する名義書換請求権が与えられているから（会社133条1項），それを行使して株主名簿の名義書換を受けることになる。ただし，会社が株式を発行した場合や株式の併合・分割などを行う場合は，誰が新しい株式の株主なのかを会社は知っているから，株式取得者からの請求を待たずに会社が名義書換を行うものとされている（会社132条）。また，譲渡制限株式の場合は，当該株式の取得についての会社の承認を受けていない限り，名義書換請求をすることが許されないため（会社134条1号2号），まずは当該株式の取得について（株式譲渡前に株式譲受人が譲渡承認請求〔会社136

条〕をするか，または株式譲渡後に株式取得者が譲渡承認請求〔会社137条1項〕をして）会社の承認を受けたうえで，株式取得者が名義書換を請求することになる。

　株式取得者による名義書換請求の方法は，株券発行会社かどうかで異なる。株券発行会社では，原則として株券を会社に提示して名義書換を請求する（会社133条2項，会社規則22条2項1号）。

　これに対し，株券不発行会社ではそうした方法をとることができない。そこで，株券不発行会社の場合（振替株式の場合を除く）には，原則として譲渡人である株主名簿上の株主またはその一般承継人（株主名簿上の株主が死亡した場合の相続人など）と譲受人である株式取得者とが共同して会社に請求するものとされている（会社133条2項）。会社法がこうした請求方法を定めているのは，無権利者を株主とする名義書換を防止するためである。共同での名義書換請求は，両人が署名捺印した請求書を会社に提出する方法などによって行われるところ，実務上，譲渡人である株主本人の署名捺印の真実性については，会社に事前に届け出られた印影の照合をもって確認するといった厳格な手続が履践されている。しかし，それでも，署名捺印が偽造されるなどして，無権利者が株主名簿に株主として記載され，無権利者が株主権を行使する事態が生じうる。もちろん，そうした事態は稀にしか生じないが，仮に会社が免責されない（株主名簿の免責的効力が認められない）とすると，会社は万が一を恐れて，すべての名義書換請求または株主権行使の際に，真の権利者による請求または権利行使かどうかを詳細に調査せざるを得ないことになる。

3 │ 株主名簿の免責的効力の意義

[1] 免責的効力が問題となる場合

　ここで改めて会社の免責の有無が問題となる場合を確認しておこう。そうした場合として考えられるのは，①真の権利者（A）が株主名簿の名義書換を済ませたが，その後に別の者（B）に株式を譲渡して無権利者になったのに，Bが名義書換未了であったので，会社がAに株主権を行使させた場合と，②会社が無権利者（C）の請求に応じて株主名簿の名義書換を行い，従前の株主（D）に代えてCを株主名簿に株主として記載したうえで，Cに株主権を行使

させた場合（当該者が名義書換の時点から無権利者であった場合）である。

　このうち①の場合について，たとえ真の株主はBであってAは無権利者であることについて会社が悪意であったときでも，会社が免責されること[1]に基本的に異論はみられない。というのも，会社法上，会社の悪意・善意を問わず，Bは自己が真の株主であることを会社に対抗できない旨が明文で規定されているからである（会社130条）。これは株主名簿の免責的効力ではなく，対抗力（確定的効力）の問題である。これに対し，②の場合については，会社法に直接的な規定は（後述する一部の例外を除いて）見あたらない。そこで，どのような場合に会社の免責を認めるべきかが，免責の根拠条文を何に求めるかとも関係して問題になる。これが株主名簿の免責的効力の問題である。

　なお，先に少し触れたように，会社が免責されるというのは，当該者に株主権を行使させたことが違法とされないということを意味する。例えば，会社が，株主名簿には株主として記載されているが実際は無権利者である者に，株主総会で議決権行使をさせて決議を成立させたとしても，その決議の効力には影響が及ばないこと（本来は，株主総会で非株主に議決権行使させて決議を成立させた場合，当該決議には決議方法の法令違反という取消事由が認められる），あるいは，会社が当該者に株式分割にともなう分割株式の交付を行った場合でも，かかる交付行為は有効であるし，会社やその取締役等が，（分割株式を受け取れなかった）真の株主に対して分割株式の交付義務ないし損害賠償責任を負うこともないことを意味する。

---

1) 酒巻俊雄＝龍田節編集代表『逐条解説会社法（2）』（中央経済社，2008年）256-257頁［北村雅史］，江頭憲治郎『株式会社法〔第7版〕』（有斐閣，2017年）206頁，伊藤靖史ほか『事例で考える会社法〔第2版〕』（有斐閣，2015年）189頁［伊藤雄司］。ただし，Bが名義書換請求をしたにもかかわらず，会社が合理的な理由なく請求を拒絶したためにBが名義書換未了である場合（名義書換の不当拒絶），または，会社の従業員等が過失によって名義書換を行わなかったためにBが名義書換未了である場合（過失による名義書換未了）には，例外的に株主名簿の対抗力が及ばないために，会社は免責されないし，Bは名義書換未了のままで株主権を行使できると解されている（最判昭和41年7月28日民集20巻6号1251頁）。

[2] 会社の主観的要件

上記のように，株主名簿の免責的効力とは，会社が無権利者（C）の請求に応じて株主名簿の名義書換を行い，Cを株主名簿上の株主としたうえで株主権を行使させた場合において，会社が免責されるというものである。ただし，会社が免責されるといっても，常に免責されるわけではない。Cによる名義書換請求の時点で，Cが無権利者であることにつき会社に悪意・重過失がある場合には，会社は免責されないと解されている[2,3]。

一般に，ここでの悪意・重過失とは，Cが無権利者であることを立証して権利行使を拒むことができるにもかかわらず，会社が故意または重過失によりそれを怠ることをいう[4]。つまり，Cが無権利者であることを認識していても，訴訟となった場合に無権利者であることを立証できるだけの証拠を有しない場合は，会社は悪意・重過失とはされず，免責されることになる。

これは以下の理由によるものと理解される。すなわち，仮にそうした場合に免責が認められないと，会社はCの名義書換請求に応じたり，Cに株主権を行使させるのを避けようとするであろうが，そうなると今度は，名義書換や権利行使が認められなかったことを理由に，Cが損害賠償等を請求する訴訟を提起してくるかもしれない。ところが，会社はCが無権利者であること

---

2) 鈴木竹雄「記名株券の特異性（その1）」同『商法研究Ⅱ』（有斐閣，1971年，初出1952年）308頁以下，山本爲三郎「無権利者の請求による名義書換」同『株式譲渡と株主権行使』（慶應義塾大学法学研究会，2017年，初出1993年）63-64頁注12，江頭・前掲注1）207頁・210頁，山下友信編『会社法コンメンタール（3）』（商事法務，2013年）326頁〔伊藤靖史〕。

3) 請求者（C）が無権利者であることについて，会社は名義書換請求の時点では善意・無重過失であったが，その後，Cによる株主権行使の時点で悪意・重過失になった場合，会社の免責は認められるのであろうか。この点については議論があり，信義則上，免責を否定すべきとする見解（大隅健一郎＝今井宏『会社法論・上巻〔第3版〕』〔有斐閣，1991年〕486頁，山本・前掲注2）74頁）が主張されているのに対し，かかる免責を否定すると，会社は相当に不便な状態に置かれること（例えば株主総会の招集通知を株主名簿上の株主に発送した後，当該株主が無権利者であることについて会社が悪意になった場合など）などを理由に，免責を肯定すべきとする見解もみられる（木内宜彦「株主名簿の名義書換」倉沢康一郎ほか『分析と展開・商法Ⅰ』〔弘文堂，1987年〕72頁）。

4) 上柳克郎ほか編『新版注釈会社法（3）』（有斐閣，1986年）161頁〔松岡誠之助〕，山本・前掲注2）63-64頁注12，江頭・前掲注1）208頁注5，210頁，北村・前掲注1）255-256頁，伊藤・前掲注2）326頁。

を立証できるだけの証拠を有しない以上，Ｃの請求が認められて責任を負うことになる。こうして会社は，いずれにせよ責任を負うことになって対応に行き詰まってしまう。そこで，会社がＣが無権利者であることを認識していても，訴訟となった場合に無権利者であることを立証できるだけの証拠を有しない場合に免責を認めるために，悪意・重過失を上記のように解するのである。

4 ｜株券発行会社における株主名簿の免責的効力

　会社法は，明文の規定により，株主に対する通知（株主総会の招集通知その他の通知）または催告は株主名簿に記載・記録された株主の住所に宛てて発すればよいとするとともに（会社126条1項），そのようにした場合には，たとえ通知・催告が到着しなかったとしても，通常到達すべきであった時に到着したものとみなすとしている（同条2項）。これも株主名簿の免責的効力の表れであるといえるが，明文の規定があるため，すべての会社の場合に認められるとすることに異論はない。

　そうすると問題は，上記の規定が適用されない場合にも（つまり通知・催告以外の会社の行為についても），株主名簿の免責的効力が認められるかどうかである。この問題について，学説上，株券発行会社の場合に認められると解することには異論がないのに対し，株券不発行会社の場合には見解の対立があり，やはり株主名簿の免責的効力が認められるとする見解がある一方，振替株式の場合（上場株式等の場合）を除いて，株主名簿の免責的効力は認められないとする見解もみられる。こうした見解の対立は，免責的効力の根拠規定をどこに求めるかの問題と関連するものである。

　まずは，株券発行会社をめぐる議論を確認しよう。学説は伝統的に，株券発行会社の場合に株主名簿の免責的効力が認められると解することの論拠を以下のことに求めてきた。すなわち，株券発行会社では，名義書換請求に際し，原則として株券の提示が求められる（会社133条2項，会社規則22条2項）。そして，株券を占有する者は適法な権利者と推定されるから（会社131条1項），そのことを基礎に手形法40条3項が類推適用され（あるいは同項に代表されるような有価証券法理が援用され），会社は悪意・重過失がないかぎり，たとえ株券占有者である名義書換請求者が無権利者であった場合でも，当該者

を株主とする名義書換を行ったこと，さらにその結果として当該者に株主としての権利を行使させたことについても免責されるというのである[5]。ここで手形法40条3項とは，裏書の連続した為替手形・約束手形の所持人は適法な権利者であると推定されるところ（手形16条1項・77条1項1号），かかる所持人に手形金の支払いをした手形債務者は悪意・重過失のないかぎり免責される旨を規定するものである。

　上記の議論で一つのポイントになるのは，株券を占有する者は適法な権利者と推定されるが，そのように推定されるというだけでは，株主名簿の免責的効力は認められないと考えられることである[6]。例えば，会社が無権利者（D）の名義書換請求に応じて当該者を株主名簿に株主として記載したうえで，株主総会で議決権行使をさせた結果，決議が成立した場合を考えてみよう。この場合，Dが株主であると推定されるだけであれば，他の株主は，実はDが無権利者であったことを立証して，上記の推定を覆したうえで，Dを株主とする名義書換を行ったこと，さらに，その結果としてDに株主総会で議決権を行使させたことが違法であることを主張して，当該株主総会の決議の取消しを求めることができるはずである。それゆえ，そうした主張を許さないとする（会社の免責を認める）ためには，何らかの免責規定の適用が必要

---

5) 大隅＝今井・前掲注3) 475-476頁，山本・前掲注2) 53頁以下参照。なお，無権利者による株主権行使に係る会社の免責については，株主名簿の記載の権利推定力を基礎に手形法40条3項が類推適用される結果として認められるとする説明も少なくない。しかし，山本爲三郎「株主名簿制度効力論」同『株式譲渡と株主権行使』（慶應義塾大学法学研究会，2017年，初出1997年）40-41頁が指摘するように，それだと，仮に会社が名義書換請求時に請求者が無権利者であることを証明しても，さらに当該者が現在株主でないことを証明しなければ（権利推定を破らなければ），会社は当該者の権利行使を拒否できないことになって妥当でない（無権利者が厚く保護されすぎる）うえに，会社が名義書換請求時に悪意・重過失であるために免責を主張できない場合でも，株主名簿の記載によって権利推定がなされるから，会社は当該者を株主として取り扱えば免責されることになるから，その意味でも，妥当でない（会社が厚く保護されすぎる）。

6) 手形法40条3項の類推適用ではなく，同項に代表されるような有価証券法理が援用されるとする見解，あるいは，株券占有に基づく権利推定を定める平成17年改正前商法205条2項（会社法では131条1項）には手形法40条3項が定めるような免責の趣旨が当然に含まれているとする見解もみられるが（鈴木・前掲注2) 308頁，松岡・前掲注3) 308頁160頁など参照），いずれにせよ，純然たる権利推定のみでは免責が認められないと考える点では共通しているといえる。

であるところ，(株主に対する通知・催告の場合を除いて) 会社法に免責規定が置かれていないことから，伝統的に手形法40条3項という免責規定の類推適用（あるいは同項に代表されるような有価証券法理の援用）という法律構成が用いられてきたものと理解される。

なお，会社法には，株主名簿の権利推定力に関する規定も置かれていないが，伝統的には，この権利推定力の基礎も，株券発行会社の場合には株券占有による権利推定に求められてきた。すなわち，株券を占有する者は適法な権利者と推定されるところ（会社131条1項），かかる者の請求に応じて会社が株主名簿の名義書換を行い，当該者を株主名簿に株主として記載した場合には，その記載にも株券占有による権利推定が反映される結果として，当該者は株主として推定される（株主名簿の権利推定力が認められる）というわけである[7]。

5│株券不発行会社における株主名簿の免責的効力

既述のように，株券不発行会社の場合に株主名簿の免責的効力が認められるかどうかについては見解の対立があり，これを肯定する見解（肯定説）がある一方，振替株式（上場株式はすべて振替株式である）の場合を除いて，否定的に解する見解（否定説）もみられる。

否定説は，手形法40条3項は，適法な権利者であると推定される者（裏書の連続した為替手形・約束手形の所持人）に手形金の支払をした者（手形債務者）の免責について定めるものであることから，これを株主名簿に類推適用するためには，権利推定の効力があるものに基づいて名義書換が行われたことが必要である（それ以外の場合には類推適用の基礎を欠く）という考え方を前提としている。そして，振替株式の場合には，振替機関から会社に対して振替口座簿に記載された株主の氏名等が一斉に通知され（総株主通知），それに基づいて会社が株主名簿の名義書換を行うところ，振替口座簿に株主として記載された者は適法な権利者と推定されるから（社債株式振替143条），手形法40条3項が類推適用される基礎が認められる。これに対し，こうした振替株式

---

7) 鈴木・前掲注2) 308頁，上柳克郎ほか編『新版注釈会社法（4）』(有斐閣，1986年) 11頁 [西島梅治]。

の場合を除くと，株券不発行会社の株主名簿の名義書換は，原則として株主名簿上の株主またはその一般承継人と譲受人との共同請求に基づいて行われるところ（会社133条2項），この場合の名義書換は権利推定の効力があるものに基づいて行われるわけではないため，手形法40条3項が類推適用される基礎が認められないというのである[8]。

　こうした否定説の解釈は，素直な解釈ではある。しかし，否定説によると，株券不発行会社の場合（振替株式の場合を除く）には，従来説かれてきたような，株主名簿制度の存在意義が失われかねない。たしかに，そうした会社の多くでは，株式の譲渡は稀であるため，従来型の株主名簿制度は不要であると割り切ることも考えられるが，中には，上場廃止になった会社をはじめ，多数の株主を抱える会社も存在するから，そのような割り切りをすることには躊躇を覚える。

　そこで，以下のように考えるべきである。すなわち，会社法は，株券不発行会社の場合にも，厳格な名義書換請求手続を法定し，無権利者による請求を排除しようとしている。この結果，法定の手続に従って名義書換請求を行う者は，真の権利者である可能性が極めて高いから，真の権利者であるという推定が働くことになる。こうした事実上の権利推定力を基礎に，株主名簿上の株主となった者は適法な株主であると推定される（株主名簿の権利推定力が認められる）[9] とともに，手形法40条3項が類推適用され，会社は悪意・重過失がないかぎり，当該名義書換請求者が無権利者であった場合でも，当該者を株主とする名義書換を行ったこと，さらにその結果として当該者に株主としての権利を行使させたことについても免責されると解するのである[10]。

8) 北村・前掲注1) 256-257頁。江頭・前掲注1) 209頁注8, 210-211頁も，手形法40条3項の類推適用には触れないが（この点につき前掲注6) 参照），同様の主張をする。

9) 葉玉匡美編著『新・会社法100問〔第2版〕』（ダイヤモンド社，2006年）225頁。なお，北村・前掲注1) 255頁は，株券不発行会社の場合（振替株式の場合を除く）につき，株主名簿の免責的効力を否定する一方で，本文で述べたのと同様の理由から，株主名簿の権利推定力は肯定する（この点につき後掲注11) 参照）。また，江頭・前掲注1) 210頁も，必ずしも明らかでないが，やはり株券不発行会社の場合（振替株式の場合を除く）について，株主名簿の権利推定力は否定しないようにみえる。

10) 葉玉匡美編著『新・会社法100問〔第2版〕』（ダイヤモンド社，2006年）225頁，前田庸『会社法入門〔第12版〕』（有斐閣，2009年）261頁参照。また，伊藤・前掲注1) 192頁注19も参照。

この解釈によれば，株券発行会社か株券不発行会社かを問わず，会社が株主名簿に記載された者に株主権を行使させた場合において，たとえ当該者が実際には無権利者であったとしても，当該会社は悪意・重過失がない限り免責されることになる。

こうした解釈に対しては，以下のような批判も考えられる。第一に，上記の権利推定力が法律上の推定でない点を捉えて，手形法40条3項の類推適用の基礎として不十分であるとする批判がありうる[11]。しかし，類推適用である以上，そこまで厳格に考える必要はないように思われる。また，事実上の権利推定とはいえ，法定の手続に裏付けられたものであるから，その意味で，単なる事実上の推定とは異なるのであって，法律上の推定に近いとみることもできよう。

第二に，株券不発行会社の場合（振替株式の場合も含む）には，証券が発行されないために，証券発行を前提とする手形法40条3項の類推適用の基礎を欠くという批判もあり得る。こうした批判を容れれば，むしろ債権の準占有者に対する弁済は，弁済をした者が善意・無過失である場合には有効である旨を定める民法478条を類推適用して，善意・無過失の場合に限って会社の免責が認められる（会社は軽過失の場合には免責されない）と解する[12]ことになろう。しかし，①株券不発行会社の場合と株券発行会社の場合との均衡を重視すべきであると考えられること，②とりわけ，株券発行会社から株券不発行会社に移行した会社では（上場会社の多くはそうである），株券発行会社のときにだけ名義書換が行われた株式と株券不発行会社になってからも名義書換が行われた株式が混在しているところ，上記の解釈だと，これらの株式の権利行使について会社の免責の要件が異なることになるが，それは不合理であること，③手形法40条3項の趣旨の核心は，権利者と推定される者に権利行使させた者を保護することにあると理解すれば，証券が発行されていないことは同項の類推適用にとって決定的な障害とまではいえないことに鑑みると，やはり民法478条ではなく手形法40条3項の類推適用によるのが妥当

---

11) 北村・前掲注1) 257頁が株券不発行会社（振替株式を除く）の場合につき，株主名簿の権利推定力を認める一方で免責的効力は認めないのは，こうした批判的見解に拠るものかもしれない。

12) 葉玉・前掲注10) 225頁参照。

ではないかと思われる[13]。

---

13) 株券不発行会社の場合（振替株式の場合を除く）について株主名簿の免責的効力を否定する論者も，振替株式の場合（この場合にも証券は発行されない）には免責的効力を肯定する（前掲注8）とそれに対応する本文参照）。このことに鑑みると，かかる論者も，証券が発行されないことは手形法40条3項の類推適用にとっての障害にはならないという考え方に立っているものと思われる。

第5章

株式の準共有

1 | はじめに

　株式が複数の者に所有される，つまり，準共有（株式は所有権以外の財産であるため準共有となる〔民264条〕）される状態が生じることがある。株主の意思にもとづいて生じる場合もあれば，共同相続（民898条）によって生じる場合もある。判例[1]・通説は，株式会社の株式について相続人が複数存在する共同相続の場合には，遺産分割協議が整うまでは，相続分（遺言がなければ法定相続分）に応じて共同相続人の準共有に属すると解しているからである。

　こうした準共有株式の権利行使方法について定めるのが，会社法106条である。同条本文は，準共有株式について権利を行使するためには，準共有株主が「株式〔準共有株式〕についての権利を行使する者」（権利行使者）を一人定めたうえで会社に通知をしなければならず，そうして初めて，その一人の権利行使者だけが株主としての権利を行使できる旨を定めている。判例[2]によれば，同条本文は，準共有株式の権利行使方法について，民法上の共有に関する規定に対する「特別の定め」（民264条ただし書）を設けたものであるという。一般に，かかる特別の定めが設けられたことの趣旨としては，準共有株主が各別に権利を行使することから生じうる混乱を回避し，会社の便宜を図ることが挙げられるが，そこでいう会社の便宜の内容としては，単に

---

1) 最判昭和45年1月22日民集24巻1号1頁，最判昭和52年11月8日民集31巻6号847頁，最判平成3年2月19日判時1389号140頁，最判平成26年2月25日民集68巻2号173頁。
2) 最判平成27年2月19日民集69巻1号25頁。

事務処理の煩雑を避けるというだけでなく，会社が相続争いなどの準共有株主間の紛争に巻き込まれることを防止するという点も重要であると考えられる[3]。

実際，準共有株式の権利行使方法をめぐる紛争は多いのであるが，その殆どが相続の事例である。最高裁判例も多く，つい最近も最高裁の重要な判断が下されたばかりである。最高裁判例が多いということは，それだけ紛争が激しくもつれる例が多いことを示している。本章で取り扱う，株式の準共有は，一見すると地味なようにみえるが，実務上は非常に重要なテーマであるといえよう。

2｜権利行使者の選定方法

既述のように，会社法106条本文は，準共有株式について権利を行使するためには，準共有株主が「株式〔準共有株式〕についての権利を行使する者」（権利行使者）を一人定めたうえで会社に通知をしなければならず，そうして初めて，その一人の権利行使者だけが株主としての権利を行使できる旨を定めている。そこで，準共有株主にとっては，どのような手続で権利行使者を選定すべきかが重要な問題となる[4]。

この問題について，判例[5]・多数説は，全準共有株主の持分（相続分）の過半数により権利行使者を選定できるとする見解を採用している（過半数説）。その根拠として，準共有株主間の利害が激しく対立している場合に全員一致を要求することは，およそ不可能を強いることで現実的でなく，デッドロック状態に陥りやすくなるため，会社運営にも重大な支障をきたす恐れがあると主張される。なお，学説の中には，過半数説の根拠につき，権利行使者の選定が共有物の管理行為（民252条本文）に該当することを挙げるものもみられる。

判例・多数説がいう重大な支障とは，典型的には，準共有株式について議決権行使がなされないために株主総会決議の定足数要件を満たせず，それゆえ取締役の選任を行うことができないことを意味する。このことを説明する

---

3) 吉本健一「株式の共同相続と対抗要件」鳥山恭一ほか編『現代商事法の諸問題（岸田雅雄先生古稀記念）』（成文堂，2016年）1126頁注5。

と，取締役を選任する株主総会決議の定足数要件は，「議決権を行使することができる株主の議決権」の過半数であり，定款の定めによっても発行済株式の3分の1までしか引き下げることができないとされている（会社341条）。権利行使者の選定・通知がない場合には，（4で後述するような場合を除き）準共有株式について議決権を行使することはできないが，準共有株式の議決権は，定足数算定の基礎になる「議決権を行使することができる株主の議決権」には含まれると解するのが多数説である。さもないと，準共有株式以外の株式が少数である場合でも，当該少数の株式だけで株主総会決議を成立させられることになって問題が大きいからである[6]。

以上のような過半数説に対し，学説上は，権利行使者の選定に準共有株主全員の合意が必要であるとする見解[7]も有力である（全員一致説）。この全員

---

4) 会社法106条の解釈問題の前提問題として，株式が相続された場合にも，相続人が自己が株主であることを会社に対抗するためには株主名簿の名義書換が必要かどうかという問題がある。仮に名義書換が必要であると解すれば，株式の共同相続の場合にも，共同相続人が株主名簿の名義書換を済ませて，株主名簿上共同相続人の共有名義になっていない限り，会社に準共有株主であることを対抗できず，したがって，たとえ権利行使者の選定・通知をしたとしても，（会社の側から株主権行使を許してくれない限り）株主権を行使できないことになる。

　　この問題については，学説上の対立がある。①株主名簿の記載の対抗力について定める会社法130条は，株式の「譲渡」の場合のみを対象にしているように読めるため，相続・合併等の一般承継の場合には同条の適用がないことなどを理由に，株式の一般承継人は，一般承継の事実さえ証明すれば，名義書換がされなくても株主としての権利を行使できるとする見解がみられる（相沢哲ほか編『論点解説　新・会社法』〔商事法務，2006年〕139頁，伊藤靖史ほか『事例で考える会社法〔第2版〕』〔有斐閣，2015年〕127頁以下〔田中亘〕は実質論としても同見解が妥当であるとする）。これに対し，②会社が一般承継（特に相続）の事実を知らないこともありうるので，会社が誰が株主なのかを容易に把握できるようにする必要があることなどを理由に，一般承継の場合にも同条を類推適用すべきであるとする見解も主張されている（江頭憲治郎『株式会社法〔第7版〕』〔有斐閣，2017年〕206頁，吉本・前掲注3）1125頁以下など）。

5) 最判平成9年1月28日金判1019号20頁，最判平成11年12月14日集民181号83頁。

6) 神作裕之「会社訴訟における株式共有者の原告適格」神作裕之ほか編『会社裁判にかかる理論の到達点』（商事法務，2014年）243頁，江頭・前掲注4）337頁注4，伊藤靖史ほか『事例で考える会社法〔第2版〕』〔有斐閣，2015年〕123頁注17〔田中亘〕。

7) 大野正道「株式・持分の相続準共有と権利行使者の法的地位」江頭憲治郎編『八十年代商事法の諸相（鴻常夫先生還暦記念）』（有斐閣，1985年）236頁，江頭・前掲注4）123頁注3。

一致説は，権利行使者の選定がなされない場合の多くが，中小企業の支配株式の共同相続人間における遺産分割争いに由来するところ，権利行使者の選定は当該企業の実質的な承継者の決定を意味するために，過半数説だと，本来は共同相続人の全員一致で決定すべき実質的な企業承継者を共同相続人の相続分の過半数で決定できることになって問題が大きい旨を主張している。権利行使者の選定がなされない場合の多くが共同相続人間の遺産分割をめぐる争いに由来することからすると，過半数説では遺産分割で対立する少数派の利益が顧みられない危険が大きいとする。この立場によれば，まずは遺産分割協議を優先すべきであり，その遅れから生ずる株式の「棚ざらし」状況ないし会社経営のデッドロック状態は仕方がないとみることになる。こうした全員一致説の基底には，相続による企業承継の問題は本来的に相続法で解決されるべきという考え方を窺うことができる。

3 ｜会社訴訟の提起と権利行使者の選定・通知の要否

[1] 判例の基本的な立場

会社法第7編第2章（828条以下）が規定する会社訴訟については，例えば合併無効訴訟（会社828条2項7号・8号）や株主総会決議取消訴訟（会社831条1項）がそうであるように，その原告適格が株主などに制限されていることが多い。判例上，準共有株主がそのような訴訟を提起することは，会社法106条がいう「〔準共有〕株式についての権利の行使」に該当するため，権利行使者としての選定を受けてその旨を会社に通知していないときは，特段の事情がない限り，原告適格を有しないと解されている[8]。

他方，株主総会決議不存在確認訴訟については，その原告適格が株主などに制限されていない。したがって，準共有株主がかかる訴訟を提起することは，会社法106条がいう「〔準共有〕株式についての権利の行使」には該当せず，それゆえ，必ずしも権利行使者を通じて訴訟を提起する必要はないようにもみえる。そこで，学説上は，準共有株主に訴えの利益（確認の利益）が認

---

8) 例えば，最判平成3年2月19日・前掲注1）は，準共有株主が合併無効訴訟を提起する場合において，権利行使者としての選定を受けてその旨を会社に通知していないときは，特段の事情がない限り，原告適格を有しないものと解するのが相当であるとする。

められる限り，当該準共有株主は，権利行使者としての選定を受けてその旨を会社に通知しているかどうかを問わず，株主総会決議不存在確認訴訟を提起することができるとする見解も有力である[9]。

しかし，判例[10]は，準共有株主が株主総会決議不存在確認訴訟を提起する場合にも，合併無効訴訟などを提起する場合と同じく，権利行使者としての選定を受けてその旨を会社に通知していないときは，特段の事情がない限り，原告適格を有しないものと解するのが相当であるとする。こうした判例の見解の根拠は必ずしも明らかではないが，①準共有株主としての地位に基づいて（準共有株主であるがゆえに）当該訴訟を提起している限り，当該訴訟の提起は「株式〔準共有株式〕についての権利を行使する者」に当たると解しうること，および，②会社代表者が準共有株主の一人ないし利害関係者である場合において，準共有株主間に紛争が生じて，反対派の準共有株主（A）が株主総会決議不存在確認訴訟を提起するに至る場合が大半であるところ，そのような場合にAに当該訴訟の原告適格を認めると，会社が準共有株主間の紛争に巻き込まれてしまうことを重視するものと理解することができる。②は，換言すれば，準共有株主が株主総会決議不存在確認訴訟を提起する場合にも，会社法106条本文の趣旨が妥当する（会社の便宜を優先すべきである）という考え方であるといえる。

[2] 特段の事情が認められる場合

このように判例は，準共有株主が権利行使者としての選定を受けてその旨を会社に通知していない場合には，株主総会決議不存在確認訴訟も含めて，

---

9) 中島弘雅「判批」民商法雑誌106巻3号（1992年）365頁，吉本健一「判批」判例評論397号（1992年）55頁（判例時報1406号188頁），青竹正一「株式・有限会社持分の共同相続と社員権の行使（2）」判例評論492号（2000年）5頁（判例時報1694号167頁）など。また，最判平成2年12月4日民集44巻9号1165頁の原々審判決（名古屋地判昭和62年9月17日民集44巻9号1173頁）や原審判決（名古屋高判平成1年1月30日民集44巻9号1180頁）も，同様の解釈をとったうえで，原告である準共有株主には訴えの利益（確認の利益）が認められるとしている。

10) 最判平成2年12月4日・前掲注9）。また，最判平成9年1月28日・前掲注5）も，有限会社の社員総会決議の不存在確認訴訟について，同様の解釈を採用している。これらの最高裁判決につき，神作・前掲注6）224頁以下参照。

会社訴訟の原告適格が認められないとしつつも、「特段の事情」がある場合には例外的に原告適格が認められるとする。問題は、どのような場合に「特段の事情」が認められるかである。

　この点について、例えば最判平成3年2月19日[11]は特段の事情の存在を認めたが、それは以下のような理由によるものであった。すなわち、5040株（発行済株式総数の63％）を保有する株主が死亡したが、遺産分割協議は未了であるために、当該5040株が共同相続人の準共有株式となった。この状況で、会社は、①別会社との合併契約を承認する旨の株主総会決議が成立した旨を主張したため、共同相続人である準共有株主の一人（X）が、そのような株主総会決議は行われていないとして、当該株主総会決議の不存在を理由とする合併無効訴訟を提起したところ、会社は、②準共有株式について権利行使者の選定・通知が行われていない（誰も権利行使者に選定されていない）ため、Xには合併無効訴訟の原告適格がないと主張した。しかし、合併契約を承認する株主総会決議の定足数要件は、「議決権を行使することができる株主の議決権」（既述のように準共有株式に係る議決権も含まれると解される）の過半数である（会社309条2項12号）。したがって、仮に本件準共有株式（発行済株式総数の63％）について権利行使者の選定・通知が行われていない（誰も権利行使者に選定されていない）のであれば、定足数要件を満たさず（他の全ての株主が出席しても「議決権を行使することができる株主の議決権」の37％にしかならない）、合併契約を承認する株主総会決議が成立することはない（①の主張はできない）はずである。そうだとすれば、会社の上記主張は、「右株主総会の瑕疵を自認し、また、本案における自己の立場を否定するものにほかならず、同法〔平成17年改正前商法〕203条2項〔会社法では106条〕の規定の趣旨を同一訴訟手続内で恣意的に使い分けるものとして、訴訟上の防御権を濫用し著しく信義則に反して許されない」から、Xには合併無効訴訟の原告適格を認めるべき「特段の事情」が認められる[12・13]。

---

11) 最判平成3年2月19日・前掲注1)。

4 │ 権利行使者でない準共有株主の権利行使が認められる場合

[1] 会社法の規定内容

　会社法106条ただし書は，「ただし，株式会社が当該〔準共有株式の〕権利を行使することに同意した場合は，この限りでない。」とする。これは，会社の同意がある場合は，権利行使者でない準共有株主による権利行使が認められる旨を定めたものであり，会社が自己の便宜が害されうるのを承知のうえで，準共有株主が権利行使することに同意するのであれば，特に権利行使者の選定・通知を求める必要はないという考え方に基づくものと理解されている。

[2] 権利行使者でない準共有株主による準共有株式の全部に係る議決権行使

　しかし，最判平成27年2月19日[14]（以下「最判平成27年」という）は，権利行使者でない準共有株主が準共有株式の全部（自己の持分だけではない）に係る議決権の行使をする場合において，全準共有株主の持分の過半数の同意がないときは，たとえ会社の同意があるとしても，原則として当該権利行使は違法であると解している[15]。

　こうした判例の見解の理由付けは以下のとおりである。すなわち，会社法

---

12) 最判平成2年12月4日・前掲注9）も，以下の事案について，同様の理由付けによって特段の事情の存在を認定している。その事案とは，会社の一人株主（発行済株式の全部を保有する株主）が死亡したが，遺産分割協議は未了であるために，発行済株式の全部が共同相続人の準共有株式となった状況において，会社が，①共同相続人である準共有株主の一人（A）を取締役に選任する旨の株主総会決議が成立した旨を主張する一方で，②準共有株式について権利行使者の選定・通知が行われていない（誰も権利行使者に選定されていない）ため，他の準共有株主（B）が提起した当該株主総会決議の不存在確認訴訟につき，当該準共有株主には原告適格がないと主張した，というものである。

13) 学説上は，訴訟上の防御権の濫用とはいえない事例でも，実体法上の事情から特段の事情が認められるべき場合があるとする見解が有力に主張されている。この有力説は，そのような場合の例として，会社の合併などの重大な基礎的変更に係る株主総会決議が行われ，あるいは，閉鎖的会社において遺産分割協議の成立を待たずに経営陣の交替に係る株主総会決議が行われた場合であって，当該決議に影響を及ぼしうる数の準共有株式の議決権行使が全面的または部分的に排除されたような事例を挙げている（神作・前掲注6）259頁）。

14) 最判平成27年2月19日・前掲注2）。

106条本文は，民法上の共有に関する規定に対する「特別の定め」（民264条ただし書）であり，また，会社法106条ただし書は，会社の同意がある場合には，同条本文の適用が排除されることを定めたものと解される。そうすると，会社が会社法106条ただし書所定の同意をしたときには，同条本文だけが排除されるにすぎず，民法上の共有に関する規定は，なお守るべきルールとして残っていることになるため，民法上の共有に関する規定に従わない場合は，会社の同意があっても，権利行使者でない準共有株主による権利行使は許されない。そして，民法上の共有に関する規定では，①共有物の変更行為（処分行為を含むと解されている）は，全共有者の同意によって決し（民251条），②共有物の管理行為は，全共有者の持分の過半数によって決し（民252条本文），③共有物の保存行為は，各共有者が行いうるものとされているところ（民252条ただし書），準共有株式の全部に係る議決権行使は，当該議決権の行使をもって「直ちに株式を処分し，又は株式の内容を変更することになるなど特段の事情」（上記①に該当する特段の事情）のない限り，当該準共有株式の管理行為（上記②）に該当するから，全準共有株主の持分の過半数の同意を要することになる。それゆえ，権利行使者でない準共有株主による準共有株式の全部に係る議決権行使について，全準共有株主の持分の過半数の同意がない場合には，たとえ会社の同意があるときでも，原則として当該権利行使は違法であると解すべきである。

[3]「特段の事情」が認められる場合

　最判平成27年によれば，準共有株式の全部に係る議決権行使をもって「直ちに株式を処分し，又は株式の内容を変更することになるなど特段の事情」

---

15) なお，平成17年改正前商法には，会社法106条ただし書に相当する規定が置かれていなかった。同法の下で，最判平成11年12月14日・前掲注5) は，権利行使者の選定・通知がない場合には，準共有株主の全員が準共有株式の議決権を共同して行使するときを除き，会社の側から議決権の行使を認めることは許されない旨を判示している。これに対し，最判平成27年は，会社法106条ただし書を根拠にして，「準共有株主の全員が準共有株式の議決権を共同して行使するとき」以外にも，会社の側から議決権の行使を認めることを許しているから，少なくともその点では，最判平成11年を修正していることになる（福島洋尚「判批」金融・商事判例1470号〔2015年〕6頁，原弘明「判批」近畿大学法学63巻2号〔2015年〕45頁注27）。

（上記［2］①に該当する特段の事情）が認められる場合には，当該議決権行使は共有物の変更・処分行為（上記［2］①）に該当するために，準共有株主全員の同意が必要であることになる。問題は，具体的にどのような場合に特段の事情が認められるかである。この点について，最判平成 27 年の事案では，株主総会における (a) 取締役の選任議案，(b) 代表取締役の選任議案，(c) 本店の所在地を変更する旨の定款変更議案に係る準共有株式の議決権行使が問題とされたところ，最高裁は，仮に当該議決権行使によって (a)〜(c) のいずれの議案が可決されたとしても，それをもって「直ちに株式を処分し，又は株式の内容を変更することになる」とはいえないため，特段の事情が認められないとした[16]。

　株主総会決議で可決された場合に株式の処分または株式の内容変更をもたらしうる議案としては，例えば，会社の解散，事業譲渡，合併などの組織再編，全部取得条項付種類株式の全部取得などのキャッシュアウトに係る議案，種類株式の内容等に係る定款変更議案が考えられる。最判平成 27 年によれば，準共有株式の全部につき，権利行使者でない準共有株主がそれらの議案に係る議決権行使を行う場合において，当該議決権行使をもって当該議案が可決されることになるとき（典型的には準共有株式が支配株式であるとき）には，上記の特段の事情が認められ，当該議決権行使については，準共有株主全員の同意がない限り，たとえ会社の同意があっても違法とされるものと考えられる[17]。

---

16) ただし，学説上は，取締役選任議案や代表取締役選任議案に係る議決権行使も，事情によっては，株式の変更行為に該当しうる（したがって準共有株主の全員の同意が必要である）とする見解が有力である（江頭憲治郎＝門口正人編『会社法体系 (3)』〔青林書院，2008 年〕73-74 頁［岡正晶］，林孝宗「判批」新・判例解説 Watch 商法 No.77〔2015 年〕4 頁，青竹正一「判批」商事法務 2073 号〔2015 年〕27 頁，松元暢子「判批」平成 27 年度重要判例解説〔2016 年〕92 頁など）。そうした見解は，例えば，準共有株式が閉鎖会社の支配株式である場合には，取締役選任議案や代表取締役選任議案に係る議決権行使によって，取締役や代表取締役の交替が実現することで配当政策の変更が行われるなど，株主の利益に大きな影響を及ぼす可能性があることから，株式の変更行為に当たるとする。
17) 岡・前掲注 16) 70 頁，福島・前掲注 15) 6-7 頁参照。

[4] 議決権以外の権利を行使する場合

　最判平成 27 年によれば，議決権以外の権利の行使についても，それが①株式の変更行為（処分行為を含む），②管理行為または③保存行為のいずれに該当するかによって，必要な手続は異なると考えられる。例えば，準共有株式の全部につき，権利行使者でない準共有株主が株式買取請求権を行使する場合には，当該権利の行使は株式の変更行為（上記①）に当たると解されるから，準共有株主全員の同意がない限り，たとえ会社の同意があっても違法とされることになろう。他方，株主総会決議取消訴訟のように，違法行為を是正するための訴訟の提起は，株式の保存行為（上記③）に当たり，会社の同意さえあれば，各準共有株主が行うことができると解される[18]。

[5] 権利行使者でない準共有株主による自己の持分に係る権利行使の可否

　以上のことは，権利行使者でない準共有株主が，準共有株式の全部に係る権利を行使する場合のことであった。それでは，権利行使者でない準共有株主が，会社の同意を得て，準共有株式のうち自己の持分（相続分）に相当する分に係る権利（特に株主総会の議決権）を行使することは許されるのであろうか。また，仮に許されるとした場合，会社の同意の他に，準共有株主間の内部的手続としてどのような手続を要求すべきなのであろうか。

　まず，最判平成 27 年は，権利行使者でない準共有株主が，準共有株式の全部に係る権利を行使する場合に関するものであり，準共有株式のうち自己の持分（相続分）に相当する分に係る権利を行使することの可否については，判断を示していない（射程外である）と解される[19]。

　そこで学説をみると，見解の対立があるが，近時は，会社の同意さえあれば，かかる権利行使も許され，準共有株主間の内部的手続は（全員の同意も持分の過半数の同意も）不要であるとする見解（積極説）[20]が有力になってきている。この積極説の根拠としては，①各準共有株主はその持分に応じて会社経営のリスクを負担する以上，リスクに見合ったコントロール権（特に株主総会の議決権）を認めることが望ましいこと，②準共有株主間の紛争が深刻化して身動きがとれない状況が長期化する例が少なくないところ，そのような状

---

18)　田中・前掲注 6) 132 頁注 38。
19)　田中・前掲注 6) 133-134 頁。

況では，各準共有株主の持分に従った権利行使を認めるのが一般的にはベターであると考えられること，③民法上の共有規定のなかでは，民法249条が共有制度の最も基底的なルールとして他の規定に優先して適用されるべきところ，同条は，各共有者による「自己の持分に応じた〔共有物の〕使用」を認めており，積極説の実定法上の根拠になると考えられることが挙げられている[21]。こうした積極説の主張は説得的なものであるから，積極説を支持すべきであろう。

　この点に関連して，既述のように，一人の準共有株主が準共有株式の全部について権利行使する場合には，株式の変更行為・管理行為・保存行為といった区分に応じた準共有株主間の内部的な決定手続が要求される（民法251条・252条）。その実質的な理由は，当該権利行使による影響が準共有株式の全体に（つまり他の準共有株主の持分にも）及ぶことから，その影響の重大性に応じた決定手続を要求すべきであるという考え方に求められると理解される。ところが，各準共有株主が，「自己の持分に応じた〔共有物の〕使用」として，自己の持分についての権利行使（議決権の行使など[22]）を行う場合には，基本的に，当該権利行使による影響が準共有株式の全体に（つまり他の準共有株主の持分にも）及ぶわけではないから，株式の変更行為・管理行為・保存行為といった区分に応じた決定手続を要求する（民法251条・252条を適用する）必要はないと考えられる。したがって，上記の積極説が主張するように，準共有株主間の内部的手続は（全員の同意も持分の過半数の同意も）基本的に不要であり，会社の同意さえあればよいと解される[23]。

20）　現行会社法の下での見解として，田中・前掲注6) 125-126頁，吉本健一「準共有株式の権利行使と会社法106条但書」神戸学院法学45巻4号（2016年）39-40頁がある。平成17年改正前商法の下での見解として，出口正義「株式の共同相続と商法203条2項の適用に関する一考察」筑波法政12号（1989年）67頁以下，山田泰彦「株式の共同相続と相続株主の株主権」早稲田法学69巻4号（1994年）193頁以下などがある。

21）　田中・前掲注6) 125-126頁，吉本・前掲注20) 39-40頁。従来，積極説に向けられた最大の批判は，共同相続された株式は準共有になるとする見解と抵触するというものであった。上記③の論拠は，そうした批判への反論にもなっている。

22）　自己の持分についての権利行使が認められるのは，「自己の持分に応じた〔共有物の〕使用」といえるような権利行使に限られるから，株式買取請求権の行使のように「使用」を超える権利行使は認められないと解される。

23）　吉本・前掲注19) 39-40頁。また，田中・前掲注6) 133頁参照。

第6章

上場会社の「取締役会の無機能化」問題

1 | はじめに

　世の多くの株式会社では，取締役に「社長」や「常務」といった肩書きが付されている。そうした肩書きと取締役という地位とは，どのような関係に立つのであろうか。また，例えば「総務担当（常務）取締役」といった肩書きがある一方，「取締役総務部長」という肩書きもみられる。これらはどのように違うのであろうか。

　ところで，昭和49年商法改正以降，株式会社法は，株式会社の機関構造に関する改正を重ねてきた。その目的の一つが，本書第2章で取り上げた株式会社の区分規制（主眼は小規模閉鎖会社に相応しい法制の構築）であるが，もう一つの目的として，上場会社の「取締役会の無機能化」問題への対応が挙げられる。そして実は，かかる問題が上記の社長や取締役総務部長といった肩書きと関連しているほか，平成14年商法改正による指名委員会等設置会社制度の導入や平成26年会社法改正による監査等委員会設置会社制度の導入とも密接に関連している。そこで本章では，「取締役会の無機能化」問題を軸にしながら，それとの関連で，社長等の肩書きがどのような意味をもつのか，なぜ指名委員会等設置会社制度・監査等委員会設置会社制度が導入されたのか，それらの制度のポイントはどこにあるのかについて概説することにしよう。

2 | 監査役会設置会社における取締役の職務

[1] 会社経営のための行為の分担

　現行会社法上，上場会社（通常は大会社である公開会社である）の機関構造の

選択肢としては，監査役会設置会社のほか，指名委員会等設置会社と監査等委員会設置会社がある。しかし，比較的最近（平成14年改正前）まで，上場会社の機関構造の選択肢は監査役会設置会社の1種類であった[1]。取締役会の無機能化という問題を取り上げる前に，まずは少し遠回りして，監査役会設置会社では，取締役がどのように会社経営のための行為を分担するかを確認することから始めよう。

会社経営のための行為は，①意思決定（「業務執行の決定」），②実行行為（「業務の執行」），③①②に対する監督に大別される。このうち①業務執行の決定は，原則として取締役会が行う（会社362条2項1号）。ただし，重要事項以外の事項まですべて取締役会で決定するのは煩雑だから，取締役会の決議により，非重要事項は個々の取締役に決定を委任できる（同条4項参照）。

それでは，②業務の執行，すなわち，取締役会が決定した事項，または取締役会の委任を受けて個々の取締役が決定した事項の実行行為は，誰が行うのか。こうした業務執行には，(a)対外的なもの（会社の外部者との取引）と(b)対内的なもの（会社の外部者との取引でないもの）とがある。(a)対外的業務執行を行うには会社の代理権が必要だから，取締役会は，個々の取締役に代理権を与えて，対外的業務執行を委任することになる。しかし，そのような方法だけだと，対外的業務執行を行わせる都度，代理権授与と委任が必要になって煩雑である。そこで，会社法は，取締役会の決議によって，取締役の中から会社の業務に関する包括的な権限（代表権限および業務執行権限）を有する「代表取締役」を1名以上選定するよう求めている（会社349条1項・4項，362条2項3号・3項）。こうして選定された代表取締役は，その都度取締役会から代理権授与・委任されることなく，対外的業務執行を行うことができる。

(b)対内的な実行行為についても代表取締役が行う。ただし，会社法は，取締役会が対内的な業務執行権限を有する取締役（選定業務執行取締役。伝統的には業務担当取締役と呼ばれてきた）を別途選定することを認めているから

---

1) かかる機関構造の源流は，ロェスレルが起草した商法草案において株主総会・取締役会・監査役会（ただし任意機関）が株式会社の常設機関とされたことにある。ロェスレルの構想も含めて，高田晴仁「日本商法の源流・ロェスレル草案」早稲田大学比較法研究所編『日本法の中の外国法』（成文堂，2014年）175頁以下参照。

(会社363条1項2号)，取締役会はかかる選定業務執行取締役を選定して対内的業務執行を行わせることもできる。

このように②業務の執行は，もっぱら代表取締役や選定業務執行取締役によって行われる。既述のように，取締役会は個々の取締役に非重要事項にかかる業務執行の決定を委任できるが，そうした委任も，代表取締役・選定業務執行取締役に対して行われることが多い。業務執行の決定（決定行為）と業務の執行（実行行為）は密接に関連しているために，同一人に行わせる方が効率的だからである。

最後に，③上記①②（取締役による業務執行の決定や業務の執行）に対する監督は，取締役会が行う（会社362条2項2号）。既述のように，上記①②を主に担当するのは代表取締役・選定業務執行取締役だから，それらの取締役が取締役会による監督の主たる対象になる。

[2] 3種類の取締役

以上のことからは，取締役と一口に言っても，職務の内容・権限が異なる3種類の取締役が存在することが分かる。まず，①代表取締役でも選定業務執行取締役でもない取締役（平取締役）の職務内容・権限は，取締役会の構成員として，(a) 他の取締役（主に代表取締役・選定業務執行取締役）の職務執行を監督するとともに，(b) 取締役会での業務執行の決定に参加することである。次いで，②選定業務執行取締役も，取締役会の構成員である点は平取締役と同様であるから上記 (a)(b) を担当するが，それに加えて，(c) 対内的業務執行および (d) 取締役会から委任された非重要事項の決定を行う。最後に代表取締役は，上記 (a)(b)(c)(d) に加えて，(e) 対外的業務執行も行う。

ここで注意すべきは，会社法上，上記3種類の取締役の地位は対等であることである。というのも，仮に取締役間に序列がある（例えば平取締役は代表取締役の下位である）とすると，取締役会で取締役全員が合議して業務執行の決定を行うことは困難になる（平取締役が代表取締役の発言に異議を唱えることは難しい）。また，取締役が他の取締役の職務執行を監督することも困難になる（平取締役が代表取締役の監督をするのも難しい）と考えられるからである。しかし実務上，後述する理由から取締役間に序列が形成された結果，会社によっては，取締役会が業務執行の決定や取締役の職務執行の監督を十分に果

たしえない状況が生じた。これが「取締役会の無機能化」問題と呼ばれるものである。

ただし，念のために付言すると，「取締役会の無機能化」問題は，何も大部分の上場会社でそうだというわけではなく，取締役会が無機能化した上場会社が定期的に現れること（企業不祥事を契機に無機能化が露見して社会問題化する例が少なくない），あるいは，取締役会が無機能化しやすい要因が認められることを問題視するものである。

3 「取締役会の無機能化」問題の要因[2]

[1] 内部職階制

上場会社では通常，代表取締役・選定業務執行取締役はそれぞれ複数選定される。その結果，対外的業務執行は複数の代表取締役が共同して担当し，対内的業務執行は複数の代表取締役・選定業務執行取締役が共同して担当する。複数人が共同して同一の職務を行う場合に，それを効率化しようとすると，役割分担（総務担当，経理・財務担当，研究開発担当，営業担当など）と指揮命令系統の確立が必要になる。

問題は，指揮命令系統の確立である。というのも，会社法上，すべての取締役の地位は対等であるため，代表取締役や選定業務執行取締役といった肩書きだけだと指揮命令系統が明らかにならないからである。そこで，各会社は任意に，取締役に指揮命令系統を明らかにするための肩書きを付与することで，問題に対処することになった（内部職階制の採用）。例えば，代表取締役・選定業務執行取締役のうちの最上位者に社長（および会長），その次位者に副社長という肩書きを付与し，さらに，それらの次位者に専務・常務といった肩書きを付すといった具合である。ただし，こうした肩書きはあくまで各会社が任意に付すものだから，各会社で一様ではない。最上位者に CEO（Chief Executive Officer）という肩書きが付与されることも少なくないし，銀行の場合には頭取という肩書きが用いられる。

このように内部職階制を採用し，取締役をそれに組み込む実務は，効率的

---

[2] 本節の記述は，神吉正三「わが国の取締役会は監督機能を果たしてきたか」龍谷法学 47 巻 1 号（2014 年）1 頁以下に負うところが大きい。

な業務執行を実現するための合理的な措置であると考えられる。しかし，取締役間の地位の対等を前提とする会社法の基本設計には抵触するものであった[3]。

[2] 従業員出身の取締役

　取締役間に序列が形成された要因としては，従業員（通常は内部職階上，従業員の最上位者〔部長など〕）の中から取締役候補者を選定するという実務も挙げられる。こうした実務がとられる一つの大きな理由は，かかる候補者は，代表取締役や選定業務執行取締役の業務執行を直属の部下として（例えば営業部長は営業担当取締役の直属の部下として）支えてきた者だから，取締役として業務執行を担う能力も有している可能性が高いと考えられることにある。また，従業員の中から取締役候補者を選定することは，従業員の士気高揚を図ることにもつながるであろう。

　これらの意味で，かかる実務には一定の合理性が認められる。しかし，従業員から取締役に「昇進」したばかりの者は，平取締役にされて，元上司である代表取締役・選定業務執行取締役の下位に位置づけられる例が多くみられた。

[3] 使用人兼務取締役

　しかも，多くの場合，従業員から取締役に「昇進」したばかりの者にとって，代表取締役・選定業務執行取締役は元上司というだけではなく，現在も上司という場合が少なくない。かかる者は取締役に就任した後も従業員（部長など）としての地位を兼務する，いわゆる使用人兼務取締役であることが少なくないからである。例えば「取締役総務部長」などは使用人（従業員）兼務取締役であり，代表取締役または選定業務執行取締役である「総務担当取締役」とは似て非なるものである。

　使用人兼務取締役の実務が生まれた理由としては，従前，法人税法が取締役賞与の損金算入（損金算入できるとその分課税対象となる所得額が減って，会社が支払う法人税額が少なくなる）を認めない一方，使用人兼務取締役の使用

---

[3] 酒巻俊雄「業務執行機関の権限」竹内昭夫＝龍田節編『現代企業法講座3』（東京大学出版会，1985年）268頁参照。

人分賞与については損金算入を認めてきたことが大きいといわれる[4]。また，平取締役固有の職務がさほど多くないので[5]（特に平取締役が下位者に位置づけられる場合は代表取締役等の監督もあまりできないし，取締役会での審議にもあまり参加できない），人的資源を有効活用するために，使用人を兼務させたという事情もあるであろう。

このように使用人兼務取締役の実務も，各会社の合理的行動の結果として生まれたものといえるが，結果的に，ますます平取締役は代表取締役や選定業務執行取締役の下位であるという序列が形成されることになった。

4 │従来の法改正の方向性とその問題点

「取締役会の無機能化」問題は，普段はさほど問題視されない。ところが，ひとたび企業不祥事が起こり，取締役会の無機能化が露呈されると，それが社会的に問題視され，株式会社法の改正を導くという歴史が繰り返されてきた。ただし，その場合に改正の対象とされたのは，比較的最近までは（平成14年改正までは）取締役会ではなく監査役であった。その主たる理由として，取締役会制度の改善に対しては，経済界が健全な企業の実務まで阻害しかねないとして強く反対したこと（こうした反対は上記3[1][2][3]がいずれも一面で合理的であることに着目すれば理解しやすい）が指摘されている[6]。

このような経緯により，昭和49年改正以降，監査役制度は頻繁な改正によって強化され，現在の姿に至ることになった。ところが，そうした監査役制度の強化という方向性は，欧米諸国における一般的な考え方とは少なからず異なるものであった。というのも，欧米諸国（特に米国）では，①業務執行者の監督は内部者には務まらない，②業務執行者の監督にはその選解任権が欠

---

[4] 岩原紳作編『会社法コンメンタール7』（商事法務，2013年）400頁〔浜田道代〕。なお，平成18年税制改正後は，取締役賞与も一定条件を満たせば損金計上が認められるが（法人税法34条），その範囲に制約があるため，今後も使用人兼務取締役の実務は続くであろうと指摘される（落合誠一編『会社法コンメンタール8』〔商事法務，2009年〕159頁〔田中亘〕）。

[5] 小林英明『使用人兼務取締役』（商事法務研究会，1993年）21頁参照。

[6] 松井秀征「要望の伏在——コーポレート・ガバナンス」中東正文＝松井秀征編『会社法の選択』（商事法務，2010年）410-415頁（昭和49年改正時の議論），424-430頁（昭和56年改正時の議論）参照。

かせないという考え方が強いからである。①は，業務執行者から独立した立場の者による監督が必要であることを意味するところ，それだけであれば，わが国も平成5年商法改正で社外監査役制度を導入していたから，それで足りることになる。しかし，社外監査役は，業務執行者（わが国では主に代表取締役・選定業務執行取締役）の選解任権を有しないから，②の考え方には沿わない。上記①②の考え方をともに実現しようとすると，社外取締役を中心に構成される取締役会が業務執行者の監督を行う制度が必要になる。

この点に関して，日経500採用企業を対象とした実証研究によれば，取締役会に占める社外取締役の比率は，1997年度は平均2.08％であったのが，2008年度には平均10.78％に上昇している。それでも，米国企業では取締役10人中8人までが社外取締役であること，欧州企業でも取締役の過半数が社外取締役であることと比べると，わが国の社外取締役の割合は非常に少ないといわざるを得ない[7]。

既述のように，わが国の取締役間に序列が形成された要因は，(a)内部職階制，(b)従業員出身者の取締役，(c)使用人兼務取締役であった。しかし，仮に欧米諸国の一般的な考え方にしたがい，社外取締役を中心に取締役会が構成される場合は，問題が大きく緩和されることが期待される。というのも，一般に社外取締役の主たる職務は業務執行者の監督であるとされ，業務執行は行わないから（業務執行者の監督者が業務執行を行うと自己監督になるという問題があるうえに，そもそも社外の者が業務の執行を担うのは実際上かなり難しい），内部職階制に組み込まれることはない。また，社外取締役の資格要件として，従業員の地位を離れて一定年数（10年間など）が経過していること，および使用人兼務でないことが挙げられるのが通例だからである。

5 | 法改正による取締役会制度の改善

欧米諸国の一般的な考え方にしたがった形での取締役会制度の改善を求める声は，外国人投資家の株式保有比率の上昇と軌を一にする形で高まりをみ

---

7) 齋藤卓爾「日本企業による社外取締役の決定要因とその効果」宮島英昭編『日本の企業統治』（東洋経済新報社，2011年）185頁表4-1，190頁図4-1，田中亘「日本のコーポレート・ガバナンスの課題」月刊監査役612号（2013年）6-8頁参照。

せ[8]，それが平成14年改正による指名委員会設置会社制度，平成26年改正による監査等委員会設置会社制度の導入につながった。ここでは上記の記述と関連づけながら，両制度のポイントを指摘しておこう。

[1] 指名委員会等設置会社制度

指名委員会等設置会社制度が導入された当時は，各社が2名の社外取締役適任者をみつけることは比較的容易であるとしても，取締役の過半数を社外取締役とすることは事実上困難であると考えられた。そこで指名委員会等設置会社制度では，いわば次善の策として，取締役会内部にそれぞれ重要な役割を担う指名委員会（取締役候補の人選〔会社404条1項〕）・監査委員会（執行役・取締役の職務執行の監査等〔会社404条2項〕）・報酬委員会（執行役・取締役の報酬の決定〔会社404条3項〕）を設置させたうえで，各委員会は3名以上の取締役で構成され，その過半数は社外取締役とするよう求めている（会社400条1項・3項）。

こうして社外取締役による監督を可及的に実現するための工夫が施されているとはいえ，取締役会全体では，社外取締役以外の取締役が多数を占める可能性が小さくない。そこで，かかる取締役が内部職階制に組み込まれて序列が形成されないよう，取締役が（取締役としての資格で）業務執行を行うことは禁止され（会社415条），「執行役」が業務執行を行うものとされている（会社418条2号）。また，取締役が使用人兼務取締役となることで序列が形成されるのを防ぐため，取締役と使用人の兼務も禁止される（会社331条4項）。

この結果，指名委員会等設置会社では，取締役の全員がいわば平取締役（使用人との兼務もない）となって，取締役会での業務執行の決定への参加，および執行役の職務執行の監督という役割を担うことになる（会社416条1項）。そのうえで，取締役会が執行役を選任・解任するとともに（会社402条2項・

---

8) こうした取締役会制度の改善要請は，平成26年会社法改正の審議において，すべての上場会社に1名以上の社外取締役の選任を強制すべきかという形でも問題とされた。なお，取締役会制度の改善要請は，特に米国の強い働きかけによるものであり，その背景には，米国には自国のガバナンス・システムを普及させることが自己の利益につながる「コーポレート・ガバナンス産業」の存在があることが指摘される（仮屋広郷「コーポレート・ガバナンス放談（上）」ビジネス法務15巻8号〔2015年〕108頁以下）。

403条1項），執行役の中から「代表執行役」を選定・解職する（会社420条1項・2項）。代表執行役は対外的・対内的な業務執行を行い（会社420条3項・349条4項，418条2号），執行役は対内的な業務執行を行う（会社418条2号）。こうして代表執行役・執行役は業務執行を行うとともに，取締役会から委任を受けた業務執行の決定も行う（会社418条1号）。

　業務執行の決定は原則として取締役会が行うが，監査役会設置会社の場合と比べると，取締役会決議によって執行役に決定を委任できる事項の範囲が格段に広い（会社416条4項）。そうして執行役に大幅な権限委譲をするときは，取締役会は業務執行の決定を行う機関というより，業務執行者（執行役）に対する監督を行う機関（しかもその監督は，個々の業務執行に対する監督というより業務執行者の全般的な業績評価を通じた監督）としての色彩を色濃く帯びることになるであろう。なお，取締役会はかくあるべきとする考え方を「モニタリングモデル」と呼び，取締役会が社外取締役を中心に構成される欧米諸国ではモニタリングモデルが採用されている。

[2] 監査等委員会設置会社制度

　監査等委員会設置会社制度のポイントは以下の点である。①指名委員会・報酬委員会の設置は強制されず，監査等委員会の設置のみが強制される。②監査等委員会の主たる職務は取締役の職務執行の監査であり（会社399条の2第3項），3名以上の取締役で構成され，その過半数は社外取締役でなければならない（会社331条6項）。③執行役は設置されないため，業務執行者は，監査役会設置会社の場合と同じく代表取締役・選定業務執行取締役である（会社363条1項）。

　監査等委員会設置会社制度は，指名委員会等設置会社の利用が60社程度にとどまっている理由として，指名委員会・報酬委員会の設置強制が嫌われたことが指摘されているため，監査等委員会の設置のみを強制しながら（上記①），社外取締役による業務執行者（代表取締役・選定業務執行取締役）の監督を実現しようとするものである（上記②③）。監査役会設置会社からみると，いわば監査役会が監査等委員会に置きかわっただけであり，社外監査役である者を社外取締役として活用することも可能だから，監査等委員会設置会社に移行するハードルは比較的低い。

　取締役の過半数が社外取締役である場合には，指名委員会等設置会社で執

行役への大幅な権限委譲が許されるのと同じく，取締役（主に代表取締役・選定業務執行取締役）への大幅な権限委譲が許される（会社399条の13第4項・5項）。そうした場合には，社外取締役を中心に構成される取締役会が業務執行者の監督を行うべきとする考え方が実現され，取締役会の監督機関としての色彩も強まることになる（モニタリングモデルの実現）。

6 │ 結びに代えて

　これまでみてきたように，指名委員会等設置会社制度・監査等委員会設置会社制度は，上場会社の「取締役会の無機能化」問題を背景に，社外取締役を中心に構成された取締役会が業務執行者の監督を行うべきとする欧米諸国の一般的な考え方を実現するために導入されたものであった。もっとも，ここで改めて留意を促したいのは，上場会社の「取締役会の無機能化」問題といっても，必ずしも大部分の上場会社で取締役会が無機能化していることを意味するわけではなく，むしろ従来の上場会社の多くでは，取締役会が機能していた可能性もあることである[9]。また，社外取締役を重視する欧米諸国（特に米国）の一般的な考え方の妥当性についても，さまざまな議論がある[10]。これらの意味で，わが国における上場会社の取締役会改革は未だ再検証の途上にあるというのが公正な評価であろう。

---

9) 例えば，1990年代頃までの上場会社では平均20名程度の取締役が存在し，その過半数が使用人兼務取締役であったこと等から，実は，取締役会はかかる幹部従業員たる取締役が代表取締役・選定業務執行取締役を監督する場として機能していた（ただしその機能は1990年代以降に各企業が自主的に取締役の員数を削減したことで失われた）可能性があることが指摘される（田中・前掲注7）8頁以下）。
10) 例えば社外取締役に関する実証研究につき，法制審議会会社法制部会第9回会議（平成23年1月26日開催）議事録3-5頁〔田中亘発言〕，16-18頁〔藤田友敬発言〕参照（http://www.moj.go.jp/content/000070216.pdf）。かかる議論をより一般化すると，世界各国のコーポレート・ガバナンスは，米国型に収斂するか，あるいは収斂すべきかという議論になる。それについては，仮屋広郷「会社法の歴史の終わり？」一橋法学2巻3号（2003年）1223頁以下参照。

第7章

取締役の利益相反取引

1 | 問題の所在

　会社法は，①「取締役が自己又は第三者のために株式会社と取引をしようとするとき」(356条1項2号) および②「株式会社が取締役の債務を保証することその他取締役以外の者との間において株式会社と当該取締役との利益が相反する取引をしようとするとき」(同項3号) には，取締役会（取締役会設置会社でない会社では株主総会）の承認を受けなければならないとしている（同項柱書き・365条1項）。一般に，①を直接取引，②を間接取引，両者を総称して利益相反取引と呼ぶ。

　利益相反取引の規制については，直接取引における「自己又は第三者のために」の意義をどのように解すべきか，また，それとも関連して，直接取引と間接取引の範囲をそれぞれどのように解すべきかという問題がある。これらの問題をめぐっては，従来さまざまな見解が唱えられてきたが，議論状況はやや混沌としており，現在，判例・多数説がどの見解なのかも必ずしも明確ではない状況が生まれている。

　このような状況が生まれた背景には，以下のような事情を窺うことができる。第1に，間接取引は，昭和56年改正によって明文化されたものである。ところが判例の中には，同改正以前に下されたものが少なくなく，それらの判例の射程が分かりにくいという事情がある。第2に，昭和56年改正の立案担当者によれば，同改正によって間接取引を明文化するにあたり，もし間接取引の範囲が広く解釈されると規制の適用範囲が不明確になりかねないという懸念から，間接取引はそれまで裁判例として現れた事例（債務保証，物上保証，債務引受など）のように取締役・会社間の利益相反関係が明確である取

引に限るべきであるとされ，間接取引の規定でも債務保証等について長々と例示されていた（平成17年改正前商265条1項3号。ただし現行法上は債務保証の例示が残っているだけである）。それゆえ，同改正後も，利益相反取引の範囲を拡張する場合には間接取引ではなく直接取引の範囲を拡張すべきとする見解が多数であったのに対し，その後，むしろ間接取引の範囲を拡張する方が条文の文言に素直であるとする見解が徐々に増加したという経緯がある[1]。現在，多数説がどの見解なのかが必ずしも判然としない一因は，こうした経緯に求められるであろう。第3に，平成17年会社法制定によって，取締役が「自己のために」会社と直接取引を行った場合には，たとえ任務懈怠について帰責事由（故意・過失）がないときでも，当該取締役はそのことを証明して任務懈怠責任（会社423条1項）を免れることができない旨の規定（会社428条1項）が新設された。そこで，当該規定の適用範囲との関係で，改めて「自己のために」の意義が問題とされることになったという事情もある。

　それでは，直接取引における「自己又は第三者のために」の意義，および，直接取引・間接取引の範囲について，どのように解すべきなのであろうか。この点について，筆者は，以下のような解釈が会社法の規定に最も素直で，かつ簡明である上に，実質論としてみたときも，かかる解釈で問題はないのではないかと考えている。すなわち，私法上の通常の用語法として「ために」という文言は「名義で」の意義で用いること，会社法上も「ために」と「計算において」は使い分けられていること（会社120条1項参照）からすると，直接取引における「自己又は第三者のために」（会社356条1項2号）は「自己又は第三者の名義で」という意義であると解すべきである（名義説）。その上で，実質的な損益の帰属に着目して間接取引という類型が設けられていることに鑑みると，直接取引の範囲は形式的に決し，実質的な損益の帰属が問題となる場面はすべて間接取引（会社356条1項3号）の問題として処理すべきである。後述するように，このような解釈に対しては，会社法428条1項の適用範囲が狭くなりすぎるとする批判もあるが，必要に応じて同項を類推適用することで問題を回避することは可能であるように思われる。

---

1) 昭和56年改正の経緯と学説の変遷について，高橋美加「『自己のためにする』直接取引——利益相反規制の変遷と解釈のゆれ」飯田秀総ほか編『商事法の新しい礎石（落合誠一先生古稀記念）』（有斐閣，2014年）227頁以下参照。

もっとも，たとえ上記の解釈をとった場合でも，直接取引と間接取引の範囲が自動的に決まるわけではないから，具体的にどのように範囲を画するべきかは別途問題となる。また，会社法428条1項の適用範囲と関連して，取締役の利益相反取引に係る任務懈怠責任について，任務懈怠と過失の関係をどのように理解すべきかも問題となる。以下，順次これらの問題を検討することにしよう。

2 ｜直接取引および間接取引の範囲

[1] 直接取引の範囲

　既述のように，名義説に立った上で，直接取引（356条1項2号）の範囲は形式的に決し，実質的な損益の帰属が問題となる場面はすべて間接取引（同項3号）の問題として処理するのが，会社法の規定に素直な解釈であるように思われる。

　そのような解釈の下では，X社にとって直接取引に当たる（それゆえX社における承認が必要になる）のは，①X社の取締役Yが，自己の名義でX社と取引する場合（誰がX社を代表または代理するのかは問わない），および，②X社の取締役Yが第三者を代表または代理して（第三者の名義で）X社と取引する場合，例えば，X社の取締役YがA社の取締役を兼任している状況で，YがA社を代表または代理して（A社の名義で）X社と取引する場合（誰がX社を代表または代理するのかは問わない）に限られ，後はどのような取引が間接取引に該当するのかが問題になる。

[2] 間接取引の範囲

　間接取引の範囲については，実質的な損益の帰属（実質的な利益相反関係）に着目して決せられる。もっとも，実質的な利益相反は程度の大小を問わなければ無限にありうるから，どこまでの取引を間接取引に当たるとすべきかが問題になる。基本的には，直接取引（上記①②）と同程度の危険性があるかどうかを基準に間接取引の範囲を決するべきであるが，利益相反取引規制が事前規制であることに鑑みると，間接取引の範囲の明確性も確保する必要があるであろう[2]。

③YがX社を代表または代理
④Y以外の者（α）がX社を代表または代理

　学説上，間接取引に該当すると解することに最も異論が少ないのは，③X社の取締役YがA社の代表取締役を兼任している場合において，YがX社を代表または代理して，A社の債務を保証する場合である（間接取引が昭和56年改正で明文化される以前のものであるが，最判昭和45年4月23日民集24巻4号364頁も当該場合は利益相反取引に該当するとする）。というのも，この場合には，上記②の場合と同じく，Yが自己が代表取締役を務めるA社の利益を図ろうとする危険が大きいうえに，これを間接取引に含めても間接取引の範囲は不明確にはならないと考えられるからである。なお，間接取引とは，会社が取締役以外の者との間で，「会社と当該取締役の利益が相反する取引する場合」における当該取引を指すところ，③の場合には，会社（X社）とA社の利益相反はあっても，会社（X社）と当該取締役（Y）の利益相反はない

---

[2] 以下の記述も含めて，全般的に，前田雅弘「取締役の自己取引」森本滋ほか編『企業の健全性確保と取締役の責任（龍田節先生還暦記念）』（有斐閣，1997年）304頁以下，落合誠一編『会社法コンメンタール（8）』（商事法務，2009年）82-83頁［北村雅史］参照。

ようにもみえる。しかし、③が間接取引に含まれると解する場合は、Yは自己の利益と同じくらいA社の利益を図ろうとする危険があるとして、「株式会社（X社）と当該取締役（Y＝A社）の利益が相反する取引」に該当するとみることになろう。

　それでは、④X社の取締役YがA社の代表取締役を兼任している場合において、Y以外の者（α）がX社を代表または代理して、A社の債務を保証する場合はどうであろうか（なお、前掲・最判昭和45年4月23日の射程がこの場合に及ぶかどうかは必ずしも明らかでない）。この問題をどのように考えるかが、後述する⑤～⑧をどのように考えるかの分岐点となる。

　一つの考え方（以下、「考え方（ⅰ）」という）は、間接取引に該当するためには、利益相反取締役（Y）が取引の当事者として直接的に関与しており、取引条件の決定に影響を及ぼしやすい立場にあることを要するというものである[3]。この考え方（ⅰ）に立てば、④の場合には間接取引に該当しないと解することになる。こうした解釈は、上記②の場合において、YがA社を代表しないときは直接取引に該当しないと解されていることとの平仄も合っている。

　これに対し、利益相反取締役が取引の当事者になっていない場合でも、自分に有利な取引条件を定めるよう、取引の当事者になっている他の取締役に働きかける危険が小さくないと考えられるときには、間接取引に該当するとみるべきであるという考え方（以下、「考え方（ⅱ）」という）もできる。この点に関連して、上記②の場合には、YがA社を代表するのであれば、たとえY以外の者がX社を代表または代理したとしても直接取引に該当すると解されているところ、それは、YがA社の利益を図るため、X社を代表または代理する者（α）に働きかける危険があると考えられるからであった。このような考え方（ⅱ）に立てば、④の場合にもそのような危険がある以上、間接取引に該当すると解される。

　仮に上記のような考え方（ⅱ）に立って、④が間接取引に当たると解するのであれば、⑤X社の取締役YがA社の100％株主である場合において、X社がA社の債務を保証するときにも、誰がX社を代表または代理するかを問わず、X社にとって間接取引に該当すると解すべきであろう（学説上、⑤

---

[3] 大隅健一郎＝今井宏『会社法論・中巻〔第3版〕』（有斐閣、1992年）242頁参照。なお、江頭憲治郎『株式会社法〔第7版〕』（有斐閣、2017年）446頁注5も参照。

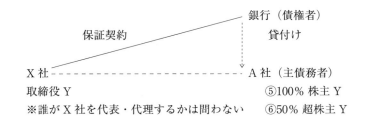

が間接取引に該当することについては異論が比較的少ない)。というのも，この場合のA社はYと同視でき，まさに「株式会社(X社)と当該取締役(Y＝A社)の利益が相反する取引」に当たるからである。他方，⑥X社の取締役YがA社の50％超株主である場合において，X社がA社の債務を保証するときについては見解が分かれうるが，⑤の場合と同程度にX社の利益が害される危険があることに加え，これを間接取引に含めても間接取引の範囲の明確性は損なわれないことに鑑みると（これがYの持株比率が50％以下である場合にまで実質的な考慮から間接取引の範囲を拡大するとなると適用範囲が不明確になりかねない），間接取引に該当すると解することにも十分な合理性がありそうである。

以上に対し，考え方（ⅰ）に立つときは，⑤の場合も，YがX社を代表する場合に限って間接取引に当たると解することになるであろう。ただし，⑥の場合はそのような限定を付してもなお，上記のように考え方（ⅱ）に立つ場合と同じく，見解が分かれうる。

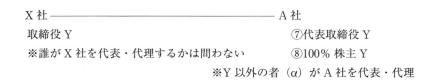

さらに，⑦X社の取締役YがA社の代表取締役を兼任している場合において，X社とA社が取引をする場合，あるいは，⑧X社の取締役YがA社の100％株主である場合において，X社とA社が取引をする場合に，それらの取引は間接取引に該当すると解すべきであろうか（いずれの場合も，誰がX社を代表または代理するかは問わないが，A社を代表または代理するのはY以外

の者である〔YがA社を代表する場合は直接取引に当たるため〕)。仮に考え方(ii)に立ち、上記④⑤が間接取引に該当すると解するのであれば、それとの均衡から、⑦⑧はいずれも間接取引に該当するとするのが素直であるように思われる。これに対し、考え方(i)に立つときは、YがX社を代表する場合に限って、間接取引に当たると解することになるであろう。

3 │ 利益相反取引に係る取締役の責任

[1] 会社法423条3項による任務懈怠の推定

　会社・株主が取締役の会社に対する任務懈怠責任(会社423条1項)を追及する場合には、本来、責任を追及する会社・株主側が、任務懈怠の事実、会社の損害、およびそれらの間の相当因果関係について証明責任を負う。そして、その立証がなされると、取締役の側が当該任務懈怠につき自己に帰責事由(故意・過失)がなかったことを立証しない限り、会社に対して損害賠償責任を負うことになる。

　このように任務懈怠の有無については、本来、責任追及をする会社・株主側に立証責任がある。しかし会社法423条3項は、利益相反取引によって会社に損害が生じた場合には、承認手続を経たか否かにかかわらず(同条2項とは異なり、同条3項には「356条1項の規定に違反して」という文言がない)、①会社法356条1項の利益相反取締役(同条3項1号)、②会社を代表して当該取引することを決定した取締役(同条3項2号)、③当該取引に関する取締役会承認決議に賛成した取締役(同条3項3号)について任務懈怠を推定するので、取締役側で任務懈怠がないことを立証しないと責任を免れることができない。こうした任務懈怠の推定規定が設けられているのは、利益相反取引の危険性に鑑み、関係の取締役に特に慎重な判断を要求するためであるといわれる[4]。

[2] 会社法428条1項所定の無過失責任

　先に触れたように、本来、取締役の任務懈怠によって会社に損害が生じた場合でも、当該取締役は任務懈怠について責めに帰することができる事由

---

4) 江頭・前掲注3) 475頁。

（故意・過失）がないことを証明すれば責任を免れることができる。しかし，会社法428条1項は，取締役が「自己のために」会社と直接取引を行った場合について，当該取締役は上記のような証明をして責任を免れることができない旨を定めている。

　このような責任の厳格化の趣旨は以下のように説明される。すなわち，取締役が自己のために会社と直接取引を行うことによって会社に損害を与えた場合には，かかる会社損害の額に相当する利益を得ていることが多いであろう。そのような取締役には，行為当時の事情はどうであれ，利益を保持させておくべき理由はないと考えられる。そこで，上記のように責任が厳格化されている[5]。

　会社法428条1項は，会社の承認を受けていたかどうかにかかわらず，取締役が自己のために会社と直接取引を行うことによって会社に損害を与えた場合に適用される。もっとも，会社の承認を受けずに，取締役が自己のために直接取引を行った場合については，会社の承認を受けなかったこと（356条1項・365条1項という具体的な法令の違反）それ自体が任務懈怠に該当すると解するのが多数説である[6]（なお既述のように会社に損害が生じた場合は任務懈怠が推定される）。この場合，当該取締役は，たとえ過失がなかったときでも責任を免れ得ないことになる。もっとも，そこでいう過失とは客観的な過失，すなわち，予見可能性の存在を前提とした結果回避義務違反のことであるから，無過失である場合とは，(1)会社の承認が必要な取引であることの予見可能性がなかった場合，または，(2)かかる予見可能性はあったが，外部の専門家（弁護士など）に相談するなど，情報収集に努めた上で，会社の承認が必要な取引ではないと判断した場合のことを意味する。ところが，名義説であれ計算説であれ，直接取引の範囲は比較的明確であるから，そもそも上記(1)または(2)の場合（無過失の場合）というのはあまり考えにくい。

　したがって，会社法428条1項が意味を持つのは，主に，①会社の承認を受けて，自己のための直接取引を行った取締役について，何らかの任務懈怠はあるが無過失である場合である。ただし，②会社の承認を受けずに自己のための直接取引を行った取締役についても，会社の承認を受けなかったとい

---

5) 岩原紳作『会社法コンメンタール(9)』(商事法務，2014年) 327頁［北村雅史］。
6) 岩原・前掲注5) 249頁以下［森本滋］。こうした見解につき，詳しくは本書第10章参照。

う任務懈怠によっては会社に損害が生じていないことを理由に，当該任務懈怠に基づく責任が否定される場合はありうるところ[7]，そのような場合において，仮に当該取締役に会社の承認を受けなかったこととは別の事由に基づく任務懈怠があって，それにより会社に損害が生じているが，当該取締役が無過失であるときは，会社法428条1項が意味を持つ（当該取締役は責任を免れることができない）ことになる。問題は①②の場合における任務懈怠の内容であるが，それについて後述するような見解の対立がある。

[3] 自己のために直接取引を行った取締役についての任務懈怠と過失の関係

会社法428条1項によれば，上記①②の場合には，当該取締役は，無過失の立証をして責任を免れることを禁じられる。ただし，同項が禁じているのは，無過失の立証をして責任を免れることだけであるから，任務懈怠がないことを立証して責任を免れることは許されるようにみえるが，そうした帰結は妥当であろうか。また，そもそも任務懈怠と過失はどのような関係に立つのであろうか。

こうした問題について，第1説は，上記①②の場合に認められる可能性のある任務懈怠とは取締役は会社に損害を与えないように注意を尽くすべきであるのに，それを怠って会社に損害を与えたこと（善管注意義務違反）であると理解する。そのような理解だと，取締役は会社に損害を与えないように注意を尽くしたこと（善管注意義務違反＝任務懈怠がないこと）を立証して責任を免れることができそうである。ただし，それだと，取締役に無過失の立証による免責を認めるのとほとんど変わらないから，会社法428条1項が無意味

---

7) 取締役が具体的な法令違反をした場合でも，当該法令が手続を定めるものであるときは，厳密には，(1)「必要な手続を経なかったこと」を任務懈怠とする見方（本来為すべき任務は「必要な手続を経ること」）と，(2) 必要な手続を経ていないのに「当該行為を行ったこと」を任務懈怠とする見方（本来為すべき任務は「当該行為を行わないこと」）の二つが成り立つ。そして，仮に (1) の見方をとるときは，取締役が必要な手続を経たとしても同じ行為を行ったであろう（当該取引について会社の承認が得られたであろう）といえる場合には，損害額算定に関する差額説の考え方によると，当該任務懈怠がなかったとした場合の会社の財産状態と現実の会社の財産状態が同一であるために，当該任務懈怠による会社の損害はゼロになる（取締役が自己株式取得手続を定める法令に違反した場合に関するものであるが，久保田安彦「違法な自己株式取得と会社の損害」同『企業金融と会社法・資本市場規制』〔有斐閣，2015年〕212頁以下参照）。

になってしまうという問題がある。そこで，かかる問題を回避するため，第1説に立つときには，同項は，取締役に無過失の立証による免責だけでなく，善管注意義務違反＝任務懈怠がないことの立証による免責も禁じていると理解することが考えられる[8]。

しかし，こうした第1説の解釈に対しては，会社法428条1項は任務懈怠と過失とを区別しているにもかかわらず，両者を実質的に同一のものと取り扱っているため妥当でないという批判が可能である。そこで，任務懈怠と過失とを別の概念として把握するため，第2説と第3説はそれぞれ，会社と直接取引を行う取締役について，善管注意義務とは別の「任務」を観念する。すなわち，第2説は，取引の時点において客観的にみて公正な条件で取引を行うことが「任務」[9]，第3説は，取引によって会社に損害を生じさせないことが「任務」[10]になると解した上で，取締役がそうした任務を怠った場合（第2説だと公正な条件で取引しなかった場合，第3説だと会社に損害を生じさせた場合）に任務懈怠が認められるとする。

第2説と第3説の実際上の違いは，自己のために会社と直接取引を行った取締役が当該取引によって会社に損害を生じさせた場合において，第3説だと，当該取締役は任務懈怠がないことの立証が不可能である（したがって常に責任を免れ得ない）のに対し，第2説だと，そのような場合でも当該取締役は任務懈怠がないことの立証ができる場合がある（したがって責任を免れうる）という点である。というのも，取引の時点では取引条件は公正であったが，その後の市場価格や需給の変動によって結果的に会社に損害が生じる場合もありうるところ，第2説だと，そのような場合には取締役は任務懈怠がないことの立証が可能だからである。結局，第2説と第3説の対立軸は，そのような場合に当該取締役の免責を認めるべきかどうかにあるといえよう[11]。

[4] 改めて，会社法428条1項の適用範囲について

会社法428条1項によれば，「自己のために」会社と直接取引を行った取締

---

8) 北村雅史「取締役の義務と責任」法学教室304号（2006年）48頁参照。
9) 北村雅史「競業取引・利益相反取引と取締役の任務懈怠責任」川濱昇ほか編『企業法の課題と展望（森本滋先生還暦記念）』（商事法務，2009年）239頁以下，北村・前掲注5）332頁。
10) 田中亘「利益相反取引と取締役の責任（上）」商事法務1763号（2006年）9頁。

役が当該取引によって会社に損害が生じさせた場合において，当該取締役に任務懈怠があるときは，たとえ無過失であっても免責されない。この場合，上記［3］の第1説および第3説では，常に当該取締役は責任を負うことになるのに対し，第2説では，取引の時点では取引条件は公正であったが，その後の市場価格や需給の変動によって結果的に会社に損害が生じたときに限って，当該取締役は免責されることになる。

このように会社法428条1項は，取締役が「自己のために」会社と直接取引を行って会社に損害を生じさせた場合における責任を厳格化しているが，それは，かかる場合には，取締役は会社損害の額に相当する利益を得ていることが多いところ，行為当時の事情はどうであれ，利益を保持させておくべき理由はないという趣旨によるものであった。

会社法428条1項の適用範囲は，直接取引における「自己のため」の意義について，「自己の名で」と解するか（名義説），それとも「自己の計算で」と解するか（計算説）で変わってくる。すなわち，名義説だと，(a)「自己の名で自己の計算でする直接取引」と(b)「自己の名で第三者の計算でする直接取引」に同項が適用される一方，(c)「第三者の名で自己の計算でする直接取引」には同項は適用されない。これに対し，計算説だと，(a)と(c)に同項が適用される一方，(b)には同項は適用されない。

ただし，(b)の場合は現実にはほとんど考えにくいであろうから，名義説と計算説の実際上の相違は，(c)「第三者の名で自己の計算でする直接取引」

---

11) この点に関連して，第2説に対しては以下のような指摘もある（吉原和志「会社法の下での取締役の対会社責任」黒沼悦郎ほか編『企業法の理論（江頭憲治郎先生還暦記念）（上）』〔有斐閣，2007年〕545-546頁）。すなわち，利益相反取引における損害額の算定は取引時の公正価格を基準とするのが原則であり，取引後の価格変動による損害は「特別の事情によって生じた損害」（民416条2項）であるとされ，取締役が予見した範囲または予見可能な範囲で責任を負うにとどまると考えれば，事後の価格変動リスクが取締役に転化されてしまうという問題は，損害賠償額の算定とその基準時の問題として対処できるのではないかという指摘である。

ただし，取引後の価格変動による損害が「特別の事情によって生じた損害」であるとしても，取締役の予見可能性の対象とされているのは，かかる損害を生じさせた「事情」，すなわち取引後における目的物の市場価格や需給の変動といった事情であるところ，取締役は（損害額の予見までは難しいとしても）かかる事情自体は予見していたか，または予見可能であったとされるのが通例ではないかと思われる。

の場合（X 社の取締役 Y が A 社の 100% 株主である場合において，Y が A 社を代表または代理して〔A 社の名で〕X 社と取引する場合など）に会社法 428 条 1 項が適用されるかどうか（名義説だと適用されないが，計算説だと適用される）にある。この点について，計算説の論者は，上記（c）の場合にも同項を適用すべきであり，それゆえ名義説ではなく計算説が妥当であるとする[12]。しかし，名義説の下でも，上記（c）の場合には実質的にみると，取締役（Y）が会社損害の額に相当する利益を得ている点に着目して，会社法 428 条 1 項が類推適用されると解することは可能である。

　また，そもそも取締役が会社損害の額に相当する利益を得ているのは，なにも上記（a）（c）の直接取引の場合に限られない。間接取引が行われるときでも，会社と利益相反関係に立つ取締役が会社損害の額に相当する利益を得ている場合は少なくないであろう（例えば上記 2 ⑤⑧の場合など）[13]。しかも，そうした間接取引の場合において，会社と利益相反関係に立つ取締役が（取引を行う他の取締役への指示を与えるなどの方法で）取引条件の決定に実質的に関与していることは十分にありうるところ，その場合には，取締役自身が会社と取引を行う場合（直接取引の場合）に類似するといえるから（なお，当該取締役について上記［3］で取り上げたような意味での任務懈怠を認定することも可能である），会社法 428 条 1 項を類推適用する基礎が認められる[14]。このように間接取引の場合でも，会社と利益相反関係に立つ取締役が当該取引によって会社損害の額に相当する利益を得ており，かつ取引条件の決定にも実質的に関与しているときには，当該取締役の責任について会社法 428 条 1 項を類

12）　伊藤靖史他『事例で考える会社法』（有斐閣，2015 年）253 頁［齊藤真紀］，北村雅史「競業取引・利益相反取引と取締役の任務懈怠責任」川濱昇ほか編『企業法の課題と展望（森本滋先生還暦記念）』（商事法務，2009 年）239 頁以下，北村・前掲注 5）336 頁。

13）　江頭・前掲注 3）476 頁注 7 は，間接取引の場合でも，利益が取締役自身に帰属したと同視できるときは，同項を類推適用すべきであるとする。また，齊藤・前掲注 12）254 頁注 42 参照。

14）　逆にいえば，間接取引の場合において，会社と利益相反関係に立つ取締役が取引条件の決定に実質的に関与していないとき（監視義務違反という任務懈怠が認められうるにすぎないとき）にまで，会社法 428 条 1 項を類推適用して無過失責任を負わせるのは行き過ぎのように思われる（北村・前掲注 12）246 頁注 92 参照）。ただし，実際上，会社と利益相反関係に立つ取締役が当該取引によって会社損害の額に相当する利益を得ている場合は，当該取締役が取引条件の決定にも実質的に関与していることが多いのではないかと推測される。

推適用すべきであると考えられる[15]。

　こうして考えると，名義説でも会社法 428 条 1 項の類推適用を認めれば問題を回避できる一方，計算説に立つ場合でも，いずれにせよ同項の類推適用を考えるべき場合が残ることが分かる[16]。そうだとすると，結局，同項の適用範囲との関係は，名義説を排して計算説をとるべきことの決定的な理由にはならないとみるべきであろう。

15)　例えば，上記 2 ⑧の場合において，Y が当該取引の条件の決定に実質的に関与しているという事情があるのであれば，その場合を上記 (c) の場合（X 社の取締役 Y が A 社の 100％株主である場合において，Y が A 社を代表して〔A 社の名で〕X 社と取引する場合など）と区別し，前者の場合には会社法 428 条 1 項が適用されないが，後者の場合には適用されるとすることの合理性は乏しいから，前者の場合にも同項が類推適用されると解すべきであろう。仮にかかる類推適用を認めないと，Y としては，自己が A 社を代表せず，誰か別の者に A 社を代表させることで，同項の適用を容易に免れることができるから，その意味でも同項の類推適用を認めるべきである。

16)　計算説に立った上で，さらに直接取引の範囲を拡大し，上記 2 ⑧の場合なども Y が A 社のために取引を行っているものと同視して直接取引に該当すると解すれば，会社法 428 条 1 項の類推適用は不要になる。しかし，会社法の規定に照らすと，むしろ本文で述べたような解釈の方が素直ではないかと思われる。

第8章

取締役の報酬等
——確定額の金銭報酬を中心に

1 | はじめに

　株式会社は，指名委員会等設置会社の場合を除き，取締役に報酬，賞与その他の職務執行の対価としての財産上の利益（「報酬等」）を支給するためには，一定の事項（例えば報酬が確定額の金銭である場合はその額）を定款で定めるか，または，株主総会の普通決議によって定めなければならない（会社361条1項）。伝統的に，こうした報酬規制の趣旨は「お手盛り」の防止に求められてきた。お手盛りとは，もともとは自分で食べ物を好きなだけ食器に盛ることをいうが，ここでは，取締役が自らの報酬をその職務執行の価値とは無関係に決めること（報酬が過大になること）を意味する。もっとも後述するように，近時は報酬規制の趣旨として，お手盛りの危険の防止に加えて，取締役に対する企業価値向上へのインセンティブ付与を重視する見解が増えてきている。

　取締役の報酬等規制には分かりにくいところがあるが，その最大の要因は，会社法の規定（そこから想起される報酬等の決定手続）と上場会社の実務[1]（実際に各会社で踏まれている手続）との間の隔たりが大きいことにある。そこで，本章と第9章にわたり，どのような隔たりがあるのか，そうした隔たりはなぜ生まれるのか，また，大きな隔たりのある現状をどのように評価すべきかといった点に焦点を当てながら，取締役の報酬等規制について概説することにした。具体的に，まずは本章では，取締役の報酬等の中心は確定額の金銭

---

1) なお，非上場会社でどのような手続が踏まれているかは明らかでないが，上場会社と同様の手続を踏んでいる会社が少なくないと推測される。

報酬であることから，主にそれを念頭に置きながら，報酬等の決定手続をめぐる実務や学説の状況を俯瞰したうえで，第9章で退職慰労金とストック・オプションを取り上げることにしよう。

なお，会社法上，指名委員会等設置会社では，報酬委員会（委員である取締役3名以上で組織され，委員は取締役会で選定される〔会社400条1項2項〕。委員の過半数は社外取締役でなければならない〔同条3項〕）が取締役の個人別の報酬等を決定するものとされ（会社404条3項），実務もその手続に完全に従っている。つまり，会社法の規定と実務との隔たりが生じているのは指名委員会等設置会社以外の会社だけであるから，本章の対象もかかる会社に限定することにしたい。

2 報酬等規制の概要

会社法上，取締役の「報酬等」については，一定の事項を定款で定めるか，または株主総会の普通決議によって定めなければならない（会社361条1項柱書）。ただし，定款で定めてしまうと，それを変更するときに株主総会特別決議という厳格な手続（会社466条・309条2項11号）が要求されるから，実務上は，株主総会の普通決議で定めるのが通例である。

報酬等とは，「取締役の報酬，賞与その他の職務執行の対価として株式会社から受ける財産上の利益」のことをいう（会社361条1項柱書）。報酬・俸給・給与・賞与（ボーナス）・退職慰労金・功労金・住宅料などの名目で支払われる金銭のほか，無償や低賃料での社宅の提供やストック・オプション（インセンティブ報酬として付与される新株予約権）も，職務執行の対価である限り報酬等に含まれる。

報酬等について定款または株主総会決議で定めるべき事項は，①金額が確定しているものについてはその額，②金額が確定していないものについてはその具体的な算出方法（例えば一定期間の利益や一定時点の株価に連動して金額が定まる業績連動報酬であればその金額の具体的な算定式），③金銭でないもの（例えば社宅の提供）についてはその具体的な内容である（会社361条1項各号）。そして判例によれば，定款または株主総会決議で報酬等について定めると，金額等を含めて会社・取締役間の任用契約の内容になる一方[2]，定款の定めも株主総会決議（または株主総会決議に代わる全株主の同意）もない場合には，取

締役は会社に報酬等の支給を請求することができない[3]。

3 確定額の金銭報酬に関する上場会社の実務

　非上場会社だけでなく，上場会社にあっても，依然として取締役の報酬等の中心は，毎月支払われる確定額の金銭である[4]。先ほどみた会社法の規定内容からすると，確定額の金銭報酬について会社が踏むべき手続として，多くの者は以下のようなイメージを抱くであろう。すなわち，会社は，取締役を株主総会（通常は定時株主総会）で選任すると同時に，その後すぐに（当月または翌月から）報酬を支払うことができるよう，当該株主総会で当該取締役の報酬等についても定める。会社法上，確定額の金銭報酬の場合はその額を定めるものとされているから（会社361条1項1号），株主総会で定めるのは取締役の個人別の金銭報酬の額（例えばA取締役は月額400万円，B取締役は月額600万円）である。かかる定めは会社・取締役間の任用契約の内容となって，当該契約の期間中（つまり取締役の任期中）は双方を拘束する。任期満了後に株主総会で取締役に再選される場合は，その株主総会で改めて報酬等について定めるから，報酬等に関する株主総会決議は，各取締役についてその任期ごとに行われる。

　しかしながら，現実には，上場会社の多くで上記とは大きく異なる手続が踏まれてきた。第1に，取締役の個人別の報酬額が明らかになるのを避けるため，株主総会では，取締役全員の報酬総額（の最高限度）だけを定めたうえで，取締役会にその総額の範囲内で各取締役の個人別の報酬額を決定することを委任する旨を決議する。第2に，株主総会で定めた取締役全員の報酬総

---

2) 最判平成4年12月18日民集46巻9号3006頁。したがって，こうした判例によれば，取締役の任用契約の期間中（つまり任期中）は，当該取締役が同意しない限り，株主総会決議によっても報酬額を減額したり無報酬にすることは許されず，あとは，どのような場合に取締役の同意があったと評価できるかが問題となる。
3) 最判平成15年2月21日金法1681号31頁。ただし他方で，判例（最判平成17年2月15日判時1890号143頁）は，定款または株主総会決議で定めないまま取締役の報酬等が払われた場合でも，会社法361条の趣旨を没却するような特段の事情が認められない限り，事後的に株主総会決議があれば当該報酬等の支払は有効になるとする。
4) 後掲注11）参照。

額を変更しないかぎり，取締役の報酬等については株主総会で決議しない。それゆえ，上場会社の中には，10年前や20年前に株主総会決議によって取締役全員の報酬総額を定め，その後は一度も報酬等に関する株主総会決議を行っていないという会社が少なくない。

4 │ 判例・多数説の論理とその問題点

　それでは，こうした実務は会社法361条に反しないのであろうか。仮に同条に反するとすれば，取締役会に決定を一任する株主総会決議は，その内容が法令（会社361条）に違反するため無効である（会社830条2項）。この結果，会社は株主総会決議を経ずに取締役に報酬を支払っていることになるから，取締役には自らに支給された報酬について不当利得の返還義務（民703条）が生じるほか，他の取締役への報酬支給（またはそれに関する決定への関与）についても任務懈怠責任（会社423条1項）が生じうる。

　まず上記第1の実務（株主総会では報酬総額だけを定めて取締役会に具体的な決定を一任する）について，判例・多数説は，会社法361条の趣旨は取締役の報酬額について取締役会によるいわゆる「お手盛り」の弊害を防止する点にあることを理由に，かかる実務も許されると解してきた[5]。先にも触れたように，「お手盛り」は，もともとは自分で食べ物を好きなだけ食器に盛ることをいうが，ここでは，取締役が自らの報酬をその職務執行の価値とは無関係に決めること（報酬が過大になること）を意味する。つまり，個々の取締役の報酬額の決定は取締役会に委ねるとしても，株主総会で取締役全員の報酬総額（の最高限度）さえ決めておけば，取締役会はその範囲内で各取締役の個人別の報酬額を決めることになるから，各取締役の報酬が過大になることはなく，それゆえ会社法361条の趣旨にも反しないというわけである。また，上

---

5) 最判昭和60年3月26日判時1159号150頁，矢沢惇「取締役の報酬の法的規制」同『企業法の諸問題』（商事法務研究会，1981年）241頁，大隅健一郎＝今井宏『会社法論・中巻〔第3版〕』（有斐閣，1992年）166頁。なお，不確定額の報酬についても，同様の理由から，株主総会で報酬総額のみを定めて（例えば取締役全員で当期純利益の1％と定めて），各取締役への具体的な配分は取締役会に委任することも許されると解されている（高田剛「経営者報酬と法規制」高田剛＝タワーズペリン経営者報酬コンサルティング部門『経営者報酬の法律と実務（別冊商事法務285号）』〔2005年〕19頁）。

記第2の実務（株主総会で定めた報酬総額を変更しない限り株主総会決議は行わない）についても，株主総会で定めた取締役全員の報酬総額が変更されない限り，やはり各取締役の報酬が過大になることは防止できるとして許容されてきた[6]。

しかし，実はこうした論理の合理性には疑わしいところがある。というのも，本来，報酬が過大かどうかは，その額の多寡だけで決まるわけではなく，あくまで各取締役の職務執行の価値（職責・能力等）との比較で決まるものだからである[7]。例えば，同じ会社の取締役でも，企業価値の向上に貢献しない取締役には年間500万円の報酬でも過大であるかもしれない一方，企業価値の向上に大きく貢献する取締役であれば年間10億円の報酬でも過大とはいえないかもしれない。そうだとすると，たとえ株主総会で取締役全員の報酬総額を定めたとしても，取締役会が決定する各取締役の個人別の報酬額と，各取締役が行うと期待される職務執行の価値とが見合わない（報酬が過大である）危険は残ることになる。まして，年を経れば取締役の職責や顔ぶれも変化することに鑑みると，「株主総会で定めた取締役全員の報酬総額が変更されない限り，報酬が過大になる危険はない」とはいえないはずである。

しかも近時は，報酬規制の趣旨として，お手盛りの危険の防止に加えて，取締役に対する企業価値向上へのインセンティブ付与を重視する見解[8]が増えてきている。このような見解の下では，各取締役の報酬額と職務執行の価値が見合わないことは，お手盛りによって報酬が過大に定められる場合に妥当でないというにとどまらず，報酬が過少に定められる場合にも当該取締役のインセンティブが損なわれるという意味で妥当でないと評価される。例えば，ABCの3名の取締役のいる会社の株主総会で3億円の報酬総額が決議された場合において，取締役会が，その職責・能力等に照らすと本来は5000

---

6) 大阪地判昭和2年9月26日法律新聞2762号6頁，矢沢・前掲注5) 241頁，大隅＝今井・前掲注5) 166頁。
7) 龍田節「役員報酬」我妻榮編『続判例展望（別冊ジュリスト39号）』（1973年）178頁。
8) 伊藤靖史『経営者の報酬の法的規律』（有斐閣，2013年）19頁以下，落合誠一編『会社法コンメンタール(8)』（商事法務，2009年）148頁以下〔田中亘〕，比較法研究センター「役員報酬の在り方に関する会社法上の論点の調査研究業務報告書」（2015年）68頁〔松尾健一〕《http://www.moj.go.jp/content/001131783.pdf》，津野田一馬「経営者報酬の決定・承認手続(1)」法学協会雑誌132巻11号（2015年）2086頁以下。

万円ずつの報酬が相応しい取締役 AB について1億円ずつの報酬を決定する一方，2億円の報酬が相応しい取締役 C について1億円の報酬を決定したときは，AB だけでなく C の報酬決定についても問題が認められる。したがって，そのこととの関係で，「AB の報酬が過大でも，C の報酬が減額されているからトータルでみれば問題ない」という見方も妥当でないことになる[9]。

5 │ 実務の合理性を支える事情

　このように判例・多数説の論理には小さくない問題が含まれている。ところが，それにもかかわらず，仮に上記のような実務が許されるとすれば，その理由はむしろ以下のことに求められるべきであろう。

　すなわち，取締役の報酬額を適正に決定するためには，個々の取締役ごとに，どれほどの価値のある職務執行を行うと期待されるかを判断したうえで，かかる職務執行の価値に見合った報酬額を定めることが必要になる。しかし，現実的にみて，株主総会がそのような決定を適切に行うことができるかどうかは多分に疑わしい。また，各取締役がどれほどの価値のある職務執行を行うと期待されるかの判断は，各取締役にどのような職責を担わせるべきかの判断と密接に関連するところ，後者の判断は経営判断に他ならないから，その意味でも株主総会での決定には馴染みにくい。このような事情に鑑みると，株主総会で取締役の個人別の報酬額を決議させれば問題が解決するというわけではないから，上記第1の実務（株主総会では報酬総額だけを定めて取締役会に具体的な決定を一任する）も一概に否定しきれないところがある[10]。

　また，わが国では，取締役の報酬額は他の先進諸国のそれに比べて著しく低いことが指摘されている[11]。したがって，通常は株主も，過去に株主総会で定めた取締役の報酬総額について異論がないであろうから，上記第2の実務（株主総会で定めた報酬総額を変更しない限り株主総会決議は行わない）にも，あまり目くじらを立てなくてよいとも考えられる。

---

9) 田中・前掲注8) 163頁。
10) 田中・前掲注8) 163頁は，個人別の報酬額まで株主総会に決定させることが，裁判所による事後的審査の可能性を留保しつつ取締役会にこれを決定させることと比べて，報酬規制の手法として優るとは必ずしも言いきれないとする。

とはいえ，取締役会に具体的な決定を委ねておけば問題ないというわけでも決してないから，仮に上記のような実務を許容するのであれば，取締役会の決定の合理性を確保するための方策が欠かせない。効果的な方策はなかなか見当たらないのが実情であるが，せめて，取締役会における決定が著しく不合理である場合には，取締役会での決定に参加した取締役に任務懈怠責任（会社423条1項）が生じるとする有力説の解釈[12]を採るべきであろう。

6｜株主総会の一任決議後の問題

仮に株主総会の一任決議も許されるとしたとき，次に問題となるのは以下の点である。第1に，取締役会で各取締役の報酬額を決定する場合において，当該取締役は特別利害関係人（会社369条2項）に該当して取締役会での議決から排除されるのであろうか。第2に，実務上は，株主総会の一任を受けた取締役会でも個々の取締役の報酬額は決定せず，代表取締役に決定を再一任する例も多いといわれるが，そのような再一任は許されるのであろうか。

まず第1の問題について，各取締役は特別利害関係人には該当しないとす

---

11) 例えば，タワーズワトソン社の調査研究（2016年度）によれば，米国ではFortune500企業，英国ではFTSE100企業，日本では時価総額上位100社のうち，それぞれ売上高等1兆円以上の企業を取り上げて，CEOの報酬額をみると，その中央値は，米国では13億1000万円（うち基本報酬は1億3800万円，業績連動賞与等の年次インセンティブは2億4800万円，株式報酬等の長期インセンティブは9億2800万円），英国では5億9000万円（うち基本報酬は1億4600万円，業績連動賞与等の年次インセンティブは1億8700万円，株式報酬等の長期インセンティブは2億5200万円），日本では1億4000万円（うち基本報酬は8100万円，業績連動賞与等の年次インセンティブは4000万円，株式報酬等の長期インセンティブは1900万円）である《https://www.willistowerswatson.com/ja-JP/press/2017/08/Stock-based-compensation-implementation-status-survey》（2018年1月9日最終確認）。

12) 伊藤・前掲注8）39頁以下・109頁以下，田中・前掲注8）165頁。例えば，株主総会による限度額の決定後に取締役の員数が著しく減少したにもかかわらず，取締役会が漫然と1人あたりの取締役の報酬額を増やしたような場合には，任務懈怠責任が認められる可能性があるといわれる（田中・前掲注8）166頁）。ただし，本章7で触れるように，この点に関する司法審査の機能は限定的であると考えられる。

る裁判例があり[13]，学説の多くもそうした裁判例を支持している。ただし，伝統的な学説は，株主総会決議によって報酬総額が定められている以上，会社・取締役間の利害対立は解消していることを理由としてきたが[14]，先に述べたことからすれば，そのような理由付けは妥当でない。株主総会決議によって報酬総額が定められる場合でも，その範囲内で取締役会が適正に各取締役の報酬額を定めない（過大または過小な報酬額が定められる）ときには会社の利益が損なわれる一方，各取締役にとっては自らの報酬額が高く定められることが利益になるという利害対立が残っているからである。そこで近時は，特別利害関係取締役を議決から排除する規制（会社369条2項）について，特定の取締役が他の取締役と共通しない特別な利害関係を有する場合に，当該特定の取締役が他の取締役と比べて会社のための判断を行い難いことに着目するものと理解したうえで，報酬額を決定する場面のように，取締役の全員が共通の利害関係を有する場合には，かかる規制は適用されないと説明する見解が有力である[15]。

次いで第2の問題についても，代表取締役への再一任は違法でないとする裁判例があり[16]，学説の多くも，報酬総額が株主総会で定められている以上，会社を害するおそれはないことを理由に，やはり再一任は違法でないとする[17]。これに対し，代表取締役への再一任は，取締役会による代表取締役の監督機能を阻害するから（取締役会は報酬決定という監督手段を手放すことになるうえに，自らの報酬決定を代表取締役に委ねた取締役には代表取締役の効果的な監督は期待できない），許されないとする見解[18]も有力である。

---

13) 名古屋高金沢支判昭和29年11月22日下民集5巻11号1902頁。
14) 龍田・前掲注7）175頁，矢沢・前掲注5）244頁。
15) 田中・前掲注8）166頁。
16) 東京地判昭和44年6月16日金判175号16頁。また，最判昭和31年10月5日集民23号409頁は，一任を受けた取締役会が，社長と専務取締役の報酬については両名の総額だけを決定して，両名間の配分は社長に再一任した事例につき，かかる再一任は違法でないと判示している。
17) 龍田・前掲注7）175頁，江頭憲治郎『株式会社法〔第7版〕』（有斐閣，2017年）454頁注6参照。
18) 阪埜光男「判批」金判197号（1970年）5頁，伊藤・前掲注8）268-269頁，津野田一馬「経営者報酬の決定・承認手続（2）」法学協会雑誌133巻1号（2016年）115頁。

7 | 今後の展望

　取締役の報酬等について，上場会社では，定款でなく株主総会決議で定められるのが通例である。ところが，これまでみてきたように，上場会社における伝統的な実務によれば，株主総会は取締役全員の報酬総額だけを定めて個人別の報酬額の決定は取締役会に一任しているうえに，いったん定めた報酬総額を変更しない限り株主総会決議が行われないのであるから，実質的にみると，株主総会の関与は極めて薄いといえる。

　こうした実務の直接的な要因は，株主総会で個人別の報酬額が明らかになるのを避けたいという取締役の思惑にあるが，根本的な要因として，取締役の報酬は高度の判断が求められる事項であり，株主総会での決定に馴染みにくいことが挙げられる。そのことに鑑みると，上記のような実務を一概に否定することはできない。しかし反面で，一任を受けた取締役会（または再一任を受けた代表取締役）による報酬決定が適正に行われる制度的保証が十分でないのも確かである。この点について，取締役会（または再一任を受けた代表取締役）による報酬決定に司法審査を及ぼすべきとする見解が有力であり，筆者もそれを支持している。ただし，経営者報酬のような高度の判断を要する事項について，裁判所がどれほどの審査をできるかは多分に疑わしいところがある[19]。実際，有力説の下でも，取締役会（または再一任を受けた代表取締役）の決定内容が著しく不合理であるとされて取締役の任務懈怠責任が認められるのは，ごく例外的な場合に限られるとされているから，司法審査に多くを期待することは難しい。このような事情に鑑みると，現状を肯定的に評価することはできず，何らかの改善策が必要であるといえる。

　問題は，どのような改善策を講じるべきかである。多くの論者によって様々な提案が行われているが，そうした提案の内容は以下の3つに分類することができる。第1は開示規制の強化，第2は報酬委員会の設置，第3は株主総会の関与の実質化である[20]。総じて第1の提案には異論がなく，それに加えて，第2の提案または（および）第3の提案を実現すべきかどうかで見解

---

19) 津野田・前掲注18) 115頁。
20) なお，このような改善策を会社法改正によって実現すべきか，それとも証券取引所の上場規則の改正によって実現すべきかは別途問題になる。

が分かれている。

　まず上記第1の提案は，株主が取締役会（または代表取締役）による報酬決定が適正に行われたかどうかを事後的に判断できるよう，開示規制を強化すべきというものである。具体的には，現在，例えば取締役の個人別の報酬額については，部分的に開示されているにすぎない。すなわち，会社法上は，公開会社の事業報告において，取締役全員の報酬総額または取締役の個人別の報酬額のいずれかの開示が要求されるにとどまる（会社規則119条2号・121条4号）。金融商品取引法上の開示書類である有価証券報告書では，取締役の個人別の報酬額の開示が求められるが，それも主要な連結子会社の役員としての報酬等と合計して1億円以上の報酬等を受けている取締役に限られる（企業内容等開示府令15条1号・第3号様式記載上の注意(37)・第2号様式記載上の注意(57) a (d)）。そこで，この点の規制を強化し，取締役の全員あるいは報酬額上位数名の取締役について，個人別の報酬額を開示させるべきことが提案されている[21]。また，取締役へのインセンティブ付与という点では，個人別の報酬額よりも報酬決定方針の開示が重要であるとしたうえで，事業報告での開示（会社規則119条2号・121条6号）または有価証券報告書での開示（企業内容等開示府令15条1号・第3号様式記載上の注意(37)・第2号様式記載上の注意(57) a (d)）については，実際上，各会社で開示内容の充実度にかなりのばらつきがあることから，この点に関する規制の強化を重視する提案もみられる[22]。

　次いで上記第2の提案[23]は，指名委員会等設置会社と同様の仕組みをそれ以外の会社にまで拡げようとするものである。報酬委員会の独立性を確保するため，その構成員は社外役員が中心となる。

　最後に第3の提案について，株主総会の関与の実質化といっても，株主総会で各取締役の個人別の報酬額を決定させるのが妥当であるとは思えない。ここでの議論の核心は，株主総会に判断させる（株主との対話の素材とさせる）

---

21) 伊藤・前掲注8) 281頁以下，松尾・前掲注8) 72頁，津野田・前掲注18) 119-120頁参照。
22) 尾崎悠一「ドッド・フランク法制定後の米国における役員報酬規制の動向」神作裕之責任編集・資本市場研究会編『企業法制の将来展望 2013年度版』（資本市場研究会，2013年）288頁。なお，伊藤・前掲注8) 285頁，松尾・前掲注8) 72-73頁，津野田・前掲注18) 120頁も参照。
23) 津野田・前掲注18) 118頁。なお，松尾・前掲注8) 69頁も参照。

のに相応しい事項は何か(あるいは,そもそも取締役の報酬等に関してそのような事項があるのか)であるが,この点については以下の2つが考えられる。1つは,米国法がそうであるように,取締役会(上記第2の提案と重ねて採用する場合は報酬委員会)が決定した「取締役報酬の全体」(各取締役の個人別の報酬ではない)につき,少なくとも3年に1度は,株主総会の勧告的決議(当該決議は取締役を拘束しない)を要求し,それによって株主の意見表明の機会を確保すべきというものである(いわゆる say on pay)[24]。もう1つは,現行法の枠組みに比較的近い方法として,一定の頻度(3年に1度など)で,株主総会決議(勧告的決議ではない)によって「報酬決定の基本方針」を定め,その方針に従った決定を取締役会(上記第2の提案と重ねて採用する場合は報酬委員会)に委任するよう求めるというものである[25]。近時における機関投資家の株式保有の拡大および議決権行使助言会社[26]の存在をも勘案すると,「報酬決定の基本方針」といった事項であれば,株主総会決議による決定に馴染まないとはいえないし,何か別の問題(株主の濫用的な権利行使の材料になるな

[24] 津野田・前掲注18)119-120頁。また,尾崎・前掲注22)289頁以下,松尾・前掲注8)70頁も参照。米国では,連邦法(ドッド=フランク法)でかかる株主総会の勧告的決議が要求されるが,勧告的決議とされる大きな理由の一つは,州会社法上,取締役報酬について株主総会は決定権限を有しないとされていることにある(ただし,ストック・オプションなどのエクイティ報酬については,株主の同意を要求する州会社法もあるほか,証券取引所の上場規則で原則として株主の同意が要求されている)。米国法の詳細につき,伊藤・前掲注8)119頁以下・189頁以下,松尾・前掲注8)1頁以下,尾崎・前掲注22)245頁以下,津野田・前掲注8)2127頁以下参照。

[25] 菊田秀雄「EUにおける取締役報酬規制の新たな展開と日本法への示唆」奥島孝康先生古稀記念論文集編集委員会『現代企業法学の理論と動態・第1巻(上篇)』(成文堂,2011年)293頁参照。こうした立法論の下では,報酬決定の基本方針は,株主総会決議による取締役会または報酬委員会への委任の趣旨となるから,それに反して具体的な報酬が決定された場合には,取締役の任務懈怠責任が生じるほか,取締役会決議や報酬委員会決議の効力にも影響が及びうる。この意味で,かかる立法論には,取締役会・報酬委員会による報酬決定に対する司法審査の実質化という意義も認められる。ただし,報酬決定の基本方針として,株主総会決議で抽象的な方針が定められてしまうと規制の意義が乏しくなるから,株主総会で報酬決定の基本方針として定めるべき事項を法定することも必要であろう。この点については,前掲注22)に対応する本文も参照のこと。

[26] 米国の say on pay に対する議決権行使助言会社の影響力について,尾崎・前掲注22)255頁以下,津野田・前掲注18)67頁以下参照。

ど）を生じさせる危険も小さいように思われる。

　ところで，東京証券取引所「コーポレートガバナンス・コード」が平成27年6月から施行されている。同コードは，東証と金融庁が共同事務局を務めた有識者会議において原案が作成され，これがそのまま東証の上場規程に別添される形で採用されたものであり，上場会社に対して，一定の実務を遵守するか，遵守しないのであればその理由を説明することを求めている。同コードは，取締役の報酬についても言及しており，①取締役会は「経営陣の報酬については，中長期的な会社の業績や潜在的リスクを反映させ，健全な企業家精神の発揮に資するようなインセンティブ付けを行うべきである」とする（原則4-2）。また，②「取締役会が経営陣幹部・取締役の報酬を決定するに当たっての方針と手続」の開示を求める（原則3-1）とともに，③さらに報酬決定について，取締役会の下に独立社外取締役を主要な構成員とする任意の諮問委員会（報酬委員会）を設置するなど，任意の仕組みを活用すべきことを求めている（原則4-10，補充原則4-10①）。

　このうち，③は上記第2の提案と親和的である。また，②は上記第1の提案と親和的であるが，さらに，取締役会が定めた「報酬決定の基本方針」が株主総会でも開示され，株主との対話（同コードは株主との対話〔基本原則5〕およびその基盤となるべき情報開示〔基本原則3〕の重要性を強調する）の素材となることに鑑みると，上記第3の提案とも親和的であるといえる。今後，各上場会社が同コードに従う形で，上記提案で示されているような改善策を任意に講じるのか，あるいはそうはならず会社法ないし上場規則の改正による強制に向かうのか。いずれにせよ上場会社における取締役の報酬等の決定手続は，いままさに変革の途上にあるといえるであろう。

第9章

取締役の報酬等
——退職慰労金とストック・オプション

1 | はじめに

　近時の上場会社では，取締役の報酬等につき，ストック・オプションに代表される業績連動型インセンティブ報酬の割合が徐々に増えつつある一方で，退職慰労金制度の廃止が進んでいる[1]。

　このうち，インセンティブ報酬増加の背景事情としては，例えば東京証券取引所「コーポレートガバナンス・コード」にも記されているように，「経営陣の報酬は，持続的な成長に向けた健全なインセンティブの一つとして機能するよう，中長期的な業績と連動する報酬の割合や，現金報酬と自社株報酬との割合を適切に設定すべきである[2]」ところ，欧米諸国と比べて，わが国の上場会社では取締役のインセンティブ報酬の割合が非常に低いために[3]，その割合を増加させるべきとする機関投資家の意見が強いこと[4]が挙げられる。

　また，退職慰労金制度の廃止には，従来の退職慰労金の金額が主に取締役

---

1) 商事法務研究会が2014年に実施したアンケート調査によれば，調査対象会社（上場会社2456社のうち回答があった1756社）のうち，役員退職慰労金制度をすでに廃止したのが69.2％（1216社），2014年度株主総会で廃止を決定したのが1.9％，今後廃止予定が2.7％である（商事法務研究会「株主総会白書2014年版」商事法務2051号〔2014年〕147頁）。
2) 東京証券取引所「コーポレートガバナンス・コード」（2015年6月1日）補充原則4-2①。
3) 徐々に増えてきているとはいえ，依然として業績連動型インセンティブ報酬の割合は低いといえる。この点については，本書第8章注11参照。
4) 石田猛行「2015年ISS議決権使用助言方式」商事法務2061号（2015年）59頁以下。また，後掲注5）も参照。

の在職月数や役職（代表取締役かどうかなど）のように必ずしも業績に連動しない要素によって決められてきたために，退職慰労金制度に反対する機関投資家の声が強いこと[5]が大きく影響している。もっとも，退職慰労金の性質は各会社で一様でないものの（各会社がどのように退職慰労金制度を設計するかによって異なりうる），部分的には功労金（慰労金）としての性質を有するのが通例である。そして，功労金部分は取締役の在職中の功労（業績）に応じて額が定まるものだから，その意味で，実は退職慰労金にも部分的にインセンティブ報酬としての側面が認められることになる。それにもかかわらず機関投資家の反対が多いのは，退職慰労金の支給決定手続が不透明であったために，功労金部分の定め方にも不信感があったことが少なからず影響していると考えられる。

以下では，これら退職慰労金とストック・オプションを取り上げ，実務上，取締役の報酬等規制がどのように適用されてきたのか，また，そこにどのような問題があるのかといった点を検討することにしよう。なお，本章も第8章と同じく，主に指名委員会等設置会社以外の上場会社を想定しながら稿を進めることにしたい。

2 退職慰労金の決定方法

[1] 退職慰労金支給に係る一任決議の当否

判例[6]によれば，退任取締役に支給される退職慰労金も，それが在職中における職務執行の対価として支給されるものである限り，報酬等規制の適用を受ける。先に少し触れたように，退職慰労金の性質は各会社で必ずしも一様ではないが，通常は，報酬の後払い，功労金またはその両者であると考えられるから，いずれにせよ職務執行の対価であるといえる。また，学説の多くも，実質論としても，退任取締役への支給額が現職の取締役が将来退任す

---

5) 例えば，議決権行使助言会社であるグラス・ルイスは，業務執行役員については年功序列型報酬を廃止して業績連動型報酬を導入すべきこと，社外役員には独立性を保つため退職慰労金を支給すべきでないことを理由に，基本的にすべての役員の退職慰労金関連議案に反対推奨を行っている（上野直子「2016年グラス・ルイス議決権行使助言方針と日本のコーポレート・ガバナンス改革」商事法務2094号〔2016年〕32頁）。
6) 最判昭和39年12月11日民集18巻10号2143頁。

る際の支給額を決めるための先例となることを考えると，お手盛り（過大な退職慰労金が決定される）の危険が小さくないから報酬等規制を適用すべきであるとして，判例の見解を支持している[7]。したがって，例えば確定額の金銭を退職慰労金として退任取締役に支給するためには，定款または株主総会決議でその額を定めるべきことになる（会社361条1項1号）[8]。

ところで，本書第8章で述べたように，確定額の金銭報酬に関する上場会社の一般的な実務は，株主総会決議によって取締役全員の報酬総額（の最高限度額）を定めたうえで，取締役会に各取締役の個人別の報酬額を決定することを委任するというものであった。しかし，これが退職慰労金になると，株主総会決議では総額すら定めないまま，金額・支払方法などの決定を取締役会に一任することが広く行われてきた。株主総会決議で総額すら定めないのは，それを定めてしまうと，退職する取締役が1名しかいない場合（そのような場合は往々にしてある）には，当該取締役に支給する退職慰労金の額が明らかになってしまうからである。

それでは，こうした退職慰労金支給に係る一任決議は，会社法361条に反しないのであろうか。仮に同条に反するとすれば，一任決議には法令違反という無効原因（会社830条2項参照）が認められることになる。この問題について，学説上は，通常の確定額の金銭報酬の場合と同じく，少なくとも退任取締役全員に支給する退職慰労金の総額（の最高限度額）を定めることが必要であり，それゆえ一任決議は違法であるとする見解が少なくない[9]。これに対し，判例（最判昭和48年11月26日判時722号94頁）は，無条件の委任は許

[7) 落合誠一編『会社法コンメンタール（8）』（商事法務，2009年）170頁以下［田中亘］。反対，鈴木竹雄「退職慰労金の特殊性」同『商法研究Ⅲ』（有斐閣，1971年）125頁。

8) 後述するように，多くの上場会社では，退任取締役に確定額の金銭を退職慰労金として支給するときにも，株主総会では支給基準に従って取締役会に具体的な金額の決定を委任する旨の決議（一任決議）が行われているにすぎないが，判例はそうした一任決議も適法であると解している。一任決議では「額」が定められているようにはみえないが，支給基準に確定した数値（退任取締役の最終報酬月額や在職月数など）を代入すれば支給額の上限が定まるから，婉曲的ではあるが「額」を決めている（会社法361条1項1号に基づく決議が行われている）とみてよいというのが判例の立場であると理解されている（高田剛「経営者報酬と法規制」高田剛＝タワーズペリン経営者報酬コンサルティング部門『経営者報酬の法律と実務〔別冊商事法務285号〕』〔2005年〕22頁，田中・前掲注7) 172頁）。

9) 田中・前掲注7) 171頁参照。

されないとする一方で，一定の場合には株主総会決議による委任も許される旨を判示している。少し長くなるが，以下に判決文を引用することにしよう。

「株式会社の取締役または監査役であった者に対して支給される退職慰労金（死亡の場合の弔慰金を含む。以下同じ。）は，それが在職中の職務執行の対価であるときは，商法269条〔会社法では361条〕にいう報酬に含まれると解されるところ，<u>同条の立法趣旨に照らすと，株主総会の決議により，右報酬の金額などの決定をすべて無条件に取締役会に一任することは許されない</u>というべきであるが，これと異なり，株主総会の決議において，明示的もしくは黙示的に，その支給に関する基準を示し，具体的な金額，支払期日，支払方法などは右基準によって定めるべきものとして，その決定を取締役会に任せることは許されるものであり，このような決議をもって無効と解すべきでないことは当裁判所の判例とするところである（最高裁昭和38年（オ）第120号，同39年12月11日第二小法廷判決，民集18巻10号2143頁参照）。」「これを本件についてみるに，原判決（その引用する第一審判決を含む。以下同じ。）の認定したところによれば，（一）本件退任役員に対する退職慰労金は，その在職中の職務執行の対価として支給される趣旨を有するので商法269条〔会社法では361条〕にいわゆる報酬であり，（二）従来被上告会社には，退任役員に対する退職慰労金の支給に関し，原判示の内規および慣行による<u>一定の支給基準が確立されており，右支給基準は株主らにも推知さるべき状況にあり，</u>（三）<u>株主総会は，取締役会が本件退職慰労金の支給につき，右内規および慣行による基準にしたがって相当な金額等の決定をすべきことを黙示的に決議した</u>というのであり，右事実は，原判決挙示の証拠により首肯することができる。そうすると，<u>このような事実関係のもとにおいては，本件決議が前記法条に違反して無効であるとはいえないとした原審の判断は正当として是認することができる。</u>」
（下線は筆者）

上記の判例の趣旨は，以下のように理解される。すなわち，株主総会決議で取締役会に退職慰労金支給決定に係る委任をすることが許されるのは，①一定の確立された退職慰労金支給基準が存在している場合で，かつ，②株主総会で当該支給基準を明示的または黙示的に示して委任決議が行われる場合

第9章 **取締役の報酬等——退職慰労金とストック・オプション** 093

に限られる。そのような場合には，株主総会は無条件の一任ではなく，当該支給基準に従った決定を委任していることになるから，お手盛りの防止という会社法361条の趣旨に反することはない。そして，株主が当該支給基準を推知できる状況にある場合には，株主総会で当該支給基準が黙示的に示されたといいうる。

　こうした判例の見解を踏まえて，会社法施行規則は，書面投票制度を採用する会社（上場会社は基本的にそうである[10]）に対し，株主総会の招集通知に際して株主総会参考書類を交付するよう求めたうえで（会社301条1項），当該株主総会の議案が一定の支給基準に従い退職慰労金の額を決定することを取締役に一任するものであるときは，株主総会参考書類に当該基準の内容を記載しなければならないとしている（会社規則82条2項本文）。ただし，各株主が当該基準を知ることができるようにするための「適切な措置」を講じる場合には，株主総会参考書類への記載は不要であるとされているところ（同項ただし書），多くの上場会社は，株主総会に先立ち（株主に株主参考書類を送付するのと同時期に）本店に支給基準を備え置くという措置を講じている。その場合，株主はわざわざ本店まで行かないと事前に支給基準を知ることができないから，それで十分に推知可能性が確保されるのか疑わしいようにも思われるが，通説は，本店での支給基準の備置は上記「適切な措置」に当たると解してきた[11]。こうした通説によれば，会社が株主総会参考書類に支給基準を記載した場合には，株主総会決議に際して支給基準が明示的に示されたといえる一方，本店に支給基準を備え置いた場合には，株主が支給基準を推知できる状況にあるといえるために，株主総会決議に際して支給基準が黙示的に示されたものと評価されることになる。

　それでは，書面投票制度を採用する会社（上場会社など）が，株主総会で退職慰労金支給の一任決議を行うに際し，支給基準を株主総会参考書類に記載

10）　会社法上，株主数が1000名以上である会社は，金融商品取引法に基づく委任状勧誘を全株主に対して行う場合（そのような場合は稀である）を除いて，書面投票制度の採用が強制されるところ（会社298条2項），上場会社の多くは株主数が1000名以上である。また，株主数が1000名未満である上場会社の場合でも，証券取引所の上場規則（東京証券取引所・有価証券上場規程435条など）によって書面投票制度の採用が求められているから，上場会社は基本的に書面投票制度を採用する会社であるといえる。

11）　江頭憲治郎『株式会社法〔第7版〕』（有斐閣，2017年）464頁，田中・前掲注7）173頁。

せず本店備置もしていなかったが，株主総会の場で株主から質問があれば支給基準を説明する用意をしていた場合（あるいは実際に株主から質問があったので支給基準を説明した場合）については，どのように解するべきであろうか。この点，株主総会の場に参加しないで書面投票をする株主にとっては，そうした方法だけでは支給基準を推知できないから，株主総会で支給基準を黙示的に示したとは評価できず（実際に株主の質問があったので説明した場合でも明示的に示したとは評価すべきでない），それゆえ当該一任決議には決議内容の法令違反という無効原因が認められると解すべきである（会社 830 条 2 項）[12・13]。また，そうした場合には，上記の「適切な措置」（会社規則 82 条 2 項ただし書）を講じていないことにもなるので，当該一任決議には招集手続の法令違反という決議取消事由（会社 831 条 1 項 1 号）も認められると解される。

[2] 一任決議における取締役の説明義務

次の問題は，株主総会における退職慰労金支給の一任決議に際し，株主から質問があった場合に，取締役がどれほどの説明をする義務を負うかである。一般論として，取締役は，平均的な株主が会議の目的事項を合理的に判断するのに客観的に必要な範囲の説明をする義務を負うと解されるから[14]，ここでの問題は，平均的な株主が「退職慰労金支給の一任決議への賛否」を合理的に判断するのに客観的に必要な範囲の説明とは，具体的にどのようなものかである。仮に取締役が必要な説明を怠れば，当該一任決議について決議方法の法令違反という取消事由（会社 831 条 1 項 1 号）が認められる。

判例の立場を前提にすれば，そもそも一任決議は，株主総会が支給基準の

---

12) 江頭憲治郎「判批」ジュリスト 881 号 136 頁。前掲最判昭和 48 年 11 月 26 日は，支給基準が取締役会議事録に記載されていたため株主はそれを閲覧することで基準を知り得たこと，および，株主総会で質問することで支給基準を知り得たことのみをもって，株主が支給基準を推知できる状況にあったと認定している。しかし，こうした緩やかな認定は，上場会社が特段の措置を講じることなく退職慰労金支給の一任決議を行うことが多かったという当時の事情を反映した過渡期的な対応であり，現在では妥当しないと解すべきであろう。

13) 書面投票制度を採用する会社以外の会社でも，株主が本店で請求すれば支給基準の説明を受けられる措置を講じていないと，一任決議が無効となる可能性があることが指摘されている（江頭・前掲注 11）464 頁注 26，田中・前掲注 7）173 頁）。

14) 東京地判昭和 61 年 5 月 13 日金判 1198 号 18 頁。

相当性も念頭に置きつつ，当該支給基準に従った決定を取締役会に委任するものであると理解される[15]。そうだとすれば，株主から質問があった場合，取締役は少なくとも支給基準の内容は説明しなければならず，仮に会社が本店に支給基準を備え置いていた場合でも，そのことを理由に説明を拒むことはできない（説明拒絶事由〔会社314条ただし書，会社規則71条〕には該当しない）と解される[16]。この点に関連して，上場会社の一般的な支給基準は，取締役の最終報酬月額に在職月数と役職ごとの係数を掛け合わせて基本額を算出したうえで（基本額＝最終報酬月額×在職月数×役職ごとの係数），各取締役の功労に応じた加算（基本額の30％などの上限が定められるのが通例である）を行うことによって最終的な支給額を算出するというものだから，取締役はかかる支給基準の算定式を説明しなければならない。

それでは，株主から支給基準に代入すべき数値（特に報酬月額や役職ごとの係数。在職月数は株主総会参考書類に記載される退任取締役の略歴〔会社規則82条1項4号〕から知ることができる）について質問があった場合，取締役は説明する義務を負うのであろうか。この問題について，支給基準に代入すべき数値まで説明しなければならないとすると，結局，退任取締役への支給額が明らかになってしまうから，一任決議が適法であるとする以上は，かかる説明義務までは求められないとする見解もある。しかし，一任決議の適法性と取締役の説明義務の範囲は相互に関連はするものの，理論的には別個の問題であるから，それだけでは説明義務を否定する理由にならないというべきである。

思うに，ここでポイントになるのは，支給基準に代入すべき具体的な数値が明らかにされない場合に，株主が支給基準の相当性を判断できるか否かであろう。仮にそのような場合でも株主が支給基準の相当性を判断できるのであれば，一任決議への賛否も合理的に判断できる（仮に株主が支給基準の相当性は確保されていると判断するなら一任決議に賛成し，逆に，支給基準の相当性が確保されていないと判断するなら一任決議に反対するという判断を下すのが合理

---

15) 吉本健一「株式会社の役員退職慰労金の支給に関する一考察」阪大法学47巻4・5号（1997年）236頁。
16) 東京地判昭和63年1月28日判時1263号3頁，奈良地判平成12年3月29日判タ1029号299頁，江頭・前掲注11）464頁注26，田中・前掲注7）173頁。

的である）と考えられるから，取締役に支給基準に代入すべき具体的な数値を説明させる必要はないことになる。

　そこで，そのことを踏まえて具体的に検討するに，まず役職ごとの係数は，それが明らかにされない場合には，退任取締役の役職という要素がどのくらい最終的な支給額に影響するか（例えば代表取締役と平取締役で仮に最終報酬月額・在職月数が同じであった場合に支給額がどれほど変わることになるか）が分からず，それゆえ支給基準の相当性も判断できないから，取締役の説明義務の対象になると解すべきである。他方，最終報酬月額については見解が分かれうる。役職ごとの係数と在職月数さえ分かれば，退職慰労金の支給額が最大で最終報酬月額の何倍になるかは判明するため，それで支給基準の相当性の判断材料としては十分であるとみれば，取締役の説明義務の対象にする必要はないと解することになろう[17]。これに対し，最終報酬月額の具体的な金額が明らかにされないと，最終的な退職慰労金支給額が具体的にどれほどになるかが想定できないから，支給基準の相当性も合理的に判断できないとみれば，取締役の説明義務の対象に含まれると解すべきことになる[18]。

---

[17] 取締役全員の報酬総額は事業報告で開示されており（会社規則119条2号・121条4号），株主はそれをみれば各取締役の報酬月額をある程度推認できることは，こうした見方を補強する事情になるであろう。ただし，田中・前掲注7）174頁は，議案そのものは特定の取締役への退職慰労金支給議案なのであるから，その議案に関して株主がかかる程度の認識しか得られないような説明でよいといえるかについては疑問もあり得るとする。

[18] 久保田安彦「判批」判例タイムズ1048号（2001年）203頁。また，高橋英治「取締役等の説明義務の限界」浜田道代＝岩原紳作編『会社法の争点』（有斐閣，2009年）111頁は，具体的金額を尋ねる株主の質問に対しては，取締役は退職慰労金の個別の額を説明すべきであるとする。

3 │ 取締役に対するストック・オプション付与の手続

[1] 適用される規制

ストック・オプションとは，取締役など（取締役のほか，従業員に与えることも多い）に対して，インセンティブ報酬として与えられる新株予約権のことをいう。下記の図のように，新株予約権の目的株式の株価が権利行使価額を超えて上がるほど取締役の利得が大きくなることから，ストック・オプションを付与された取締役らには，企業価値を増加させて株価を高めるような職務執行を行うインセンティブが与えられることになる。

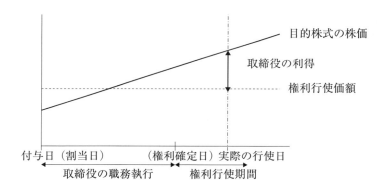

取締役に対するストック・オプション付与は，募集新株予約権の発行に該当するから，それに関する規制（会社238条以下）の適用を受ける。また，ストック・オプションは，取締役が当該ストック・オプション付与後に行う職務執行の対価として与えられるものだから，会社法上の報酬等（会社361条1項柱書）に該当し，それに関する規制の適用も受けることになる。

[2] 募集新株予約権の発行規制

ストック・オプションとしての新株予約権は，報酬として取締役に与えられるため，払込金額の払込みを要しないものとして（無償で）発行されることが多い。ただし，そのように無償発行される場合でも，取締役からは，払込金額の払込みに代えて，ストック・オプション付与後に職務執行が提供されることになっているから（上記の図を参照），その点で，文字通りの無償発行

の場合（職務執行の提供がない場合）とは全く異なる。提供されることになる職務執行の価値と新株予約権の価値が見合っている限り，既存株主に経済的損失は生じない（既存株主から取締役への利益移転は生じない）から，有利発行には該当しない（公正価額による発行である）と解される[19]。この結果，公開会社（上場会社は全て公開会社である）の場合は，ストック・オプションとしての新株予約権発行については株主総会決議は不要であり，取締役会決議で募集事項を決定することができる（会社240条1項により読み替えて適用される238条2項）。

なお，平成17年改正前商法の下では，ストック・オプションとしての新株予約権を無償で発行する場合は，文字通りの無償発行の場合（職務執行の提供がない場合）と同一に扱われ，それゆえ常に有利発行に該当すると解されていた[20]。こうした従前の解釈は，株式会社については労務出資が禁じられるという解釈（労務出資の禁止という解釈自体は現行会社法の下でも維持されている[21]）に由来する。すなわち，ストック・オプションとしての新株予約権が発行された後，当該新株予約権の行使によって会社から新株が発行された場合には，当該権利行使時に払い込まれた権利行使価額に加えて，当該新株予約権の発行時に払い込まれた払込金額も資本金・資本準備金に組み入れられるから（この点は現行法上も変わらない〔会社445条，計算規則17条1項・55条〕），その意味で，払込金額の払込みも出資としての性質を有すると考えられた[22]。こうした考え方に立てば，新株予約権の払込金額の払込みについても労務出資の禁止がおよぶ結果，払込金額の払込みに代えて職務執行を提供する（労務を出資する）という取扱いは許されず，文字通りの無償発行の場合と同一に扱われるべきことになる。

19) 相澤哲ほか編『論点解説新・会社法』（商事法務，2006年）314頁，澤口実＝石井裕介「ストック・オプションとしての新株予約権の発行に係る問題点」商事法務1777号（2006年）37頁，田中・前掲注7）180頁以下，江頭・前掲注11）457頁。
20) 前田庸「商法等の一部を改正する法律案要綱の解説（上）」商事法務1606号（2001年）14頁，原田晃治「平成13年改正商法（11月改正）の解説（Ⅲ）」商事法務1638号（2002年）36頁参照。
21) 江頭憲治郎編『会社法コンメンタール（1）』（商事法務，2008年）309頁［江頭憲治郎］。
22) 江頭憲治郎「子会社の役員等へのストック・オプションの付与」商事法務1863号（2009年）9頁注5。

これに対し，現行法上，新株予約権の払込金額の払込みは（資本金・資本準備金との関係では出資としての性質を完全には否定できないとしても）出資とは基本的に異なるという整理が採用されており（現物出資規制が置かれていないのも，そのことが理由であると理解される[23]），それゆえ，労務出資の禁止は及ばないと解されている。また実質論として考えたときも，現在はストック・オプションとしての新株予約権の払込金額の払込みについて，労務出資の禁止という解釈を及ぼす必要はないといえる。すなわち，労務出資が禁止される実質的な理由は，①労務（取締役から会社に提供されることになる職務執行）の価値が過大評価されやすいこと（過大評価されると債権者・株主の利益が損なわれうる），および，②仮に労務出資を認めると，出資された労務の価値をどのように（労務提供前および労務提供後において）貸借対照表に表示すべきかという問題が生じることにあると理解される[24]。しかし，後述するように，ストック・オプションとしての新株予約権の場合には報酬規制の適用を受けるから，それで上記①過大評価の危険は防止できる。また，上記②についても，企業会計基準委員会・企業会計基準第 8 号「ストック・オプション等に関する会計基準」（平成 17 年 12 月 27 日）によって既に問題は解決されている。

[3] 報酬等規制

　既述のように，ストック・オプションとしての新株予約権が払込金額の払込みを要しないものとして（無償で）発行される場合でも，提供されることになる職務執行の価値と新株予約権の価値が見合っている限り，有利発行には該当しない。問題は，職務執行の価値と新株予約権の価値が見合っているかどうかをどのように判断すべきかである。この点，取締役にストック・オプションを付与する場合には，会社法上の報酬規制（会社 361 条 1 項柱書）の適用も受けるが，報酬規制が適切に適用される限り，お手盛り（報酬が過大にな

---

[23]　ただし，現物出資規制（検査役調査）が必要なのは出資の場合に限られるという伝統的な考え方の当否は，別途問題になる。現物出資規制の趣旨は既存株主から新株予約権の引受人への利益移転の防止であると理解したうえで，払込金額の払込みに代わる現物給付時の過大評価によっても利益移転が生じるとみれば，払込金額の払込みについても現物出資規制を置くべきことになる。

[24]　江頭憲治郎「ストック・オプションの費用計上と商法」小塚荘一郎＝高橋美加編『商事法への提言（落合誠一先生還暦記念）』（商事法務，2004 年）50 頁以下参照。

ること）の危険は排されるはずであるから，付与される新株予約権も過大ではない（職務執行の価値と新株予約権の価値は見合っている）と評価してよいであろう。そうすると重要なのは，取締役へのストック・オプションの付与につき，どのように報酬規制を適用すべきか（適切な適用とはどのようなものか）である。

①新株予約権自体を報酬として支給する方式

　上場会社の場合には，ストック・オプションとしての新株予約権についても二項モデルなどのオプション評価モデルによって価値評価額を算定できる。そのことを前提にすると，新株予約権自体を報酬として支給する場合には，新株予約権は確定額の非金銭報酬に該当すると解されるから，定款または株主総会決議で，「額」（新株予約権の価値評価額）および「具体的な内容」（新株予約権の個数のほか，新株予約権の目的株式の数や権利行使価額・期間・条件など，インセンティブ報酬の設計思想や価値評価にとって重要な事項の概要だけでよいと解される）を定める（会社361条1項1号・3号）。また，株主総会では，取締役は，報酬等として新株予約権という非金銭報酬を支給することを相当とする理由も説明しなければならない（同4項）。

　ところで，上場会社の多くは，確定額の金銭報酬について，株主総会では取締役全員の報酬総額（の最高限度額）だけを定めたうえで，取締役会にその範囲内で各取締役の個人別の報酬額を決定することを委任する旨を決議している。そして，いったん株主総会で報酬総額を定めた後は，その総額を変更しない限り，株主総会決議は不要であると解されている。この解釈に従えば，もし取締役会が（以前に）株主総会で定めた報酬総額に収まるように，各取締役に付与する新株予約権の額についても定める場合（例えば報酬総額の範囲内でA取締役の年額報酬を5000万円と定めたうえで，そのうち4000万円は金銭にして，残りの1000万円分を新株予約権として支給する場合など）には，新株予約権の額について新たに株主総会決議を経る必要はないことになる。ただし，その場合でも，いつ取締役に付与するかによってストック・オプションの内容も異なることに鑑みると，取締役にストック・オプションを付与する年ごとに株主総会で（毎年付与する場合は毎年の定時株主総会で），理由を示したうえで「具体的な内容」を決議することを要するというのが素直な解釈であろう[25]。

②相殺方式

　これに対し，実務上は，定款または株主総会決議では，取締役に対して新株予約権の価値評価額に相当する金額を金銭報酬として支給する旨を定めたうえで，新株予約権を取締役に対して当該価値評価額（公正な払込金額）で発行し，その後，取締役の会社に対する金銭報酬請求権が生じた時点で，それと会社の取締役に対する払込金額払込請求権とを相殺する方式（相殺方式）がとられることが多い。

　相殺方式がとられる場合，形式的にみれば，取締役に報酬として支給しているのは確定額の金銭報酬であるから，定款または株主総会決議で定めるべきは当該金銭報酬の「額」だけである（会社361条1項1号）。したがって，会社が（以前に）株主総会決議で定めた報酬総額の範囲内で，新株予約権の払込金額の払込請求権と相殺する金銭報酬請求権に係る金銭報酬の額を定める限り，新たに株主総会決議を経る必要はなく，また，「具体的な内容」についての株主総会決議や理由の説明も不要であることになりそうである。

　しかし，実質的にみれば，取締役に報酬として支給しているのは新株予約権自体であるから，上記①の方式による場合と手続を異にするのは不合理である。そこで，上場会社の中には，相殺方式をとりながらも，いわばベストプラクティスとして，株主総会で理由を開示したうえで，新株予約権の「具体的な内容」について決議している会社も少なくない[26]。この点については，上場会社は報酬決定の基本方針を定めて事業報告で開示しており，その基本方針の中でインセンティブ報酬あるいはストック・オプションについても言及していることが多いところ，そのような場合には，株主総会でもストッ

---

25) ただし，「具体的な内容」についても上限（例えば権利行使期間であれば取締役が職務執行の提供を終えてから最長何年間など）を定めることで足りるという解釈も考えられるところであり，かかる解釈の下では，いったん株主総会決議で上限を定めたうえで，その範囲で取締役会でストック・オプションの具体的な内容を定める限り，新たに株主総会決議を経る必要はないことになる。この点，澤口＝石井・前掲注19) 38頁は，「会社法361条1項の決議は……取締役全体について上限としての決議で足りると解釈されることから，1号から3号の決議はともに，必ずしも毎年決議が必要となるわけではない。」（傍点筆者）とする。

26) ベストプラクティスとして上記①の方式と同様の手続を奨励するものとして，澤口＝石井・前掲注19) 37頁，田中・前掲注7) 181頁。

ク・オプションを（実質的には）報酬として支給しているという取扱いをしないと，整合性がつかないという事情もあるであろう。

第10章

取締役の会社に対する責任

1 はじめに

　会社法423条1項によれば，取締役は，その任務を懈怠したときは，株式会社に対し，これによって生じた損害を賠償する責任を負う。こうした任務懈怠責任の基本的な性質は，債務不履行責任である[1]。そして，取締役と会社に対する関係は，委任に関する規定に従うので（会社330条），取締役の任務（会社に対する債務）とは，善良なる管理者の注意をもって，取締役としての職務を行うことをいう（民644条参照）。仮に取締役が職務の執行に際して，善良なる管理者の注意を尽くさなかった場合（善管注意義務に違反した場合）には，任務懈怠とされて，上記の任務懈怠責任が生じうる。
　このように善管注意義務違反が任務懈怠に該当することに異論はないが，

---

1) ただし，最判平成20年1月28日民集62巻1号128頁は，取締役の任務懈怠責任の法的性質は債務不履行責任であるとしながらも（増森珠美「判解」最高裁判所判例解説民事篇平成20年度70頁も参照），「例えば，違法配当や違法な利益供与等が会社ないし株主の同意の有無にかかわらず取締役としての職務違反行為となること（商法266条1項1号，2号〔会社法では120条，462条〕）からも明らかなように，会社の業務執行を決定し，その執行に当たる立場にある取締役の会社に対する職務上の義務は，契約当事者の合意の内容のみによって定められるものではなく，契約当事者の意思にかかわらず，法令によってその内容が規定されるという側面を有する」という意味では，「法によってその内容が加重された特殊な責任」であるために，任務懈怠責任に基づく損害賠償債務は単なる商行為たる委任契約上の債務とはいえないとして，消滅時効期間に関しては，商法522条ではなく民法167条1項が適用されるとする。また，最判平成26年1月30日判時2213号123頁は，同様の理由から，取締役の任務懈怠責任に基づく損害賠償金に付すべき遅延損害金の利率については，商法514条ではなく民法404条が適用されると判示している。

逆に，任務懈怠が善管注意義務違反に限られるか否かについては議論がある。つまり，具体的な法令（善管注意義務・忠実義務を定める法令〔会社330条・民644条，会社355条〕以外の法令）の違反の場合にも，それが善管注意義務違反と評価される場合に限って任務懈怠に当たるのか，それとも，具体的な法令違反それ自体が任務懈怠に当たるのかという議論である。本章では，前者の見解を一元説，後者の見解を二元説と呼ぶことにしよう。一元説によれば，任務懈怠には善管注意義務違反の1つしかないのに対し，二元説によれば，任務懈怠には一般的な善管注意義務違反と具体的な法令違反の2つが含まれることになる。それでは，こうした一元説と二元説はいずれが妥当であろうか，また，そもそも両説で具体的にどのような違いがあるのであろうか。

本章では，まず2において，一元説と二元説をめぐる議論を取り上げる。その後，3において，一般的な善管注意義務違反にはどのような類型があるのかを概観したうえで，4において，取締役の任務懈怠と因果関係のある会社損害の認定について言及することにしよう。なお，会社法356条1項2号・3号所定の利益相反取引が行われ，それによって会社に損害が生じた場合にも，取締役の任務懈怠責任が生じうる。しかし，この点については，別途の考慮が必要になるうえに，すでに本書第7章で取り上げたところであるから，そちらを参照されたい。

2 証明責任の分配：一元説と二元説[2]

[1] 総説

先に触れたように，任務懈怠の内容については，一般的な善管注意義務の違反と具体的な法令（善管注意義務・忠実義務を定める法令〔会社330条・民644条，会社355条〕以外の法令）の違反という2つに分けて，いわば二元的に理解する見解（二元説）と，善管注意義務違反の1つだけであると一元的に理解する見解（一元説）とがある。

---

2) 本節の記述は，全般的に，田中亘「利益相反取引と取締役の責任（下）」商事法務1764号（2006年）7-8頁，吉原和志「会社法の下での取締役の対会社責任」黒沼悦郎＝藤田友敬編『企業法の理論（江頭憲治郎先生還暦記念）（上）』（有斐閣，2007年）525-539頁に大きく負っている。

このような両説の違いは，具体的な法令の違反をした取締役の責任が追及された場合における証明責任の分配の違いとして現れる。このことを理解するために，以下ではまず，前提として，一般的な善管注意義務違反の場合における証明責任の分配について確認する。その後，具体的な法令の違反の場合を取り上げるが，具体的な法令の違反については，会社法に特別な責任規定が置かれているものとそれ以外のものとがあるから，それらを順次取り上げることにしたい。

[2] 一般的な善管注意義務違反の場合
　まずは，善管注意義務違反があったとして取締役の任務懈怠責任が追及される場合を考えてみよう。
　債務不履行に基づく損害賠償責任に関する伝統的な民法学説[3]を当てはめると，取締役の任務懈怠責任が生ずるための要件は，①取締役がその職務を執行するにあたり善管注意義務を尽くさなかったこと（任務懈怠），②取締役に帰責事由（故意または過失）があること，③任務懈怠と因果関係のある損害が発生していること（損害発生・因果関係）である。そして，証明責任の分配の一般原則によれば，①③の要件を充足することの証明責任は，責任追及をする側（会社・株主側）に課される一方，②の要件を充足しないことの証明責任は，責任を追及される側（取締役側）に課される。
　ただし，上記①と②は，実質的には重なる。というのも，②でいう過失とは，いわゆる客観的な過失，すなわち，結果の予見可能性を前提とした結果回避義務違反（結果を回避するための措置・手段を十分に講じていないこと）を意味すると解される[4]ところ，それは，善管注意義務違反，すなわち，職務執行に際して善良なる管理者の注意を尽くしていないことと実質的には異ならないと考えられるからである。このため，責任追及側にとって①任務懈怠の要件の証明は容易でないものの，いったんその証明に成功すれば，取締役の側で，②帰責事由の要件を充足しないことを証明できる余地はほとんどない

---

3) 内田貴『民法Ⅲ〔第3版〕』（東京大学出版会，2005年）126頁以下。なお，後掲注24）とそれに対応する本文も参照。
4) 内田・前掲注3) 140-142頁，内田貴『民法Ⅱ〔第3版〕』（東京大学出版会，2011年）336-340頁参照。

ことになる。

　以上のことについては，一元説と二元説で異なるところはない。

[3] 会社法上，特別な責任規定が置かれている場合

　会社法は，取締役の具体的な法令の違反のうち，違法な利益供与（会社120条4項），財産価額が不足する現物出資（会社213条1項2項・286条1項2項），仮装払込み（会社213条の3第1項・286条の3第1項），違法な剰余金分配（会社462条1項2項）について，特別な責任規定を用意している。これらの責任規定によれば，責任追及側の証明責任が軽減されている。例えば違法な利益供与の場合であれば，責任追及側は，株式会社が違法な利益供与を行ったこと，その額，および，当該取締役が法務省令の定める責任負担者（「当該利益の供与をすることに関与した取締役」）に該当することだけを証明すればよく（当該取締役の善管注意義務違反に証明は不要である），その場合，取締役の側で，「その職務を行うについて注意を怠らなかったこと」を証明しなければ，当該利益供与額について責任を免れることができない。

　以上のことは，規定上明らかであるから，やはり一元説と二元説で異なるところはない。

[4] それ以外の具体的な法令の違反の場合

　それでは，上記［3］の場合を除く，具体的な法令違反の場合，証明責任の分配はどのようになるのであろうか。

　この点について，一元説によれば，具体的な法令違反の場合にも，証明責任の分配は上記［2］の場合と同様になる。つまり，責任追及側は，任務懈怠の要件を充足することの証明として，取締役が具体的な法令違反を行っていることに加えて，それが善管注意義務に違反することまで証明しなければならないから，その証明は容易でないものの，いったんその証明に成功すれば，取締役の側で，帰責事由の要件を充足しないことを証明できる余地はほとんどない。

　これに対し，二元説によれば，具体的な法令違反の場合の証明責任の分配は，上記［3］の場合と同様になる。つまり，責任追及側は，任務懈怠の要件を充足することの証明として，取締役が具体的な法令違反を行ったことさえ証明すればよく（それが善管注意義務違反に該当することの証明までは不要であ

る)，その場合，取締役の側で，帰責事由（故意・過失）がないことを証明しなければ責任を免れることができない。

こうしてみると，具体的な法令の違反があるとして取締役の任務懈怠責任が追及される場合，二元説だと，一元説と比べて，責任追及側の証明責任の負担が軽く，取締役側の証明責任の負担が重いことが分かる。そして，取締役が具体的な法令に違反した場合において，当該取締役を免責すべき事情（その内容〔後掲3［1］参照〕は一元説と二元説とで実質的に同一であると考えられる）がないときでも，それを責任追及側（特に株主）が証明するのは困難であるから，責任追及側（特に株主）に証明責任を負担させるのは問題である（取締役の責任が認められるべき場合に責任が認められない危険が小さくない）一方，当該取締役を免責すべき事情があるときに，取締役がそれを証明するのは容易であろうから，取締役の証明責任を負担させても問題はない（取締役の責任が認められるべきでない場合に責任が認められてしまう危険は小さい）。こうした意味で，二元説の方が妥当であると考えられるため，以下の記述では，二元説を前提にすることにしよう。

3 | 取締役の任務懈怠の類型

先に触れたように，取締役の任務懈怠は，具体的な法令の違反と一般的な善管注意義務の違反とに分けられる。後者はさらに，(1) 経営判断の誤り，(2) 監視義務違反，(3) 内部統制に係る義務違反（(3) は (1) と (2) にまたがる）に分けることができる。以下，順次みていこう。

[1] 具体的な法令の違反

既述のとおり，二元説によれば，具体的な法令違反の場合には，責任追及側は，①具体的な法令違反（＝任務懈怠）があること，②それと因果関係のある会社の損害が発生したこと，およびその額を証明すれば足りる。責任追及側がそれらの証明に成功した場合，取締役側は，③帰責事由（故意・過失）がないことを証明しなければ，責任を免れることができない。

ここでいう「法令」には，会社法上の規定にとどまらず，公益保護を目的とした刑法や各種業法など，取締役や会社が従うべきあらゆる法令を指し[5]，さらに会社が業務を行っている外国の法令等も含まれると解される[6]。

また，取締役に過失（客観的な過失，すなわち，結果の予見可能性があることを前提とした結果回避義務違反）がない場合としては，（a）当該行為の時点では，それが違法であるとは専門家の間でも認識されておらず，仮に弁護士等に相談しても法令違反の可能性を認識できなかった場合（結果の予見可能性がない場合）や，（b）法令違反の可能性があることは認識できたが，当該行為が法令違反とされる確率が低いか，または，法令違反とされたときに会社に生じる損害の絶対額が小さいため，会社の損害の期待値が小さい一方，当該行為が法令違反でないとされた場合の会社の利益の期待値が大きいため，費用便益分析の結果，法令違反のリスクをとることが会社の最善の利益になると判断した場合（結果回避義務違反がない場合）が挙げられる[7]。

[2] 経営判断の誤り

　取締役の重要な職務の1つとして，経営判断が挙げられる。経営判断は，取締役会決議によって行われる場合もあれば，取締役会から委任を受けた事項について各取締役（通常は代表取締役や選定業務執行取締役）が行う場合もある。それらの経営判断に誤りがある場合には，経営判断を行った取締役に善管注意義務違反が認められる可能性がある。

　それでは，取締役の経営判断の誤りが善管注意義務違反になるかどうかは，どのような基準によって判断されるのであろうか。わが国において，かかる判断基準のことは経営判断原則と呼ばれる。経営判断原則の定式化は裁判所によって必ずしも一様ではないが，アパマンショップ事件最高裁判決（最判平成22年7月15日判時2091号90頁）は，「経営上の専門的判断にゆだねられている」事項に関して取締役が行った経営判断につき，「その決定の過程，内容に著しく不合理な点がない限り，取締役としての善管注意義務に違反するものではない」と判示している[8]。また，裁判所による後知恵的な審査を避け

---

5) 最判平成12年7月7日民集54巻6号1767頁参照。
6) 大阪地判平成12年9月20日判時1721号3頁参照。また，この点についての理論的分析として，船津浩司「法令遵守に係る取締役の義務と責任に関する基礎的考察—外国法令の遵守を素材として—」同志社法学61巻2号（2009年）333頁参照。
7) 田中・前掲注2）10頁注52。なお，大杉謙一「役員の責任」江頭憲治郎編『株式会社法体系』（有斐閣，2013年）318頁は，上記②の場合における取締役の判断につき，裁量の幅を認めるべきであるとする。

るため，例えば東京地判平成16年9月28日判時1886号111頁が判示するように，著しく不合理かどうかの審査は，「取締役によって当該行為がなされた当時における会社の状況及び会社を取り巻く社会，経済，文化等の情勢の下において，当該会社の属する業界における通常の経営者の有すべき知見及び経験を基準として」(傍点筆者)行われるべきであるとされる。

こうした経営判断原則は，学説からも支持されている。それは，以下の理由によるものである[9]。経営の専門家ではない裁判所が経営判断の合理性を審査するのは非常に困難である。それにもかかわらず，裁判所が経営判断の合理性を厳格に審査すべきものとすると，裁判所が審査を誤って取締役に不当な責任を負わせる危険が生じる。そうすると，それを恐れた取締役は，リスクをとった経営を避けて，過度に安全運転の経営を行おうとするであろう。特にわが国では，取締役は経営が失敗すると地位を失いやすい一方，経営が成功しても報酬がさほど増えるわけではないという事情もあるから，なおさらである。しかし，そうしたリスクを避けた安全運転の経営は，企業価値最大化にとって全く望ましくないものではない(通常，リスクとリターンは比例するから，大きなリターンを得るためにはリスクテイクが必要になる)。さりとて，取締役の経営判断について，裁判所が全く審査しないとすると，逆に，およそ企業価値最大化につながらないようなリスクテイクがされる危険が生じるから，それら2つの要請バランスをいかに図るかが重要になる。この点について，上記のような内容の経営判断原則は，基本的に取締役に広い裁量権を与えつつ，それを逸脱するような，つまり著しく不合理な経営判断がなされた場合に限って，取締役の善管注意義務違反を認めて損害賠償責任を負わせようとするものであるから，上記2つの要請のバランスを適切に図ったものであるという評価が可能である。

先に触れたように，経営判断原則が適用されるのは，取締役の経営判断のうち，「経営上の専門的判断にゆだねられている」事項を対象とする経営判断

---

8) 近時は，下級審裁判例でも，アパマンショップ事件最高裁判決と同様の定式化を用いるものが増えてきているといわれる(伊藤靖史「アパマンショップ判決とわが国の経営判断原則」民商法雑誌153巻2号〔2017年〕217頁)。

9) 田中亘編『数字でわかる会社法』(有斐閣，2013年)88-93頁［田中］，飯田秀総＝白井正和＝松中学『会社法判例の読み方』(有斐閣，2017年)247-249頁［飯田］参照。

に限られるため，かかる事項の範囲が重要になる。特に問題になるのは，以下の二つである。

　第一に，経営判断の対象である事項につき，取締役またはその関係者（第三者）の利益と会社の利益が衝突する関係にある場合（会社法356条1項2号・3号所定の利益相反取引に該当する場合における取締役の責任をめぐっては別の議論があるから〔本書第7章参照〕，ここでの議論の対象になるのは同号所定の利益相反取引に該当しない場合である[10]），かかる事項は「経営上の専門的判断にゆだねられている」というべきであろうか。そのような場合のうち，利益衝突の程度が小さくないために，取締役が自己または第三者の利益を優先して，会社に不利益な経営判断をする危険が小さくないと評価される場合（利益相反問題が存する場合）には，取締役に広い裁量を与えるべきではないであろう。それゆえ，かかる場合には，「経営上の専門的判断にゆだねられている」事項には該当しないとみて，経営判断原則の適用を否定すべきであると解される[11・12]。

　このように利益相反問題が存在する場合に経営判断原則の適用を否定するとしたときには，経営判断原則に代えて，どのような基準で善管注意義務違反の有無を判断すべきかが問題になる。考えられる見解は，①利益相反問題が存在する状況で，会社に不利益な（会社に損害を与えるような）経営判断を行ったこと自体が善管注意義務違反になるとする見解と，②決定の過程または内容に不合理（「著しく不合理」ではない）な点がないかどうかという「合理性の基準」によって取締役の善管注意義務違反の有無を判断すべきとする見解であろう。しかし，このうち①の見解には，利益相反問題が存在する場合には，かかる問題の程度が大きいときもあれば，比較的小さいときもありうるところ，そのような利益相反問題の程度の大きさを考慮することなく，常に，会社に不利益な経営判断を行ったこと自体が善管注意義務違反になるとみるのは妥当でないという問題を指摘できる。それゆえ，むしろ②の見解に立った上で，利益相反問題の程度の大きさも考慮しながら（利益相反問題が比較的大きいときは取締役の裁量の幅を比較的狭くみる），取締役の経営判断の合

10）　例えば，甲社が，甲社取締役Aが過半数未満であるが相当割合（35％など）の株式を保有する乙社と取引する場合には，当該取引は甲社にとって会社法356条所定の利益相反取引に該当しないと解するのが一般的であるが，利益相反問題の存在が認められうる。

理性を審査するのが妥当であるように思われる[13]。

　第二に，どのような内部統制システムを構築すべきかが「経営上の専門的判断にゆだねられている」事項かどうかも問題となるが，この点については，後ほど［4］で取り上げることにしよう。

---

11)　近藤光男「経営判断の原則」浜田道代＝岩原紳作編『会社法の争点』（有斐閣，2009年）157頁，田中亘「判批」ジュリスト1442号（2012年）104頁，飯田・前掲注9) 247-249頁参照。

　　これに対し，伊藤・前掲注8) 223頁は，利益相反問題が存する場合について，一律に経営判断原則の適用を否定することは妥当でなく，個々の事案における利益相反問題の程度に応じて，取締役の裁量の幅がどの程度か，また，具体的に取締役にどのような行為が求められるのかを考えた上で，善管注意義務違反の有無が審査されるべきとする。こうした主張の趣旨は，経営判断原則を適用する場合と適用しない場合という二分法によって善管注意義務違反の判断基準を変えるよりも，利益相反問題の程度に応じて，いわばグラデーションのように取締役の裁量の幅の大きさを考える方がより妥当な審査が行われやすいことにあると理解できる（大杉・前掲注7) 335頁も同様の趣旨を述べる）。

　　示唆に富む指摘であるが，利益相反問題が存しない場合と存する場合とでは，取締役の裁量の幅に違いがあるとみたうえで，両者を区別するために，利益相反問題が存しない場合に限って経営判断原則を適用すること自体には特に問題がないように思われる。むしろ上記の指摘から導かれる重要な点は，利益相反問題が存する場合に，その利益相反問題の大きさを考慮しながら，取締役の善管注意義務違反の有無を判断すべきことにある。そうであれば，利益相反問題が存しない場合には，一律に取締役の裁量の幅を広く認めて経営判断原則を適用する一方で，利益相反問題が存する場合については，後述するように，経営判断原則に代えて「合理性の基準」を採用し，利益相反問題の程度の大きさも考慮しながら（利益相反問題が比較的大きいときは取締役の裁量の幅を比較的狭くみる），取締役の経営判断の合理性を審査するという判断枠組みを採用すれば良いのではないかと思われる。

12)　ただし，利益相反問題が存する場合でも，経営判断の公正性を担保するための実効的な措置（その内容については議論がありうるが，社外役員や外部有識者からなる特別委員会に十分な情報を与えた上で経営判断の公正性を審査させる措置などが考えられよう）が講じられており，利益相反問題の影響が排除されていると評価できる場合には，経営判断原則の適用が肯定される余地がある。この点に関連して，取締役の会社に対する責任ではなく，第三者に対する責任が問題になる場面ではあるが，少数株主を著しく不当な対価で締め出したことにつき，取締役の善管注意義務違反（任務懈怠）が認められるかどうかに関しても，利益相反問題が存しない，あるいは，利益相反問題が存するが実効的な公正担保措置が講じられているために利益相反問題の影響が排除されていると評価される場合には，経営判断原則が適用される一方，そうでない場合には経営判断原則の適用は否定されるとする見解が有力である（本書第17章8参照）。

[3] 監視義務違反

　取締役の職務としては，他の取締役（特に代表取締役や選定業務執行取締役）の監視・監督も重要である。取締役は，監視・監督という職務についても，善良なる管理者の注意をもって行わなければならず，かかる注意を払わなかった場合には，善管注意義務違反とされる。一般に監視義務（または監視・監督義務）という用語が用いられるが，これも，善管注意義務とは別個の義務ではなく，むしろ監視・監督という職務の執行に際しての善管注意義務のことを指すと理解すべきであろう。

　それでは，監視義務の違反があるかどうかは，どのように判断されるのであろうか。この点については，学説上，以下のように整理されている[14]。すなわち，①取締役が会社に損害を与えるべき不正の存在を知っていた場合，善良なる管理者であれば，然るべき是正措置を講ずるべきであるから，かかる是正措置（是正措置は，代表取締役の解職など，もっぱら取締役会を通じたものとなる）を実現するために適切に行為しなかったときに監視義務違反が認められる。②取締役がそのような不正について知らなかった場合でも，不正の存在につき疑いを生ぜしめる事情を知っていた場合，善良なる管理者であれば，不正の有無を明らかにするために然るべき調査をすべきであるから，か

---

13)　前掲注11)参照。この点と関連して，著しく不当な対価で少数株主の締め出しが行われた場合については，利益相反問題が存する状況で，取締役が著しく不当な対価を定めたことをもって取締役の善管注意義務違反を認めてよいとする見解が有力である（本書第17章8参照）。ただし，少数株主の締め出しにおいて利益相反問題が存する場合には，かかる利益相反問題の程度は通常は常に大きいと考えられるところ（しかも問題とされた対価も著しく不当である），そのことを前提とする限り，上記②の見解に立つ場合でも，おおよそ取締役の善管注意義務違反が認められるであろうから，上記①の見解に立つ場合と実質的な違いは生じないと考えられる。

　また，髙橋美加「判批（大阪地判平成25年1月25日）」ジュリスト1463号（2014年）102頁も，大阪地判平成25年1月25日判時2186号93頁の評釈の中で，上記①の見解を示唆しているようにみえるが，そこで問題とされた事案は，取締役が会社の収益の源泉である別会社に対する支配権を自己らに移すという個人的利益を図る背任の意図をもって，会社が保有する当該別会社の株式を自己らに廉価売却させたという利益相反問題の程度が非常に大きい事案であった。

14)　笠原武朗「監視・監督義務違反に基づく取締役の会社に対する責任について（7）」法政研究72巻1号（2005年）70頁以下，大杉・前掲注7) 326-329頁参照。

かる調査を実現するために適切に行為しなかったときに監視義務違反が認められる（なお，調査の結果，取締役が不正の存在を知った場合には，①で述べたように然るべき是正措置を講ずるべきであり，それを怠るとやはり監視義務違反になる）。

他方，③取締役が不正の存在を知らず，その疑いを生ぜしめる事情も知らなかった場合には，監視義務違反が認められないようにもみえる。しかし，取締役が普段果たすべき職責（取締役会に出席したり，内部統制システムについて全般的に注意する〔後掲［4］参照〕など）を果たしていないために，不正の存在やその疑いを生ぜしめる事情を知らなかったという場合もありうる。そのような場合に監視義務違反を否定して取締役を免責してしまうと，普段果たすべき職責を果たさない方が免責されやすくなって妥当でないから，普段果たすべき職責を果たしていなかったことをもって監視義務違反を認めるべきである。

なお，取締役は，他の取締役・使用人の担当業務については，疑念を差し挟むべき特段の事情がない限り，適正に行われているものと信頼してもよいという意味で，信頼の原則または信頼の権利という用語が用いられることもある。ただし，上記のように，あくまで普段から果たすべき職責を果たした上で，不正の存在またはその疑いを生ぜしめる事情を知らなかったことが，監視義務違反が否定される前提になることに注意すべきである[15]。

ところで，上記②と関連して問題になるのは，監査等委員会設置会社・指名委員会等設置会社[16]以外の取締役会設置会社において，個々の取締役がどのような調査をなし得るかである。多数説は，取締役会の構成員として取締役会を通じた調査を行うように求めることは当然できるが，それ以上に個々の取締役に業務・財産等の調査を行う権限はないと解している。その根拠としては，会社法の規定上あくまで取締役会が監督の主体とされていること（会社362条2項2号）が挙げられる[17]。また，個々の取締役に調査権限を認め

---

15) 高橋美加＝笠原武朗＝久保大作＝久保田安彦『会社法』（弘文堂，2016年）177頁［高橋］。
16) 監査等委員会設置会社・指名委員会等設置会社においては，個々の取締役に調査権限が認められないのは，会社法399条の3第1項および405条1項に照らして明らかであると解されている（江頭憲治郎『株式会社法〔第7版〕』〔有斐閣，2017年〕417頁注7）。
17) 落合誠一編『会社法コンメンタール（8）』（商事法務，2009年）218-219頁［落合］。

ると，その権限を適切に行使しなかったことを理由とする任務懈怠責任を負わされやすくなるところ，それは妥当でないという現状認識もあるのであろう。こうした現状認識は，特にモニタリングモデル（取締役会に経営者の全般的な業績評価を中心とした監督機能を主に期待する考え方）における取締役（特に社外取締役）を想定するときに最も良く妥当しうる（かかる取締役には個別の業務執行の適正性に関する調査までが期待されているわけではない）。

これに対し，取締役の調査権限の有無が現実に問題になるのは，監視・監督の職責を果たそうとする取締役が取締役会で少数派である場合であると考えられるところ，そのような少数派取締役の監視義務の履行を実効的なものとするためには個々の取締役に調査権限を与えるべきこと[18]，あるいは，特に閉鎖会社の場合を念頭におくと，取締役は大株主または大株主の派遣者である場合が多いために，強い監督権限を認めることが望ましいこと[19]を理由に，個々の取締役に調査権限を認めるべきであるとする見解も有力に主張されている。

[4] 内部統制に係る善管注意義務違反

既述のように，取締役は，普段果たすべき職責を果たした上で，他の取締役・使用人による不正の存在またはその疑いを生ぜしめる事情を知らなかったのであれば，監視義務違反とされることはない。それでは，取締役が普段果たすべき職責とは，どのようなものなのだろうか。

最判昭和48年5月22日民集27巻5号655頁によれば，取締役会設置会社の取締役は，「取締役会に上程された事柄についてだけ監視するにとどまらず，代表取締役の業務執行一般につき，これを監視……する職務を有する」という。これは一見すると，取締役の普段果たすべき職責として，個別に会社の業務全般を監視することを求めているようにみえなくない。しかし，小

---

18) 笠原武朗「監視・監督義務違反に基づく取締役の会社に対する責任について（2）」法政研究70巻1号（2003年）140頁。また，高田晴仁「取締役会の監督機能」豊泉貫太郎編『会社法の実務とコーポレートガバナンス・コードの考え方』（LABO, 2016年）94頁は，個々の取締役に調査権限を認めず，監査役のみがそうした権限を行使すべきであるとすると，昭和49年商法改正で取締役会の業務執行監督権限に重畳する形で監査役の業務執行権限を復活した意味がなくなってしまうとする。

19) 江頭・前掲注16) 417頁注7。

規模な会社であればともかく（上記最判昭和48年で問題とされた会社は小規模な会社であった），相当程度の事業規模の会社の場合には，それを取締役に要求するのは明らかに非現実的である。

そこで，会社法は，大会社および監査等委員会設置会社・指名委員会等設置会社に対して，取締役会（取締役会非設置会社では取締役）が内部統制システムの整備に関する決定をすることを明示的に義務付けた上で，取締役がかかる内部統制システムを通じて会社の業務全般の監視を行うことを予定している（会社348条4項〔取締役会非設置会社〕・362条5項〔委員会型以外の取締役会設置会社〕・399条の13第2項〔監査等委員会設置会社〕・416条2項〔指名委員会等設置会社〕）。

ここで内部統制システムとは，株式会社の業務の適正を確保するために必要な体制のことをいう。その具体的な構成要素は，以下のとおりである[20]（会社348条3項4号〔取締役会非設置会社〕・362条4項6号〔委員会型以外の取締役会設置会社〕・399条の13第1項1号ハ〔監査等委員会設置会社〕・416条1項1号ホ〔指名委員会等設置会社〕，会社規則98条1項〔取締役会非設置会社〕・100条1項号〔委員会型以外の取締役会設置会社〕・110条の4第2項〔監査等委員会設置会社〕・112条2項〔指名委員会等設置会社〕）。すなわち，①取締役・使用人の職務執行が法令・定款に適合することを確保するための体制（コンプライアンス規程の策定，役職員に対するコンプライアンス教育・研修の継続的実施，内部通報制度の導入など），②取締役の職務執行に係る情報の保存・管理に関する体制（情報の記録方法・保管方法・保管期間・保管場所・閲覧方法を定めた情報管理規程の作成や担当部署の設置など），③損失の危険の管理に関する規程その他の体制（想定されるリスクの内容，リスクの現実化を未然に防ぐための手段およびリスクが現実化した場合の対処方法を定めたリスク管理規程の作成や担当部署の設置など），④取締役の職務執行が効率的に行われることを確保するための体制（決済・指揮系統や職務分担に関する規程の整備，それらの合理性を検証するための体制作り〔例えば監査室による内部監査の実施〕など），である。

こうした内部統制システムには，取締役が様々な形で関わり合う。第一に，

---

[20] 相澤哲＝葉玉匡美＝郡谷大輔編『論点解説　新・会社法』（商事法務，2006年）335頁以下，中村直人＝山田和彦＝後藤晃輔『内部統制システム構築の実務』（商事法務，2015年）56頁以下参照。

先に触れたように、大会社および委員会型の会社では、取締役会（取締役会非設置会社では取締役）が内部統制システムの整備に関する決定をすることが義務付けられている。整備の義務づけでなく、整備に関する決定の義務づけであるから、整備しない旨の決定でも法令違反にはならないと解されている[21]（ただし、すぐ後で述べるように、かかる判断の当否は別途問題となる）。整備する旨の決定をする場合は、どのような内容の内部統制システムを整備するかが問題になるが、取締役会では大綱のみを定めることで良く、あとは各取締役に決定を委任することも許される。

　これらの決定は、「経営上の専門的判断にゆだねられている」事項に係る経営判断であり、仮に決定に参加した取締役の善管注意義務違反が問題となった場合には、経営判断原則によって善管注意義務違反の有無が審査されると解される。内部統制システムを整備しない旨の決定をしたことが著しく不合理とされる場合には、かかる決定に参加した取締役の善管注意義務違反が認められうるが、整備することにした場合には、取締役会で決定するのは大綱だけであるから、それが著しく不合理であるとされて、決定に参加した取締役の善管注意義務違反が肯定されることは、現実にはほとんど考えにくい。

　第二に、こうして取締役会で大綱が決定されると、それを受けて、業務執行を担う代表取締役や選定業務執行取締役が、それぞれの職務分担に応じて具体的な内部統制システムを整備する。具体的にどのような内部統制システムを整備するかの判断も、やはり「経営上の専門的判断にゆだねられている」事項に係る経営判断であり、担当の代表取締役・選定業務執行取締役の善管注意義務違反が問題となった場合には、経営判断原則によって善管注意義務違反の有無が審査されると解される[22]。

　その上で、第三に、各取締役は、他の取締役が整備した内部統制システムが適切なものとなっているかの監視・監督を行う。すなわち、内部統制システムの不備を知っている場合には、適切な是正措置（取締役会を通じた是正措置）を実現するために行為すべきであるし、不備を疑わせる事情を知っていた場合には、適切な調査（多数説によれば取締役会を通じた調査）を実現するために行為すべきである。他方、そうでない場合において、各取締役が普段果たすべき職責は、せいぜい内部統制システムについて全般的に注意すること

---

21) 相澤ほか編・前掲注20) 333-334頁。

にとどまると考えられるから[23]、実際上、その点に関する善管注意義務違反が認められることはあまり考えにくいであろう。

4 │ 任務懈怠と因果関係のある会社損害の有無

　これまで繰り返し確認したように、取締役の任務懈怠責任が生ずるための要件は、①取締役に任務懈怠があること、②取締役に帰責事由（故意または過失）があること、③任務懈怠と因果関係のある損害が発生していること（損害発生・因果関係）である。そして、証明責任の分配の一般原則によれば、①③の要件を充足することの証明責任は、責任追及をする側（会社・株主側）に課される一方、②の要件を充足しないことの証明責任は、責任を追及される側（取締役側）に課される。

　①②は既に取り上げたから、以下では③について取り上げることにしよう。③について伝統的な民法学説[24]を当てはめると、まずは「取締役の任務懈怠がなかったとした場合の会社の財産状態」を想定して、それと「現実の会社の財産状態」との差額が会社損害になるとみた上で（差額説）、当該損害のうち取締役の任務懈怠と相当因果関係のあるものについて、取締役が任務懈怠

---

22) 田中亘「取締役の責任軽減・代表訴訟」ジュリスト1220号（2002年）32頁、大杉・前掲注8）331頁。これに対し、野村修也「内部統制システム」岩原紳作＝神作裕之＝藤田友敬編『会社法判例百選〔第3版〕』は、経営判断原則を適用するのは妥当でなく、むしろ構築すべき最低限の内部統制システムを前提とした上で、その具体的な手段の選択と、最低水準を超えてどこまで充実させるかという点に経営者の裁量が働くと考えるべきとする。たしかに、構築すべき最低限の内部統制システムというのは存在する（特に法令遵守を確保するための体制について）と思われるが、経営判断原則を適用する場合も、そうした最低限のシステムを構築していなければ著しく不合理であるとされるはずであるから、経営判断原則を適用しない場合と実際にはほとんど変わらないであろう。

23) 髙橋ほか・前掲注15）178頁［髙橋］。

24) 内田・前掲注3）151頁以下。なお、本文で述べた一般論の前半部分（差額説による損害論）は、任務懈怠と会社損害の間の事実的因果関係を要求するのと実質的に変わらない。このため、民法学説上、すべて因果関係の要件として考慮すればよく、それとは別個に、損害発生という要件を考慮する必要は乏しいという批判が強いといわれる（内田・前掲注3）151頁参照）。そのことを反映して、本章でも、差額説による損害論を前提にしながらも、損害発生の要件と因果関係の要件を分けずに一体的に論じている。

責任を負うことになる。

　取締役の任務懈怠の類型のうち，こうした③の要件が問題となりやすいのは，監視義務違反の場合である。例えば，代表取締役Aによる不正が行われ，それによって会社に1億円の損害が生じて，会社財産が10億円から9億円に減少した場合において，取締役Bが当該不正を疑わせる事情を知っていたのに調査を実現するための行為を何ら行わず，監視義務違反（任務懈怠）があるとされた事例を考えてみよう。この事例に上記の一般論を当てはめると，まずは「監視義務が尽くされていた〔＝任務懈怠がない〕とした場合の会社の財産状態」を想定しなければならない。仮に取締役Bが監視義務を尽くしていれば，代表取締役Aの不正による1億円の会社損害の発生を防ぐことができたとすれば，「取締役の任務懈怠がなかったとした場合の会社の財産状態〔10億円〕」と「現実の会社の財産状態〔9億円〕」との差額（すなわちBの任務懈怠による会社損害）も1億円ということになる。

　しかし，現実には，Bが監視義務を尽くしたとしても，Aの不正による会社損害の発生を防ぐことができなかったと考えられる事例は少なくないであろう。まず，然るべき調査をしたとしても，Aの不正を発見できなかったかもしれない。また，BがAの不正を発見して，然るべき是正措置を講じようと務めたとしても，それが功を奏しなかったであろうと考えられる場合もありうる。例えば，Aが取締役会の主流派で，Bが少数派であるがゆえに，Bが是正（Aの代表取締役からの解職など）を試みたとしても取締役会の賛同は得られず，最終的に十分な是正措置を講じることができなかったために，会社損害の発生も防止できなかったであろうと想定される場合などである。また，そもそもBがAの不正を疑わせる事情を知った時点で，既に1億円の会社損害が発生していたために，Bが監視義務を尽くしたとしても，Aの不正による会社損害の発生を防ぐことができなかったという場合も考えられる。

　このように，取締役の監視義務違反に基づく任務懈怠責任が認められるためには，「当該取締役が監視義務を尽くしていれば，他の取締役の不正による会社損害の発生を防ぐことができたと考えられること」が必要になる。本来，そのことの証明責任は責任追及側に課されるところ，かかる証明は必ずしも容易でないであろう。

　ただし，裁判例の中には，責任追及側が必ずしもかかる証明を行っていないのに，取締役の任務懈怠責任を認めているものがみられる。学説上，そう

した裁判例については,「取締役が監視義務を尽くしていれば会社損害の発生を防止できたはずである」という暗黙の理解に従って,任務懈怠と因果関係のある会社損害の発生という要件が充足されているかどうかの認定を行っているという分析を示すとともに,そうした認定の仕方を積極的に評価する見解[25]が有力であり,筆者もかかる見解を支持すべきであると考えている。こうした見解によれば,取締役の監視義務違反が認められる場合には,それと因果関係のある損害が発生していること(損害発生・因果関係)という要件の充足が事実上推定されるため,取締役の側で反証をしなければ,任務懈怠責任を免れ得ないことになる。

25) 笠原・前掲注 18) 112-123 頁。

第 11 章

公開会社の株式発行

1 ｜ はじめに

　会社法は，第 2 編第 2 章第 8 節（会社 199 条以下）に「募集株式の発行等」に関する規定を置いている。募集株式の発行等とは何かは後述するが，さしあたりは新株の発行であると考えておいてほしい。本書第 1 章で述べたように，株式会社の一つの大きな特徴は，人々に新たに株式を発行して出資を受けるという方法で資金を調達できることにあったが，そうした新たな株式発行のことである。

　募集株式の発行等に関する会社法の規定（以下「株式発行規制」という）の主たる目的は，もし既存株主が募集株式の発行等によって不当な損失を受けることがあると，出資して株主になろうとする者が集まりにくくなる危険があることから，そうしたことがないよう，既存株主の利益を保護することにある。募集株式の発行等によって既存株主が被りうる損失には，①経済的利益（持株価値）の侵害と②支配的利益（持株比率の維持に係る利益）の侵害とがある。まず①について，株式の払込金額（1 株あたりの出資額）が時価より低い価格にされると，当該株式の引受人（会社に出資して当該株式の株主になる者）が利得する一方，既存株主の持株価値が低下する（既存株主から引受人への利益移転が生じる）。また②について，既存株主のみに対しその持株比率に応じて株式が発行される場合はともかく，そうでない場合には，たとえ時価で株式が発行されたとしても，既存株主の持株比率ひいては議決権比率が低下する（最悪の場合は会社支配権を失う）結果，既存株主に様々な不利益が生じうる。例えば，適任者を取締役に選びにくくなる，その他会社経営の監督が行いにくくなる，自己が取締役になって取締役報酬を得ることが難しくなる，

あるいは，株主自身が行う事業と会社が行う事業を協働させるよう取締役に求めるのが難しくなることなどに伴う不利益である。

わが国の株式発行規制の特徴としては，(a) 公開会社と非公開会社（全株式譲渡制限会社）とで規制が区分されていること，(b) 近時の改正は，株主総会決議の手続を重視する方向にあることが挙げられる。これは，公開会社と非公開会社とで既存株主の利益（とくに支配的利益）をどの程度保護すべきかが異なるうえに，その保護のための規制手法も同一ではないが，反面で，公開会社と非公開会社のいずれにあっても，既存株主の利益保護のための規制手法として株主総会決議の手続が重視される傾向があるという点では共通していることを意味している。

そこで，これから本章と第12章にわたり，公開会社と非公開会社のそれぞれについて，上記の点をみていくことにしよう。より具体的に，本章では，まず「募集株式の発行等」の意義を確認する。その後，公開会社の株式発行規制を概観したうえで，平成26年会社法改正により，公開会社が会社支配権の移転を生じさせる募集株式の発行等を行う場合にも株主総会決議の手続が要求されることになったことから，そうした改正がなぜ行われたのか，規制違反の場合に募集株式の発行等が無効になるのかといった点を取り上げることにしたい。

2 ｜「募集株式の発行等」の意義

「募集株式の発行等」とは，会社が発行する新株または処分する自己株式を引き受ける者を募集して行う場合における新株の発行または自己株式の処分のことをいう（会社199条1項参照）。ここでのポイントは，①募集株式の発行等には，新株の発行だけでなく，自己株式の処分も含まれること，②ただし，いずれについても，株式の引受人を募集しない場合は，募集株式の発行等に該当しないことである。

上記①は，新株の発行と自己株式の処分とでは，既存株主に及ぼす影響が基本的に異ならないことを踏まえたものである。すなわち，会社はいったん発行した新株を取得した（買い戻した）後に，当該株式（自己が発行した株式という意味で自己株式と呼ばれる）を消却せずに保有することができる。そうして保有する自己株式については，会社は議決権も行使できないし（会社308

条2項），剰余金配当も受け取れないから（会社453条かっこ書），実質的にみると，自己株式は株式として存在しないのとあまり変わらない（株式とは出資者の会社に対する様々な権利の総体だが，行使できない権利は存在しないのと変わらない）。ところが，いったん自己株式が処分され，会社以外の第三者の手許に渡ると，すべての権利が回復して，議決権を行使したり剰余金配当を受け取ったりできるようになる。このように自己株式が処分されると，実質的には存在しないものと扱われていた株式がいわば復活するから，既存株主からみれば新株が発行されるのと変わらないのである。

　他方，上記②で，会社が引受人を募集しない場合としては，例えば株式無償割当て（会社185条）として，あるいは，新株予約権（会社2条21号）の行使に応じて会社が新株の発行や自己株式の処分を行う場合が挙げられる。また，吸収合併などの組織再編の対価として株式が交付されるときも，新株の発行や自己株式の処分が行われる（会社749条1項2号イなど参照）。これらの場合のように，会社が引受人を募集しない新株の発行や自己株式の処分はいわば特殊なものであるから，それぞれ特別な規制が設けられている一方，会社法第2編第2章第8節の株式発行規制は適用されない。

3 公開会社の株式発行規制の基本構造

[1] 授権資本制度と有利発行規制

　公開会社では，定款所定の発行可能株式総数（授権資本とも呼ばれる）の範囲内であれば，原則として取締役会決議限りで募集株式の発行等を行うことができる（会社201条1項）。つまり，（募集事項の決定や募集株式の割当ての決定について）株主総会決議が要求されるのは，後述するような例外的な場合にとどまる。このことは授権資本制度と呼ばれる（定款に発行可能株式総数を記載させ，その範囲内では定款変更の手続を経ることなく株式発行を行うことができるとする制度のことを授権資本制度と呼ぶこともあるが，本書では，授権資本制度をそのような意味では用いない）。

　公開会社で授権資本制度が採用されているのは，以下の事情を考慮したためである。すなわち，上場会社を典型とする公開会社は，資金需要が大きいため，募集株式の発行等によって資金調達を行うニーズが比較的大きいといえる。また，株主の数が多く，株主総会の開催に時間と費用がかかることか

ら，原則として株主総会決議が必要とされると，市場の状況等に応じた機動的な資金調達が困難になるなど，かえって会社・株主の利益が損なわれかねない。

とはいえ，常に取締役会決議限りで募集株式の発行等を行えるとすると，株主の利益に反する募集株式の発行等が行われる危険が小さくない。そこで，株主の経済的利益を保護するために，募集株式の払込金額が引受人に「特に有利な金額」（一般に，払込金額決定直前における株式の時価〔上場株式の場合は市場価格〕を基準にした公正な払込金額を著しく下回る払込金額を指すと解されている）である場合（有利発行の場合）には，例外的に，株主総会で取締役がかかる有利発行を必要とする理由を説明したうえで，特別決議によって払込金額や募集株式の数などの重要事項（募集事項）を決定するよう要求されている（会社199条2項3項・201条1項・309条2項5号。有利発行規制）。

[2] 株主の支配的利益の保護

既述のように，会社法は，公開会社の場合につき，資金調達の機動性確保を重視して授権資本制度を採用したうえで，株主の経済的利益を保護するため，有利発行の場合には例外的に株主総会決議による募集事項の決定を求めている。それでは，株主の支配的利益は保護されないのだろうか。

公開会社の場合も，株主の支配的利益はある程度保護されている。①原則として取締役会決議限りで募集株式の発行等を行えるとしても，それは定款所定の発行可能株式総数の範囲内にとどまる。定款変更によって発行可能株式総数を増やす場合には，株主総会の特別決議が要求されるうえに（会社466条・309条2項11号），発行済株式総数の4倍を超えて増やすことは許されない（会社113条3項1号）。

また，②「著しく不公正な方法」による募集株式の発行等（不公正発行）が行われようとしており，「株主が不利益を受けるおそれ」があるときは，株主はその差止めを請求できるところ（会社210条2号），一般に，募集株式の発行等の主要な目的が会社支配権の維持・争奪にある場合は，不公正発行に該当すると解されている[1]。こうした解釈は，会社支配権の移転は取締役会で

---

1) 東京高判平成16年8月4日金判1201号4頁，東京地決平成20年6月23日金判1296号10頁，江頭憲治郎『株式会社法〔第7版〕』（有斐閣，2017年）773頁注4参照。

はなく株主が決定すべきとする考え方（機関権限分配秩序論と呼ばれることもある）に基づくものである。

とはいえ，①はかなり緩やかな規制である（取締役会決議限りで発行済株式総数の最大3倍の新株発行を行える）。そこで，平成26年改正前，公開会社の株主の支配的利益の保護は，主に上記②不公正発行の差止めに依存していた。しかし，不公正発行の差止めには，以下のような問題が指摘されてきた。

第一に，従来の裁判例の多くは，たとえ支配権の維持・争奪目的がなかったといえない場合でも，会社に資金調達の必要性があることだけを認定して，資金調達目的であると認定し，それによって不公正発行ではないという結論を導いている。そこでは，複数の目的がある場合に，いずれが主要な目的なのかが具体的に認定されているわけではない。また，募集株式の発行等によるべき理由（逆にいえば借入れなどの他の方法による資金調達では足りない理由）や，公募や株主割当てでは目的を達成できない理由（不公正発行が問題になるのは通常第三者割当ての場合である）が認定されているわけでもない。裁判例では，資金調達の必要性の認定に際して，ある程度具体的な投資・事業計画をもとに，調達資金の使途に実体があるかどうかが審査されている。しかし，会社は，新規事業への進出など様々な事業機会を有していることが多いうえに，まとまった資金を調達して財務体質の改善を図るといった理由を作り上げることもできるから，会社にとって調達資金の使途などは何とでも説明が付けられるといわれる。

第二に，会社支配権の移転は，支配権争いがない場合にも生じうるところ，そうした場合には，不公正発行による差止めが機能しにくいと考えられる。それは，上記のような裁判例の下では，支配権争いがない場合に不公正発行が認められることがおよそ考えにくい[2]というだけではない。支配権を争う大株主が存在しない場合は，差止めを行おうとする株主が現れにくいうえに（実際上，不公正発行による差止めは，支配権争いが生じている場合に支配権を争う株主が行うことが多い），従来の裁判例の多くの事案は，差止めをする株主の議決権比率が株式発行によって過半数や3分の1よりも低下するというものであったため，「株主が不利益を受けるおそれ」が認められるかどうかも不

---

2) 田中亘「判批」中東正文ほか編『M&A判例の分析と展開Ⅱ』（経済法令研究会，2010年）63頁，神田秀樹編『会社法コンメンタール (5)』（商事法務，2013年）121頁［洲崎博史］。

透明だからである[3]。

そこで，会社支配権の移転は取締役会ではなく株主が決定すべきとする考え方をより確かな形で実現すべく，平成26年会社法改正によって，後述するような新しい手続規制が導入されることになった。

4｜平成26年改正による新しい手続規制の導入[4]

[1] 新しい手続規制の趣旨

新しい手続規制は，会社支配権の移転は取締役会ではなく株主が決定すべきとする考え方をより確かな形で実現しようとするものだが，そもそもそうした考え方の正当化根拠はどこにあるのだろうか。

第一に，会社法上のガバナンス・システムの基本は，取締役の選任等を通じて株主が会社経営をコントロールすることにある。ところが，もし支配権の移転を取締役会が決定できるとすると，そうした基本的なシステムが骨抜きにされるおそれがある。第二に，会社支配権の移転が生じる場面では，取締役が自己の利益を株主の利益に優先させた行動をとる危険が小さくない。そうした取締役の利益相反問題を緩和するためにも，支配権移転の決定は取締役会ではなく株主に行わせるべきであると考えられる。

従来，上記第二の点は，支配権争いが生じている場面を念頭に（不公正発行による差止めとの関係で）論じられてきた[5]。もっとも，近時の詳細な分析[6]が示すように，取締役の利益相反問題は支配権争いがない友好的買収の場面で

---

3) ただし，近時の裁判例には，募集株式の発行等によって第5順位であった株主の持株比率が1.71%から1.43%に低下する場合につき，当該会社の株主構成が個人株主中心であり，上位10名の株主の持株比率を合計しても18%弱であった状況で，当該募集株式の発行等によって20%の持株比率を保有し，事実上多数派を構成する株主が出現する点に着目して，「株主が不利益を受けるおそれ」を肯定したものもみられる（東京地決平成20年6月23日・前掲注1））。
4) 本節以下の記述は，久保田安彦『企業金融と会社法・資本市場規制』（有斐閣，2015年，初出2014年）110頁以下に基づくものである。
5) 洲崎博史「不公正な新株発行とその規制（2）」民商法雑誌94巻6号（1986年）731-733頁。
6) 白井正和「友好的買収の場面における取締役に対する規律」（商事法務，2013年）460頁以下。なお，大杉謙一「大規模第三者割当増資」岩原紳作＝小松岳志編『（ジュリスト増刊）会社法施行5年　理論と実務の現状と課題』（有斐閣，2011年）85頁以下も参照。

も生じうる。すなわち，そのような場面でも，買収対象会社の取締役は，役職の確保や退職金の増額などの経済的な利益を得る一方，正当な理由がないのに，買収者との間で十分な交渉を行わなかったり，株主にとってより良い条件の買収提案を行う買収者が他にいないかを調査しないまま，大規模な募集株式の発行等を行って買収者に支配権を移転させる危険があるといわれる。

[2] 手続規制の概要

　平成26年改正法の下では，募集株式の発行等によって引受人およびその子会社が総株主の議決権の過半数を有することになる場合には，会社は，募集事項の通知・公告（会社201条3項・4項）に加えて，当該引受人（特定引受人）に関する事項について，払込期日・払込期間の2週間前までに，株主に通知または公告しなければならない（会社206条の2第1項・2項）。ただし，金融商品取引法に基づき有価証券届出書等による開示がなされる場合（募集株式が上場株式である場合など）には，それによって特定引受人に関する事項も開示されるため，上記の通知・公告は不要である（ちなみに，有価証券届出書等による開示がなされる場合には募集事項も開示されるので，募集事項の通知・公告も不要である〔会社201条5項〕）。

　当該通知・公告の日から2週間以内に，総株主の議決権の10％以上を有する株主が反対する旨の通知をした場合には，当該特定引受人に対する募集株式の割当てについて，または，当該特定引受人と総数引受契約（会社205条）を締結している場合は当該契約について（この場合は当該契約に従って募集株式の割当てが行われるため），株主総会の特則普通決議（定款による定足数の引き下げは3分の1までしか許されない点で通常の普通決議とは異なる）による承認を受けなければならない（同条4項本文・5項・6項）。この場合でも，有利発行に該当しない限り，募集事項は取締役会決議で決定できるが，特定引受人への株式割当てまたは総数引受契約について，株主総会決議が要求されるというわけである。

　ただし，当該会社の財産状況が著しく悪化している場合であって，当該会社の事業の継続のために緊急の必要がある場合（倒産の危機が迫っている場合など，株主総会を開催していては会社の存立自体が危ぶまれるような場合に認められると一般に解されている[7]）は，上記10％の反対通知があった場合でも，株主総会決議は不要である（同条第4項ただし書）。

[3] 規制の適用除外

　公募や株主割当ての場合にも，会社支配権の移転は生じうる。もっとも，それは稀な場合に限られるであろうから，それら二つの場合には新しい手続規制を適用しないことでもよさそうである。ところが，会社法は，株主割当ての場合には適用しない一方（会社206条の2第1項ただし書），公募の場合には適用している。これは，公募の場合には，株主割当ての場合と比べて，脱法的に利用される危険が大きい（公募発行の形をとりつつ，株式引受けの申込者のうちの特定の者に募集株式を重点的に割り当てる方法がとられることはありうる）という点に着目したからであると理解される。

　親会社が特定引受人になる場合も，新しい手続規制は適用されない（同条第1項ただし書）。この場合には，すでに当該親会社が会社支配権を有しており，募集株式の発行等によって支配権の移転が生じるわけではないからである。

5 │ 新しい手続規制の違反と株式発行の無効原因

　上記の新しい手続規制の違反類型としては，以下の二つが考えられる。すなわち，特定引受人に関する事項の公示をすべきなのに，それをしない（株主に反対通知をする機会を与えない）場合と，株主の反対通知が10％に達しているのに，株主総会決議の手続を踏まない場合である。それらの場合に，募集株式の発行等は無効になると解すべきであろうか。

[1] 特定引受人に関する事項の公示の欠缺

　学説上，特定引受人に関する事項の公示を欠く場合は，募集株式の発行等は無効になるとする見解が多い[8]。この問題について，特定引受人に関する事項の公示を欠く場合には，①特定引受人に関する公示を欠くだけでなく，

7）坂本三郎編『一問一答　平成26年改正会社法』（商事法務，2015年）133頁。
8）江頭・前掲注1）779頁，野田輝久「支配権の異動を伴う募集株式の発行」関西商事法研究会編『会社法改正の潮流　理論と実務』（新日本法規，2014年）188頁，松尾健一「資金調達におけるガバナンス」神田秀樹編『論点詳解　平成26年改正会社法』（商事法務，2015年）73頁，弥永真生『会社法〔第14版〕』（有斐閣，2015年）333頁。

募集事項に関する公示も欠いている場合と，②特定引受人に関する公示は欠くが，募集事項に関する公示はなされている場合とがありうるから，以下，順次検討してみよう。

まず①の場合について，判例・多数説は，募集事項に関する公示が欠けると，差止めをする機会が株主に保障されないから，株主の救済策は差止めで足りるとはいえず，したがって，募集株式の発行等を無効とすることで株主を救済する必要が大きいとする。そのうえで判例・多数説は，たとえ差止請求をしたとしても（募集事項に関する公示の欠缺以外に）差止事由がないためにこれが許容されないと認められる場合には，そもそも株主を救済する必要がないから，例外的に募集株式の発行等は無効にならないとする[9]。ただし，①の場合は，募集事項に関する公示だけでなく，特定引受人に関する公示も欠いている（株主は反対通知をする機会を奪われている）から，常に募集株式の発行等は無効になると解される。

次いで②の場合はどうか。特定引受人に関する事項の公示を欠く場合でも，募集事項に関する公示がなされている限り，株主は募集株式の発行等の事実や募集株式の数は知ることができる。しかし，募集株式の発行等の方法（第三者割当てかどうか等）や引受人の人数・氏名等は開示されないこともあり，募集事項に関する公示だけでは，株主が特定引受人に関する公示が必要であるのにそれを欠くことを知ることが容易でない場合も多いであろう。したがって，株主に差止めをする機会が（株主の救済は差止めで足りるといえる程度に）保障されているとは言い難く[10]，募集株式の発行等は無効になると解すべきである。

上記①②のいずれの場合でも，既存株主は支配的利益の侵害という損失を被るところ，それは損害賠償による救済が困難であること，および，特定引受人が募集株式を保有し続けることが多いと想定され，募集株式の発行等を

9) 最判平成9年1月28日民集51巻1号71頁，江頭・前掲注1）779頁。
10) なお，上場会社である公開会社の場合は，有価証券届出書を提出しない事態はおよそ考えにくい。したがって，上記②の場合というのは，有価証券届出書は提出されており，当該届出書における募集事項に係る情報は正しく記載されているが，当該届出書の特定引受人に係る情報の重要部分に虚偽記載があり，そのため当該事項の記載を欠いていると法的に評価されるような場合になる。そのような場合に，株主が当該虚偽記載を調べて差止めをするのはそう容易ではないであろう。

無効にしても取引の安全が害されるおそれが小さいことも，上記の解釈の補強的な論拠となる。

[2] 株主総会決議の欠缺

　株主の反対通知が 10% に達しているのに，会社が株主総会決議の手続を踏まなかった場合，当該会社は「緊急の必要」があった（それゆえ株主総会決議の手続を踏まなかったことは違法でない）と主張すると考えられる。問題は，その主張が認められなかった場合に募集株式の発行等を無効にすべきかどうかである。学説は，従来の判例の立場に従えば無効にならないとする分析がみられる一方[11]，多くの見解は無効になると解すべきであるとする[12]。

　たしかに，特定引受人に関する通知・公告がなされている限り，株主には差止めの機会が与えられていたとみて，募集株式の発行等を無効としない解釈もありうるし，そうした解釈は従来の判例の立場と整合的のようにもみえる。しかし，(a) 会社には反対通知の状況を開示する義務がなく，10% の反対通知があったこと（それにもかかわらず株主総会決議を経ないことが差止事由になる）を株主が知るのが難しいうえに[13]，(b) 仮にそれを知ることができたとしても，反対通知をする期間と差止めが可能な期間が重なりうるため（特定引受人に関する通知・公告は払込期日の 2 週間前までに行われる一方〔会社 206 条の 2 第 1 項〕，株主は通知・公告から 2 週間内に反対通知すべきとされている〔同条 4 項〕），事実上，差止仮処分の申立てが難しい場合が生じうる。また，(c) 仮処分の申立てができても，審理期間が短いために，差止めが認められにくい可能性もある。このような事情からすると，株主の反対通知が 10% に達しているのに，会社が株主総会決議の手続を踏まなかった場合には，差止めによる救済が機能しにくいと考えられる[14]。したがって，募集株式の発行等

---

11) 野田・前掲注 8) 188 頁。また，山下徹哉「支配株主の異動を伴う募集株式の発行等」法学教室 402 号（2014 年）20-21 頁，松尾・前掲注 8) 72-73 頁も参照。
12) 江頭・前掲注 1) 770 頁，久保田・前掲注 4) 113 頁，野村修也「資金調達に関する改正」ジュリスト 1472 号（2014 年）29 頁，吉本健一「支配株主の異動を伴う募集株式の発行等」鳥山恭一＝福島洋尚編『平成 26 年会社法改正の分析と展望』（経済法令研究会，2015 年）36 頁，弥永・前掲注 8) 333 頁。
13) 山下・前掲注 11) 21 頁。
14) 江頭・前掲注 1) 779 頁，久保田・前掲注 4) 113 頁。

を無効にすることで株主を救済すべきであるし，そのような解釈は従来の判例の立場とも衝突しないといえる。また，上記［1］の場合と同じく，損害賠償による株主の救済が困難であること，および，募集株式の発行等を無効にしても取引の安全が害されるおそれが小さいことも，上記の解釈の補強的な論拠になる[15]。

なお，個々の事案によっては，株主が 10％ の反対通知があったことを知りえたし，差止請求をするのに十分な時間的余裕があった場合もありうる。そうした場合には，例外的に募集株式の発行等を無効にしない余地もないではない。ただし，判例はそうした事案ごとの個別事情を考慮して募集株式の発行等の効力を決することに消極的である[16]。また，どの範囲の株主について上記のような個別事情の有無を考慮すべきかという問題もある[17]。

6 │ 新しい手続規制の波及効果

新しい手続規制の規制対象は，過半数の議決権取得という形式基準で画されている。適用対象の明確性の確保を企図したものだが，引受人が議決権の過半数未満（例えば 40％）を取得するにすぎない場合も支配権移転が生じることに鑑みると，新しい手続規制の適用範囲は狭すぎるようにもみえる[18]。

もっとも，このことは，必ずしも新しい手続規制の意義が乏しいことを意味しない。なぜなら，当該規制が適用されない場合は，不公正発行の差止め

---

15) 吉本・前掲注12) 36頁。また，山下・前掲注11) 20-21頁も参照。
16) 最判平成 6 年 7 月 14 日判時 1512 号 178 頁は，不公正発行は無効原因にならないとしたうえで，「新株の発行が会社と取引関係に立つ第三者を含めて広い範囲の法律関係に影響を及ぼす可能性があることにかんがみれば，その効力を画一的に判断する必要があ〔る〕」ために，「発行された新株がその会社の取締役の地位にある者によって引き受けられ，その者が現に保有していること」などの個々の事案ごとの事情は，上記の結論に影響を及ぼさないとする。
17) 一般論としては，仮に機会が与えられれば差止請求をした可能性が小さくない株主について，個別事情の有無を考慮すればよいと考えられるが，実際上，個々の事例でそのような株主の範囲を特定するのは必ずしも容易ではないであろう。
18) 田中亘『企業買収と防衛策』（商事法務，2012 年）430 頁，中村信男「公開会社の第三者割当増資に係る会社法上の規律の見直し」早稲田商学 431 号（2012 年）837 頁など参照。

による規律が中心になる点では従前と変わらない。しかし，新しい手続規制は，会社法が，支配権の移転は取締役会ではなく株主が決定すべきとする考え方に立つことを示すものである。それゆえ，会社法の下で，取締役会決議限りで支配権移転を行いうるのは，そのことに余程強い合理性が認められる場合に限られると理解されるため，それとの関係で，不公正発行の認定のあり方にも変化が生じて然るべきであると考えられるからである。

既述のように，従来の裁判例は，会社に資金調達の必要性があれば不公正発行でないとする運用を続けてきた。これに対し，学説上，支配権争いが生じている状況で大量の第三者割当てが行われる場合は，支配目的が事実上推定され，会社がそれを覆すには，資金調達の必要性に加え，当該第三者割当てを必要とする合理的な理由を示して反証しなければならないとする見解[19]が有力に主張されてきた。近時こうした有力説の判断枠組みを採用する裁判例[20]が現れており，主要目的ルールの運用には変化がみられる。平成26年改正法は，こうした変化を後押しする効果を持つと考えられる。

他方，これも先に触れたように，支配権争いがない場合については，主要目的ルールの下で不公正発行が認められることが考えにくいのが現状である。この点について，近時，支配権移転をともなう募集株式の発行等が取締役の善管注意義務・忠実義務違反に違反する態様で行われる場合には，当該義務違反が不公正発行を基礎づけるとみて，株主による発行等の差止めを認めるべきとする見解[21]が主張されている。平成26年改正法は，こうした主張が受け容れられやすい素地をつくったといえるであろう。

---

19) 洲崎・前掲注5) 726-730頁。
20) 前掲・東京地決平成20年6月23日。
21) 大杉・前掲注6) 87-88頁，白井・前掲注6) 519頁以下。

第12章

非公開会社の株式発行

1 はじめに

　本書第11章で取り上げたように、会社法上、公開会社については、定款所定の発行可能株式総数（授権資本）の範囲内であれば、原則として取締役会決議限りで募集株式の発行等を行うことができる（会社201条1項）とする授権資本制度が採用されている。これに対し、非公開会社の募集株式の発行等については、原則として株主総会特別決議の手続が要求されているから、授権資本制度は採用されていないことになる。

　一般に、こうした非公開会社の株式発行規制は、既存株主の支配的利益（持株比率の維持に係る利益）の保護を重視したものであるといわれる。しかし、株主の支配的利益を保護する方法は他にも考えられるのに、なぜ会社法は株主総会決議の手続を重視するのであろうか。また、そのような会社法の立場に何か問題は生じないのであろうか。以下では、非公開会社の株式発行規制を概観したうえで、それらの問題を順次検討することにしよう。

2 規制の概要

[1] 総説

　会社法は、非公開会社の募集株式の発行等について、原則として株主総会特別決議の手続を要求している。こうした厳格な手続規制は、とりわけ既存株主の支配的利益（持株比率の維持に係る利益〔具体的な内容については本書第11章1参照〕）の保護を重視した結果であるといわれる。すなわち、非公開会社では、株主が出資をして株式を保有するのは、純然たる投資を目的とする

ものではなく（純投資が目的であれば上場会社の株式に投資するのが通例であろう），会社の経営に関与するための前提ないし手段としての色彩が濃いから，株主にとっては持株比率（ひいては議決権比率）が重要な意味をもっている。株主が役員として報酬を得るなど，持株比率と結びつく経済的利益も小さくない。しかも，株式が流通しないため，株式を買い足して持株比率を維持することもできないから，その意味でも既存株主の支配的利益を保護する必要が大きいと考えられる。

　また，こうして原則として株主総会決議の手続を要求することは，既存株主の経済的利益（株式価値）の保護にとっても重要である。というのも，時価よりも低い払込金額で募集株式の発行等がなされると，株式価値が下落して，既存株主の経済的利益が害される。さりとて，非公開会社の場合は，株式に市場価格がなく時価の算定が難しいため，時価よりも低い払込金額が定められる場合に限って例外的に株主総会決議を要求するという規制（公開会社の場合にはこうした規制が採用されている〔会社199条3項・201条1項〕）が機能しにくいからである。

　このように非公開会社では，既存株主の支配的利益・経済的利益を保護するために株主総会決議の手続を要求する必要が大きいといわれる。しかも，非公開会社では，株主の数が少なく株主総会の開催は比較的容易であるために，そうした厳格な手続を原則的に要求しても，会社の資金調達の機動性は損なわれない。

[2] 株主割当て以外の場合

　非公開会社が株主割当て以外の方法で募集株式の発行等を行う場合，その募集事項の決定は，株主総会の特別決議によるものとされている（会社199条2項・309条2項5号）。有利発行の場合には，より慎重な判断が可能になるよう，取締役は，なぜそうした有利発行が必要なのかの理由を説明しなければならない（会社199条3項）。この説明義務は，株主からの質問がなくても果たされる必要があり，会社法314条所定の説明義務が株主からの質問があって初めて生じるのとは異なる。

[3] 株主割当ての場合

　株主割当ての方法による場合には，募集事項に加えて，株主割当ての方法

による旨と募集株式の引受けの申込期日を，やはり株主総会の特別決議で定める（会社202条1項・3項4号・309条2項5号）。このように株主割当ての場合にも株主総会決議の手続が要求されるのは，株式の割当てを受ける権利を行使しない株主（出資金を用意できないほど，やむを得ない事情で株式引受けの申込みをすることのできない株主）がいるときには，その株主の利益が害される危険を否定できないからである。

とはいえ，他の方法と比べると，やはり株主割当ての方法は，既存株主の利益を害する危険が最も小さい方法であるのは確かである。会社法上，このことは以下の二点で考慮されている。①株主割当てには有利発行規制が適用されないため（会社202条5項），いかに安い払込金額を定めたとしても，株主総会で当該払込金額による募集株式の発行等を必要とする理由を説明しなくてもよい。②いったん定款に定めを置けば，それ以後，株主割当ての方法による募集株式の発行等については，株主総会決議を経ることなく，募集事項等を取締役（取締役会設置会社では取締役会）かぎりで決定することができる（会社202条3項1号2号）。

[4] 募集事項の公示の要否

会社法上，株主には違法・不当な募集株式の発行等を差し止める権利が認められている（会社210条）。ただし，募集株式の発行等が行われようとしていること，および，その募集事項がどのようなものなのかの情報が株主に与えられなければ，株主にとって差止請求権は絵に描いた餅にすぎない。そこで，公開会社の場合には，募集事項の公示（株主への個別通知または公告）が要求されている（会社201条3項）。

これに対し，非公開会社の場合には，常に募集事項の公示は不要である。これは，非公開会社の場合には，別の方法で株主に情報が伝えられるからである。①非公開会社では，株主割当ての方法による場合の募集事項等の決定権限を取締役（取締役会設置会社では取締役会）に付与する旨の定款規定（会社202条3項1号2号）に基づいて株主割当てが行われる場合を除き，募集株式の発行等を行う都度，株主総会の特別決議の手続を経なければならず，株主はその手続を通じて必要な情報を入手することができる。②そうした定款の定めがなされている場合であっても，株主割当ての方法によるときには，株主に募集株式の割当てを受ける権利を行使する機会（株式引受けの申込みをす

る機会)を与えるため、いずれにせよ会社は株主に募集事項や当該株主が割当てを受けることのできる株式の数などの通知(いわゆる割当通知)をしなければならない(会社202条4項)から、株主は当該割当通知を通じて情報を入手することができる。

3 | 規制の特徴とその合理性[1]

[1] 規制の特徴

　これまでみてきたように、会社法は、とりわけ既存株主の支配的利益(持株比率の維持に係る利益)の保護を重視する立場から、非公開会社の募集株式の発行等について、原則として株主総会特別決議の手続を要求している。たとえ定款で定めても、株主割当て以外の場合に株主総会決議の手続を排除することは許されない。こうした厳格な手続規制は、平成2年の商法改正によって導入された規制を基本的に引き継いだものである。

　わが国の非公開会社の株式発行規制は、英米法と比べても厳格であるといえる。すなわち、米国の州会社法の多くは、株式発行について、定款で定めた場合に限り、株主総会決議の手続が必要であるとしている[2]。また、英国会社法は、株式発行について株主の授権を要求しているが、株主総会決議による授権のほか、定款による授権でもよいとされている。つまり、定款で定めれば、株主割当ての場合に限らず、株主総会決議の手続を経ることなく株式発行を行うことも許される[3]。それでは、なぜわが国は英米法と比べて厳格

---

1) 本節以下の記述は、久保田安彦『企業金融と会社法・資本市場規制』(有斐閣、2015年、初出2014年) 115頁以下に基づくものである。
2) 州法の一般的なスタイルは、授権株式数の範囲内で取締役会が決定できるとしたうえで、定款に別段の定めがある場合に限り、株式発行の対価は株主が決定できること、および、株主が新株引受権を有することを規定するものである。See e.g., 8 Del. C. § 153 & 161 (2014); NY CLS Bus Corp § 501, 504 & 622 (2014); 1984 MBCA § 6.03, 6.21 & 6.30.
3) 定款または株主総会決議による授権は、①取締役が株式発行を行うこと自体のほか、②株主割当て以外の方法で行うことについても必要となる(Companies Act 2006, ch. 46, § 549, 551, 570 & 571)。①の授権の有効期間は最長5年間であり、②の授権も①の授権の有効期間内においてのみ効力を有する。ただし、一種類の株式だけ発行する私会社の場合は、定款に別段の定めがないかぎり①の授権は不要であるし(Id. § 550)、①②の授権をする場合も有効期間の制限は課されない(Id. § 567 & 569)。

な規制を採用するのであろうか[4]。また，そのことに合理性はあるのだろうか。

　この問題に関連して，米国法と英国法を比べるときは，後者の方が規制が厳格であることが分かる。そこには，取締役の信認義務違反がある場合につき，米国法と比して，差止め・無効という形での救済が機能しにくいため，その分，事前の手続規制を強化する必要があるという英国法の基本認識が反映されていると考えられる[5]。こうした基本認識は，わが国のそれとも共通するものであろう。すなわち，平成2年改正の当時，裁判所は，閉鎖会社の場合でも不公正発行の認定に消極的な傾向にあった。下級審のなかには，閉鎖会社の場合には不公正発行が無効原因に該当すると判示するものもみられたが，最高裁が同様の立場をとるかどうかは不透明であったから[6]，その意味でも，株主に救済が与えられる可能性は小さかった。隠密裏に株式発行が行われ，株主が株式発行のことを知らないまま無効の訴えの提訴期間をすぎてしまう場合もあるが，最高裁は株式発行の不存在事由を制限的に解するので（後掲4［2］参照），かかる場合の株主が救済される余地も小さいものであった。

[2] 平成2年改正法の意義

　このように，わが国では株主に事後的な救済が与えられにくいために，事前の手続規制を強化したという理解が可能であるとしても，そもそも非公開会社の第三者割当てにつき，なぜ株主総会決議の手続を強制することが株主

---

4) この問いには，わが国では英米法より区分規制が充実しており，非公開会社に相応しい厳格な規制が設けられているからであるという回答も考えられる。しかし，その場合は，なぜわが国は区分規制を充実させる必要があったのか（英米法ではなぜその必要が小さいのか）が問われなければならない。そして，その問題への一つの回答は，本文で述べるものであろう。

5) 英国の上場会社の事前規制をみても，米国より厳格であるが，その理由として，差止め・無効という形での救済が機能しにくいことが挙げられている。PRE-EMPTION RIGHTS: FINAL REPORT: A STUDY BY PAUL MYNERS INTO THE IMPACT OF SHAREHOLDERS' PRE-EMPTION RIGHTS ON A PUBLIC COMPANY'S ABILITY TO RAISE NEW CAPITAL 15 (2005). このことは，非上場会社の規制にも当てはまるであろう。

6) その後，最判平成6年7月14日判時1512号178頁では，平成2年改正前商法の下での事案につき，不公正発行は無効原因に該当しないとする判断が示された。

保護に資するのかは自明でない。たしかに株主総会決議の手続が遵守される場合には，多数の株主の意思に反する第三者割当ては阻止されるから，株主保護に資するといえる。ただし，当然のことながら，常に手続が遵守されるとは限らない。適法な株主総会決議を経ずに第三者割当が行われる場合には，そのことが無効原因に当たるとする解釈が採用されない限り，株主保護に資するとはいえないであろう。

しかし，平成2年改正の時点で，最高裁がそうした解釈を行うかどうかは不透明であった。なぜなら，株主総会決議を欠くケースの核心は，手続の不遵守というより，多数の株主の意思に反して支配的利益が侵害されることにある。それは従来，不公正発行の典型とされてきたものであった。たしかに学説上は，発行株式が悪意の引受人・転得者の手許にとどまっている場合には，不公正発行も無効とすべきとする見解も有力であった[7]。これに対し，多数説は無効にならないと解していたし，既述のように最高裁の立場も不透明であったため，そのことが株主総会決議の手続を法定すべきとする主張の論拠になっていたからである。

このような事情に鑑みると，平成2年改正法が非公開会社の第三者割当てにつき，株主総会特別決議という手続規制を定款による排除も認めないという厳格な形で導入したことの意義は，多数の株主の意思に反する支配的利益の侵害という不公正発行の典型的ケースを，かかる厳格な手続規制の違反に仮託させることで，それ（適法な株主総会決議の欠缺＝不公正発行）を無効原因にすべきとするメッセージを発することにあったと理解することも可能である[8]。

平成2年改正後の多数説は，株主総会決議の欠缺が無効原因になるとする解釈を採用した。また，近時，平成24年4月24日の最高裁判決[9]も，①非公開会社については，会社法上，原則として株主総会の特別決議によって募集事項を決定することを要すること，②株式発行無効の訴えの提訴期間も，公

---

7) 鈴木竹雄『商法研究Ⅲ』（有斐閣，1971年）233頁以下，洲崎博史「不公正な新株発行とその規制（2）」民商法雑誌94巻6号（1986年）740頁，吉本健一『新株発行のメカニズムと法規制』（中央経済社，2007年，初出1998年）117頁など。
8) 平成17年制定会社法も，こうしたメッセージを強化している。同法は，非公開会社について株式発行無効の訴えの提訴期間を1年に伸長したからである（会社828条1項2号）。
9) 最判平成24年4月24日民集66巻6号2908頁。

開会社の場合は6ヶ月であるのに対し，非公開会社の場合には1年とされていること（会社828条1項2号）から，「会社の支配権に関わる持株比率の維持に係る既存株主の利益〔既存株主の支配的利益〕の保護を重視し，既存株主の意思に反する株式の発行は株式発行無効の訴えにより救済するというのが会社法の趣旨と解される」として，株主総会決議を全く欠く場合について無効説をとることを明らかにした。これらの意味で，平成2年改正法の意図は実現したと評価できる。しかし反面で，同改正法は，不公正発行それ自体を無効原因とする解釈に代えて，適法な株主総会決議の欠缺を無効原因とする解釈へと誘導したことで，新たな問題を抱えることになった。

4 │ 新たな問題の出現

[1] 問題の所在

その新たな問題の舞台となるのは，非公開会社が第三者割当ての方法で募集株式の発行等を行うにあたり，株主総会決議の手続は経ているが，当該決議に取消事由（招集通知漏れなど）がある場合である。この場合にも，株主総会決議を全く欠く場合と基本的に異ならないことから，（例外的に無効にならない場合があるかは問題となるが）募集株式の発行等の無効原因は認められると解される[10]。

そうすると次の問題は，かかる無効原因をどのような訴えによって主張すべきかであるが，判例・多数説は，募集株式の発行等の効力が生じた後は，

---

10) 久保田安彦「非公開会社の新株発行と支配権の行方」法学セミナー704号（2013年）21頁，笠原武朗「株主総会決議と募集株式の発行等の無効原因」岩原紳作＝山下友信＝神田秀樹編集代表『会社・金融・法（上巻）』（商事法務，2013年）491頁以下参照。

なお，株主総会決議があれば，株主は募集株式の発行等のことを認識できたはずであり，したがって，差止機会が与えられていたのだから，決議取消事由がある場合も株式発行を無効にする必要はないという議論もありうる。ただし，仮にそうした議論を肯定する場合でも，差止機会があったと評価できるのは，株主が決議取消事由の存在まで認識している場合に限られるところ，そうした場合は例外的であろう。また，そもそも差止仮処分手続より総会決議取消訴訟の手続の方が，当事者の準備期間や裁判所の審理のあり方の点で，株主間の利害対立の解決方法として優れる点に鑑みると，たとえ実際に差止機会があったと評価できる場合でも，株主総会決議に取消事由があれば株式発行を無効にすべきであると考えられる（笠原・前掲499頁）。

決議取消しの訴えが株式発行無効の訴えにいわば吸収され，株主は後者の訴えを提起しなければならないと解している（いわゆる吸収説）[11]。この吸収説に立つときに問題になるのは，株式無効の訴えの提訴期間が発行等から1年（公開会社の場合は6ヶ月）であるのに対し（会社828条1項2号3号），総会決議取消しの訴えの提訴期間が決議から3ヶ月であること（会社831条1項）をどのようにみるかである。明示的な議論はあまりみられないが，一般に，組織再編の場面とパラレルに考えられているようである[12]。仮にそうだとすると，多数説は以下の見解であるといえる。つまり，決議取消しの訴えの提訴期間を短く定めることで，決議の効力の早期確定を図ろうとした法の趣旨に鑑み，株式発行無効の訴えにおいても，決議取消事由があることを募集株式の発行等の無効原因として主張できるのは，決議後3ヶ月に限られるという見解である（以下，この見解を「主張期間制限説」と呼ぶ）。

こうした現在の多数説の見解を前提にすると，非公開会社の第三者割当てにつき，株主総会決議の手続は経ているが，その株主総会決議に取消事由がある場合には，実質的にみると，無効の訴えの提訴期間が株式発行後1年間から株主総会決議後3ヶ月間に縮減することになる。この点に関連して，平成17年制定会社法は，非公開会社の場合につき，株式発行無効の訴えの提訴期間を従前の6ヶ月から1年に伸長したが，それも，株主が知らないまま提訴期間を徒過してしまう事態に対応するためであった。それにもかかわらず，前記のように提訴期間が縮減されると，提訴期間が伸長されたことの意義が大きく損なわれかねないから[13]，問題は小さくないといえる。

それでは，こうした提訴期間の縮減という問題について，どのような対応策が考えられるであろうか。問題が特に大きいのは，株主総会決議は成立したが，株主が募集株式の発行等のことを知らない場合である。それを大別すると，取締役（少数派株主）が支配株主に知られないように株主総会決議を成立させた場合と，支配株主が少数派株主（典型的には特別決議を阻止できる少

---

11) 江頭憲治郎『株式会社法〔第7版〕』（有斐閣，2017年）779頁注4。
12) 吉本健一『会社法〔第2版〕』（中央経済社，2015年）303頁注11，江頭・前掲注11）779頁注4参照。
13) 宍戸善一「会社支配権と私的財産権：第三者割当増資再論」黒沼悦郎＝藤田友敬編『企業法の理論（上）』（商事法務，2007年）389頁，吉本・前掲注12）303頁注11参照。

数派株主の一部または全部）に知られないように株主総会決議を成立させた場合とが考えられる。そして，それらのように，株主に知られないように株主総会決議が行われる場合としては，①当該株主に招集通知を発しない場合，②取締役会設置会社が，招集通知はしたが，募集株式の発行等の議題の記載をせず，不意打ち的に株主総会決議を成立させる場合，③取締役会非設置会社が，前記②と同様のことを行う場合がありうる。いずれの場合にも，そのようにして成立させた株主総会決議には，（後述するように不存在事由が認められる場合もありうるが）基本的に取消事由のみが認められると解される[14]。以下では，もっぱら前記①②③の場合を念頭に，解釈論による対応策を検討することにしよう[15]。

[2] 解釈論による対応

　解釈論による対応としては，いくつかのものが考えられる。いずれの解釈も互いに排斥しあうものではなく，並立しうる。

　第1に，不公正発行が募集株式の発行等の無効原因に当たると解したうえで，株主総会決議を全く欠くことや，決議はあるが取消事由があること（あったこと）は，不公正発行を基礎づける事情として位置付けることが考えられる[16]。先に触れた平成2年改正の意義（前掲3参照）に照らすと，これが本来的な対応策であると考えられるが，難点がないわけではない。まず，最高裁がこの解釈を採用するかどうかは不透明である[17]。また，非公開会社の株式発行の無効原因の多くが不公正発行に吸収されることになるため，不公正発行の意義も曖昧になり，ひいては，不公正発行の範囲が不必要に拡大する

---

14) 前記②の場合に決議不存在とする下級審裁判例もあるが（東京地判平成23年1月26日・判タ1361号218頁），多数説は，決議取消事由が認められるにとどまるとする（江頭・前掲注11）368頁，尾崎悠一「判批」ジュリスト1444号〔2012年〕122頁など）。他方，前記③の場合は，法令違反は認められないものの，招集手続の著しい不公正に該当するとする見解が有力である（江頭・前掲注11）367頁）。

15) 後述するように，解釈論による対応がいくつか考えられるものの，それぞれ大なり小なり難点を抱えているため，仮にかかる難点を重視するときは，立法論による対応が必要になる。考えられる立法論について，久保田・前掲注1）122頁以下参照。

16) この第1の解釈によるべきことを積極的に主張するものとして，堀井拓也「非公開会社における株主総会決議の瑕疵と株式発行・自己株式処分の効力」法学政治学論究109号（2016年）169頁参照。

おそれがあるという批判がありうる[18]。

　第2に，前記①②③の場合に株主総会決議の不存在事由が認められると解することで，問題を回避することが考えられる。決議不存在確認の訴えは提訴期間が制限されないため，株式発行無効の訴えにおいて，当該決議不存在事由を株式発行の無効原因として主張することにも期間的な制限は課されないからである。そして，学説上は，株主等が株主総会決議の取消しを争うことができない状況を会社が作出している場合には決議の不存在が認められるとする見解が有力に主張されているから[19]，この有力説に立てば，前記①②③の場合には，いずれも株主総会決議が不存在とされるであろう。

　有力説のように，決議取消しと決議不存在の関係を機能的に捉えることは合理的であると思われる。もっとも，判例・多数説は，総会決議の不存在は物理的不存在の場合だけでなく法的不存在の場合にも認められるとしながらも，法的不存在かどうかは手続的瑕疵が著しいかどうかで判断する[20]。この見解によれば，少なくとも支配株主に対する招集通知の欠缺の場合には決議不存在になると考えられるが，それ以外の場合にどうかは不透明である[21]。

　そこで，第3に考えられるのは，主張期間制限説を放棄することである。決議取消事由が募集株式の発行等の無効原因として主張される場合も，株主総会決議が取り消されたり，その結果として募集株式の発行等以外の行為の

17)　ただし，最高裁は平成24年判決（前掲注9））で，「〔既存株主の〕意思に反する株式の発行は新株発行等無効の訴えにより救済〔すべき〕」と判示するに至った。そうした判示からは，不公正発行を無効原因とする解釈が導かれやすいため，最高裁がかかる解釈を採用する可能性は従前よりは高まっているとはいえそうである。

18)　ただし，この点は柔軟な処理が可能であるという長所の裏返しでもある。なお，かかる批判を考慮し，不公正発行は無効であると解しつつも，不公正発行の意義を限定的に解することも考えられる。すなわち，主張期間制限説を前提に，株主総会決議に取消事由があるが，決議から3ヶ月経過したために当該取消事由を株式発行の無効原因として主張できない場合に限って，不公正発行に該当すると解するのである。もっとも，これは実質的にみると，主張期間制限説の放棄という第1の対応策と変わらないともいえる。

19)　前田庸「いわゆる決議不存在確認の訴」鈴木忠一＝三ヶ月章『実務民事訴訟講座（5）』（日本評論社，1969年）30頁，岩原紳作「株主総会決議を争う訴訟の構造（2）」法学協会雑誌96巻7号（1979年）891頁以下。

20)　上柳克郎＝鴻常夫＝竹内昭夫編集代表『新版注釈会社法（5）』（有斐閣，1986年）398頁以下〔小島孝〕参照。

効力に影響が及ぶわけではない。それゆえ，焦点を当てるべきは，株主総会決議をめぐる取引の安全というより，募集株式の発行等をめぐる取引の安全である。そして会社法は，株式発行無効の訴えの制度を用意し，その提訴期間を制限することで，募集株式の発行等をめぐる取引の安全を図ろうとしている。そうであれば，決議取消事由を募集株式の発行等の無効原因として主張できる期間についても，株式無効の訴えの提訴期間という制限を及ぼせば足りると考えられる。

こうした解釈に対しては，募集株式の発行等の場面にそのように解するのであれば，組織再編の場面でも同様に解しないと，整合性に欠けるという批判がなされるかもしれない。組織再編の場面についても同様の理由付けが可能だからである。しかし，組織再編の場面の問題状況は，募集株式の発行等の場面におけるそれと少なからず異なるから，必ずしも両場面で同一の解釈をとるべきとはいえないであろう[22]。少なくとも非公開会社の募集株式の発行等の場面については，株式発行無効の訴えの提訴期間を1年間に伸張して

21) どの程度の招集通知の欠缺があれば決議不存在となるかにつき，総株主の議決権の過半数とする見解（岩原紳作編『会社法コンメンタール（7）』〔商事法務，2013年〕81頁〔青竹正一〕）と4割とする見解（江頭憲治郎＝門口政人編集代表『会社法体系（4）』〔青林書院，2008年〕318頁〔真鍋美穂子〕）がみられる。前者の見解によれば，前記①で特別決議を阻止できる少数株主に招集通知を発しない場合は決議不存在とされないし，後者の見解でも微妙である。他方，おそらく前記②③の場合は，おおよそ株主総会決議は不存在とされないであろう。
22) 両場面における問題状況の相違として，以下の点などが挙げられる（久保田安彦「株主総会決議に瑕疵がある場合，新株発行・組織再編の無効の訴えはいつまで提訴できるか？」ビジネス法務15巻2号〔2015年〕98頁参照）。第1に，募集株式の発行等をめぐる議論は，公開会社と非公開会社とで規制が異なることを前提に（公開会社では総会決議が要求されるのは例外的な場合にとどまる），非公開会社の場合を念頭に置きながら，主張期間制限説のように株式発行無効の主張期間を制限すると，株主の支配的利益保護の要請に沿わないという問題意識を出発点としていた。これに対し，組織再編の場面では，公開会社と非公開会社とで同一の規制が用意されているから（いずれの会社にも原則として総会決議が要求される），公開会社の場合をも含めて議論する必要がある。第2に，募集株式の発行等とは異なり，組織再編では，株主総会決議から効力発生日まで長期間（半年から1年）設けられる場合も少なくない。そうした場合には，主張期間制限説を放棄すると，決議取消事由を主張できる期間が長期間になりすぎるかもしれない。このことは，実務上，組織再編の阻害要因になる可能性が小さくない。

いる会社法 828 条 1 項 2 号 3 号の趣旨を強調して，主張期間制限説を放棄することにも十分な合理性があるように思われる。

第13章

新株予約権制度の趣旨と効用

1 はじめに

　新株予約権は，会社法のテーマの中でも最も分かりにくいものの一つであろう。実に多様な目的で用いられるためにイメージが摑みにくいうえ，違法性・不当性が認められる場合における株主の救済手段も，新株予約権発行の差止め・無効，新株予約権の行使による株式発行の差止め・無効など多岐にわたるからである。そこで，本章と第14章にわたって，新株予約権を少し詳しく取り上げることにした。具体的に，本章ではまず，平成13年11月改正によって新株予約権制度が導入されたのはなぜか，新株予約権発行は株主にどのような影響を及ぼすのか，どのような目的で新株予約権が発行されるのかといった点を取り上げる[1]。そのうえで，第14章では，会社法上の新株予約権発行規制を概観するとともに，新株予約権にかかる株主の救済手段について検討する。

2 平成13年11月改正による新株予約権制度の導入の趣旨

　新株予約権とは，株式会社に対して行使することにより，当該株式会社の株式（目的株式）の交付を受けることができる権利のことをいう（会社2条21号）。いつ権利を行使できるのか（権利行使日・権利行使期間），権利行使して株式の交付を受けるのにいくらの金額の出資が必要なのか（権利行使価額），

---

1) 本章は，久保田安彦「新株予約権制度の効用と法的問題点」法学セミナー675号（2011年）20頁以下に基づくものである。

権利行使すればどの種類の株式が何株交付されるのか（目的株式の種類・数）といった条件（新株予約権の内容）は，新株予約権の発行時に定められる（会社236条1項）。一般に，ある商品を一定の条件で買うことのできる権利はコール・オプションと呼ばれるが，新株予約権とは，会社が自社の株式を目的とするコール・オプションを発行する場合における当該コール・オプションであるともいえる。

新株予約権制度は，平成13年11月商法改正で導入された後，基本的にそのまま平成17年制定会社法に受け継がれたものである。ただし，平成13年11月改正以前も，会社が自社の株式を目的株式とするコール・オプションを発行することが禁じられていたわけではない。従前も，①転換社債（Convertible Bond〔CB〕）の転換権，②新株引受権附社債（ワラント債）の新株引受権（ワラント），③ストック・オプションという3つの形での発行は認められていた。

このうち，①転換社債は，当該社債の発行会社の株式に転換する権利（転換権）が付された社債であり，社債権者が転換権を行使すれば，無償で株式の交付を受けられる代わりに社債が消滅するものである。この転換権の実質は，権利行使価額の払込みに代えて会社に社債を現物出資し，当該会社の株式の交付を受けることができる権利であるから（このため転換権の行使によって社債は消滅する），会社が自社の株式を目的とするコール・オプションを発行する場合における当該コール・オプションに他ならない。②新株引受権附社債は，当該社債の発行会社の株式の交付を受けることのできる権利（ワラント）の付いた社債である。転換社債とは異なり，権利行使時に権利行使価額の払込みが必要である反面，権利行使後も社債は残るという特徴を有している。つまり，会社が社債に自社の株式を目的とするコール・オプションを付して発行する点では転換社債の場合と変わらないが，そのコール・オプションの内容（株式交付を受ける条件）が転換社債の場合とは異なるというわけである。③ストック・オプションは，会社が取締役等に対し，自社の株式を目的とするコール・オプションを付与することで，会社の業績を向上させて株価を上昇させるインセンティブを与えることを狙ったものである。取締役等は，目的株式の株価が高くなるほど，オプションの行使によって利得できることから（この点は後で改めて説明する），会社の業績を向上させて株価を上昇させるインセンティブが与えられると期待される。

このように転換社債の転換権，新株引受権附社債の新株引受権，ストック・オプションはいずれも，会社が自社の株式を目的とするコール・オプションを発行する場合における当該コール・オプションに他ならない。しかし，それにもかかわらず，平成13年11月改正以前は，それぞれ別個の異なる発行手続規制が定められていた。それが，同改正によって発行手続規制が統一化されるとともに，名称も新株予約権で統一されることになったのであるから，新株予約権制度導入の第一の趣旨は，会社が自社の株式を目的とするコール・オプションを発行する場合について，統一的な手続規制を課すことにあるといえる。また，同改正以前は，上記3つの形（目的）でしか，会社が自社の株式を目的とするコール・オプションを発行することが許されなかったのに対し，同改正後は，どのような形（目的）での発行も許されることになった。そのため，新株予約権制度導入の第二の趣旨は，会社が自社の株式を目的とするコール・オプションを発行することを自由化することに求められる。

3 新株予約権発行と株主の保護

[1] 平成13年改正以前

　それでは，なぜ平成13年11月改正法は，会社が自社の株式を目的とするコール・オプション（新株予約権）を発行することを自由化したのであろうか[2]。これは逆にいえば，なぜ同改正以前はかかる発行が制限されていたのかという問いである。これらの問いに答えるために，まずは新株予約権がどのような価値を有するのかを確認することから始めよう。

　ここで例えば，Aが，上場会社であるB社から，権利行使日は20XX年6月13日，権利行使価額は100万円，目的株式はB社の普通株式1株という内容の新株予約権の無償発行を受けた場合を考えてみよう。この場合，もし権利行使日である20XX年6月13日の時点で，B社の普通株式の市場価格が200万円になっていたとすると，Aは，それを100万円の権利行使価額を

---

[2] 平成13年11月改正の経緯について，詳しくは，家田崇「種類株式・新株予約権に関する会社法制の史的展開」淺木愼一ほか編『検証会社法（浜田道代先生還暦記念論文集）』（信山社，2007年）321頁以下，久保田安彦「資金需要者と会社法」同『企業金融と会社法・資本市場規制』（有斐閣，2015年，初出2010年）41頁以下参照。

払うことでB社に交付してもらえるのだから，100万円の利益を得られることになる。他方，同日の時点で，B社の普通株式の市場価格が50万円であったとしても，Aは新株予約権を行使しなければよいだけだから，損失を被ることはない。つまり，新株予約権は，権利行使日に目的株式の市場価格が権利行使価額を上回った分だけ利得できる一方，たとえ目的株式の市場価格が権利行使価額を下回っても損失は生じないという権利なのである。

このように新株予約権者が権利行使によって利得できるのは，会社から時価よりも安い価格で株式の発行を受けられる（いわば株式の有利発行を受けられる）からである。そうすると，会社が新株予約権を発行する場合には，その後の権利行使によって株主の持株価値の低下がもたらされることになるから，株主保護の点で問題があるとも考えられる。実は，平成13年11月改正前，会社が自社の株式を目的とするコール・オプション（同改正後の新株予約権）を発行することが，転換社債の転換権などの3つの形（目的）に限って許容されていたのも，そのような考え方に基づくものであった[3]。

しかし，平成13年11月改正法は，上記のような考え方を転回させた。同改正法は，二項モデルやブラック＝ショールズ公式などのオプション評価モデルによって新株予約権の価値評価額を算定できることを前提に，そうした算定が適切に行われるかぎり，株主保護の問題は生じないという考え方に立ったのである。すなわち，既述のように，もし権利行使日に目的株式の市場価格が権利行使価額を上回る可能性が高く，新株予約権者が権利行使によって得られると期待・予測される利益（期待利益）が大きい場合には，その分，新株予約権の価値評価額も高くなる[4]。そして，かかる新株予約権者の期待利益の源泉は，会社から時価よりも安い価格で株式の発行を受けられること

---

[3] 稲葉威雄『改正会社法』（金融財政事情研究会，1982年）402頁，409-410頁，竹内昭夫『改正会社法解説〔新版〕』（有斐閣，1983）272-278頁。

[4] この点に鑑みると，新株予約権の価値評価のためには，権利行使時の株価がどれほどの確率でどれほどの額になるのか（確率分布）を予測したうえで，期待利益を算定する作業が必要になるようにみえる。しかし，二項モデルやブラック＝ショールズ公式などのオプション評価モデルでは，あるアイデアを用いることで，そのような困難な作業を避けながら，新株予約権の価値評価を行うことができる。この点について，仮屋広郷「オプションへの招待」法学セミナー675号（2011年）2頁以下，田中亘「オプションと会社法」同編『数字でわかる会社法』（有斐閣，2013年）161頁以下参照。

にあるから，新株予約権の価値評価額が大きいときは，権利が行使され，株式が安い価格で発行されることで既存株主が被るであろうと予想される経済的損失も大きいことになる。このように，新株予約権の価値評価額は，将来既存株主に生じると予想される経済的損失の大きさを反映しているので，会社が新株予約権を発行する時点で，引受人に当該新株予約権の価値評価額（公正な払込金額）を会社に払い込ませれば，将来既存株主に生じると予想される経済的損失がいわば事前に塡補され，少なくとも新株予約権の発行時点では，既存株主に経済的損失は生じないと考えられたのである。

　もちろん，かかる予想は当たるとは限らないから，最終的に既存株主に予想を下回る損失しか生じない場合もあれば，予想を上回る損失が生じる場合もあるが，それは結果論にすぎない。もし結果的に，予想を上回る損失が生じうることを問題視するのであれば，会社が自社の株式を目的とするコール・オプション（新株予約権）を発行することは，たとえ転換社債の転換権などの3つの形（目的）だけであっても許すべきではないであろう。

　しかも，会社が新株予約権を発行する場合は，必ずしもゼロサムゲームになる（新株予約権者の利得〔損失〕と既存株主の損失〔利得〕が等しくなる）とは限らない。新株予約権の発行によって企業価値が変動しうるからであり，企業価値の増加が実現する場合には，最終的には新株予約権者にとっても既存株主にとっても利益になることはありうる。そのことは，企業価値の増加をもたらす経営を期待して，会社が取締役にストック・オプションとして新株予約権を発行する場合を考えると分かりやすいが，平成13年11月改正法はさらに，会社による新株予約権の発行を広く認めることで，会社の資金調達手段が増えて資金調達を行いやすくなったり，M&Aを行いやすくなる結果，企業価値の増加がもたらされることを期待したのである。

1│4　新株予約権発行の目的

[1]　M&Aの手法

　新株予約権の発行目的としては，大きく分けて，①資金調達のために発行する場合，②インセンティブ報酬として発行する場合（先に触れたように，インセンティブ報酬として発行される新株予約権のことは，一般にストック・オプションと呼ばれる)[5]，③M&Aの手法として発行する場合，④事業承継のために

発行する場合がある。

このうち③の例としては，2002年に，西友が米国小売業最大手のウォルマートと包括的業務提携をしたうえで，さらに資本提携のため，同社の子会社に株式の第三者割当発行をおこなうと同時に，3種類の新株予約権の第三者割当発行をおこなったケースが挙げられる。この3種類の新株予約権は，それぞれ権利行使期間が異なり，段階的に権利行使されることが予定されていた。すなわち，ウォルマートは，まず株式の第三者割当発行を受けた時点で西友の6.1％株主となった後，3種類の新株予約権を順次行使すれば，33.4％，50.1％，66.7％と段階的に西友株の持株比率を上げることができるというわけである。段階的な資本提携が計画されたのは，ウォルマートとしては初めての日本市場参入であって，いきなり西友株の66.7％に出資するのはリスクが大きいと考えられた結果であろう。また，段階的な資本提携といっても，ウォルマートには出資の義務はなくオプションが与えられるにすぎないため，ウォルマートとしては，業務提携の効果をみながら，場合によっては撤退の選択をすることも比較的容易である。

こうした段階的な資本提携は，株式の第三者割当発行を段階的に行うことでも実現できる。しかし，その場合には，ウォルマートが最終的にどれほどの額を出資すべきかについてリスクが残る。もし業務提携が功を奏して西友の業績が上がれば，西友の株価も上昇して，株式の第三者割当発行を受けるために出資すべき額も膨らむ可能性がある。それを避けるために，有利発行を受けようとしても，当時の西友は公開会社であったから株主総会特別決議が必要になるが（会社199条2項3号・200条1項・309条2項5号），将来有利発行を受ける時点で株主総会特別決議が成立するかどうかは不確実である。これに対し，新株予約権の発行という方法によれば，ウォルマートが33.4％，50.1％，66.7％と段階的に西友株を保有するために出資すべき額を事前に確定することができる。

このようにみると，新株予約権発行の一つの効用は，株式の段階的な第三者割当発行と同様の効果を実現しつつ，株式の有利発行規制の適用を回避で

---

5) 会社法上，ストック・オプションについては，報酬規制の適用もあり，それと新株予約権の有利発行規制（会社238条3項・240条1項）とがどのような関係に立つのかが問題になるが，この問題については，本書第9章参照。

きる点にあるともいえる。ただ、注意が必要なのは、このように規制の回避というと何か悪いことのように聞こえるが、必ずしもそうではないということである。例えば、本件で、西友の株主がウォルマートとの資本提携を望んだとしても、ウォルマートとしては、段階的な資本提携でなければ応じなかったとしよう。このとき、もし新株予約権の発行という方法がとれなければ、西友の株主としては、段階的な募集株式の発行を提案するとともに、将来の有利発行のときに株主総会決議に同意することを約束することで、資本提携を実現しようとするであろう。しかし、事後的には、すなわち実際に有利発行がなされる時点では、西友の株主は約束を破って有利発行に同意しないことがむしろ利益になるかもしれず、そうした状況ではウォルマートが資本提携をためらう恐れがあるが、そのことは西友の株主にとって不利益であると考えられる。そこで、会社法が、新株予約権制度という形で、株主が将来反対するかもしれない有利発行も実現させるための仕組みを提供することは、資本提携を実現しやすくなるという意味で、むしろ事前的には株主利益に資するといえる。

[2] 資金調達の手法

他方、資金調達のために新株予約権を発行する場合については、従来、社債を組み合わせて発行するという手法、特に転換社債（転換社債型新株予約権付社債）が主流であったが、近時は、新株予約権を単体で発行して資金調達するケースもみられる。また、転換社債でも、株価の動向に応じて転換価額（交付される株式数）が修正される条項が付されたもの（MSCB）も少なくないなど、商品性は多様化・複雑化しているといえる[6]。

実のところ、会社が資金調達をするにあたって、なぜこれらの手法を選択するのかは必ずしも明らかではない。ただ、理論上は、例えば、転換社債の発行という資金調達方法には以下のような効用があるといわれる[7]。第一に、

---

6) 松尾順介＝大杉謙一＝岡村秀夫「新しいファイナンスをめぐる問題について──MSCB および新株予約権をめぐって」証券経済研究 64 号（2008 年）67-70 頁。

7) 藤田友敬「株式会社の企業金融 (6)」法学教室 269 号（2003 年）124-125 頁、リチャード・ブリーリー＝スチュワート・マイヤーズ＝フランクリン・アレン『コーポレート・ファイナンス（下）〔第 10 版〕』（日経 BP 社、2014 年）186-187 頁参照。

投資家が，経営者は株主の利益のためには行動するが，社債権者の利益のためには行動しないかもしれない（典型的には社債権者の利益を犠牲にして株主の利益を図ろうとするかもしれない）という心配を抱いている場合には，普通社債発行よりも転換社債発行の方が資金調達がしやすいであろう。転換社債を発行して社債権者に転換権を与えておけば，社債権者は上記のような心配が現実化したときは，転換権を行使して株主となることができるからである。

　第二に，転換社債の発行は，新株発行という方法と比べても，以下のような利点がある。すなわち，新株発行という資金調達方法は，株価が過大評価されている会社の株主にとっては有利である一方，株価が過小評価されている会社の株主にとっては不利である。このため，経営者が株主の利益のために行動するとすると，株価が過大評価されている会社だけが新株発行を行うことになる。しかし，投資家はそのことを容易に予測できるから，会社が新株発行を行うことは，経営者が株価が過大評価されており将来株価が下がるであろうという見通しを持っていることのシグナルになってしまう。この結果，会社が新株発行を行う場合は，投資家が株式を売却して株価が下落するから，およそ全ての会社の株主にとって，新株発行は不利な資金調達方法であることになりかねない。これに対し，転換社債の発行という方法によれば，それを引き受けた投資家は株価が適正になったタイミングで株式に転換することが可能になるので，経営者が株価の過大評価を利用した資金調達を狙っていると疑われる危険は小さくなる。また，既に会社の負債比率が高い場合など，会社にとって社債の満期償還に応じることが難しい場合には，むしろ転換社債の発行は，経営者が，将来株価が上昇して転換権が行使されるであろう（社債の償還義務を免れることができるであろう）という見通しをもっていることのシグナルになると考えられる。

　もっとも，過去のわが国の上場会社には，上記とは別の動機があったことが指摘される。わが国の上場会社は，1980年代後半から90年代はじめにかけて，巨額の転換社債を発行したが，なぜ大量に発行したかというと，これらの社債につける金利は普通社債の市場金利よりもかなり低くできたからであり，また，この差は収益への貢献とみなされ，発行会社の財務部の功績となったからであるといわれる[8]。しかし，社債の金利を低く抑えることがで

---

8) 三上芳宏＝四塚利樹『ヘッジファンドテクノロジー』（東洋経済新報社，2000年）158-159頁。

きたのは，社債に転換権というコール・オプション（会社法でいう新株予約権）が付されていたからに他ならない。転換社債の引受人としては，オプションを行使して会社から安い価格で株式の交付を受けることによって利得できると期待するからこそ，低い金利を受け入れるのであるから，株主の立場からみて無条件に有利であるとはいえないはずである[9]。むしろ当時の多くの転換社債は，本来の価値よりも安値で発行されていたために[10]，それらの裁定取引（鞘取り）をおこなうファンドにとって，わが国の転換社債市場は史上稀にみる規模の収益源であったともいわれる[11]。平成13年11月改正による新株予約権制度の導入には，上記のような過去への反省から，会社にオプション評価モデルを用いて新株予約権の価値評価額を適切に算定するよう求めることで，コール・オプション発行価格の適正性を確保しようとする趣旨もあったことを看過してはならないであろう[12]。

9) 明田川昌幸「転換社債・新株引受権附社債の構造の株主の地位」独協法学36号（1993年）51頁以下，藤田友敬「株式会社の企業金融（5）」法学教室268号（2003年）117-118頁参照。
10) 川北英隆「転換社債発行条件の適正化」商事法務1148号（1988年）18頁以下参照。
11) 三上＝四塚・前掲注8）158-159頁。
12) 平成13年11月改正にあたり，オプション評価モデルを通じた価値評価の適正化を強調するものとして，例えば，江頭憲治郎「平成13年通常国会・臨時国会による商法改正について」商事法務1617号（2002年）79頁，藤田友敬「オプションの発行と会社法（上）——新株予約権制度の創設とその問題点」商事法務1622号（2002年）22-25頁，仮屋広郷「新株予約権・新株予約権付社債——有利発行の問題を中心に」ジュリスト1220号（2002年）25頁以下参照。

なお，オプション評価モデルによる価値評価に際しては，目的株式のボラティリティ（株価の変動の度合い）などの各種のパラメータを推定する必要があるが，そうしたパラメータの推定が容易でない場合もある（例えばボラティリティは過去の株価データから推定されることが多いところ，特に新興企業など十分に過去の株価データが存在しない会社の場合は，ボラティリティの推定が難しくなる）。また，MSCBのようにスキームが複雑なものについては，オプション評価モデルを種々の点で調整・修正して用いる必要があるが，どのように調整・修正すべきかについて必ずしも確立した方法はみられない。このため，コール・オプションたる新株予約権の価値評価額（公正な払込金額）には，一定程度の幅を認めざるを得ないのが現実である。しかし，念のために付言すると，そのことは決して，オプション評価モデルを用いた価値評価の意義を失わせるものではない。オプション評価モデルを用いなければ，価値評価額（公正な払込金額）の算定はさらに信頼性の乏しいものになるからである。

第14章

新株予約権の発行手続と株主の救済策

1 | はじめに

　本書第13章では，平成13年11月商法改正によって新株予約権制度が導入された趣旨および同制度の効用について取り上げた。本章では，それを踏まえて，募集新株予約権発行に係る手続規制（会社236条以下）について概観するとともに，募集新株予約権の発行に瑕疵がある場合，または新株予約権の行使に瑕疵がある場合における株主の救済手段について検討することにしよう。

2 | 募集新株予約権の発行の手続

[1] 総説

　会社が引受人を募集して新株予約権を発行する場合（募集新株予約権の発行）については，募集株式の発行等の場合に類似した手続規制が用意されている。その理由は，両者が既存株主に及ぼす影響が似ていることにある。

　つまり，募集株式の発行等の場合は，どのような方法により，どのような払込金額でなされるかによって，既存株主の経済的利益（持株価値）や支配的利益（持株比率の維持に係る利益）が損なわれるが，そのことは，募集新株予約権の発行の場合も異ならない。例えば，募集新株予約権が公正な払込金額（オプション評価モデルで算定された価値評価額）を下回る払込金額で第三者に発行されると，その新株予約権の目的株式の価値が下落して，既存株主の経済的利益（持株価値）が損なわれる。他方，既存株主の持株比率は，募集新株予約権の発行それ自体によっては低下しない。しかし，発行された新株予約

権が行使された場合には，会社が新株予約権者に株式の発行等（新株の発行または自己株式の処分。募集株式の発行等に関する手続規制は適用されない）を行うことになるから，やはり既存株主の持株比率が低下して支配的利益（持株比率の維持に係る利益）が損なわれる可能性がある。

　そこで，募集新株予約権の発行の場合にも，既存株主の経済的利益や支配的利益が不当に害されることのないよう，募集株式の発行等の場合と同様の手続規制が用意されている。もっとも，両者の手続規制の内容は全く同一というわけではなく，以下にみるように，いくつかの点で多少異なっている。

[2] 有利発行規制

　募集新株予約権の発行の場合にも有利発行規制が用意されている点では，募集株式の発行等の場合と同様である。すなわち，公開会社では，原則として取締役会で募集事項を決定するが，有利発行の場合には，例外的に株主総会の特別決議の手続が要求されるうえに（会社240条1項・238条2項3項・309条2項6号），取締役は株主総会決議に際して有利発行を必要とする理由を説明しなければならない（会社238条3項）。非公開会社では，有利発行の場合に限らず，原則として株主総会の特別決議で募集事項を決定するが（会社238条2項・309条2項6号），有利発行の場合には，取締役は株主総会決議に際して有利発行を必要とする理由を説明するよう求められる（会社238条3項）。

　こうした有利発行規制の趣旨は，新株予約権の発行時において引受人に当該新株予約権の価値評価額（公正な払込金額）を会社に払い込ませれば，将来既存株主に生じると予想される経済的損失がいわば事前に塡補されることになるから，少なくとも新株予約権の発行時点では，既存株主に経済的損失は生じないという考え方[1]を前提に，公正な払込金額を特に下回る払込金額を定める場合にのみ，既存株主の経済的利益を保護するため，特別な規制を課することにある。

　問題は，どのような場合に有利発行とされるかであり，この点は募集株式の発行等の場合と少し異なっている。すなわち，会社法の規定上，募集新株予約権の有利発行とは，①新株予約権の払込金額を無償とする場合は，その

---

1) 本書第13章3 [1] 参照。

ことが「当該者に特に有利な条件であるとき」（同項1号），②有償とする場合は，「払込金額が当該者に特に有利な金額であるとき」（同項2号）であるとされている。このうち，まず②の場合には，二項モデルやブラック＝ショールズ公式などのオプション評価モデルによって算出された新株予約権の価値評価額（公正な払込金額）を特に下回る金額を払込金額とすると，「払込金額が当該者に特に有利な金額であるとき」に該当する。

　他方，①の場合には，払込金額を無償とすることは基本的に「当該者に特に有利な条件であるとき」に該当するが，諸般の事情を考慮して，例外的に「当該者に特に有利な条件であるとき」に該当しないとされる場合もある。例えば，転換社債型の新株予約権付社債の場合には，新株予約権と社債がいわば一体であるため（新株予約権が行使されると社債が消滅する），価値評価も新株予約権と社債を一体として行う方が価値評価の適正性という点では望ましいとも考えられる[2]。ところが，そうなると新株予約権部分だけの価値評価額が出ない（新株予約権付社債全体としての価値評価額しか出ない）ため，実務上は便宜的に払込金額を無償とすることが行われる。こうした取扱いがなされるときも，新株予約権付社債における社債の払込金額（会社676条1項9号。新株予約権付社債の場合はその発行時に新株予約権の払込金額と社債の払込金額の合計額が会社に払い込まれる）が，新株予約権と社債を一体としてオプション評価モデルで算出された公正価額を特に下回るものでなければ，「当該者に特に有利な条件であるとき」には該当しないと解される。

[3] 支配権移転が生じうる場合

　募集新株予約権の発行によって支配権の移転が生じうる場合についても，会社支配権の移転は取締役会ではなく株主が決定すべきとする考え方[3]のもと，募集株式の発行等の場合とパラレルな規定が置かれている。すなわち，公開会社では，親会社以外の引受人に対し，株主割当て以外の方法により，

---

[2] 田中亘「オートバックスセブン事件」中東正文＝大杉謙一＝石綿学編『M&A判例の分析と展開Ⅱ』（経済法令研究会，2010年）61-62頁参照。なお，久保田安彦「転換社債型新株予約権付社債と有利発行規制」同『企業金融と会社法・資本市場規制』（有斐閣，2015年，初出2005年）153-155頁も参照。

[3] こうした考え方の正当化根拠につき，本書第11章4[1]参照。

支配権移転を可能にするほどの募集新株予約権を割り当てる場合には，そのことを株主に通知または公告しなければならない。具体的には，当該引受人およびその子会社が引き受けた募集新株予約権を行使して株式の交付を受けた場合に有することとなる最大の議決権の数が，そうした場合における総株主の議決権の 2 分の 1 を超える場合である（会社 244 条の 2 第 1 項）。例えば，発行済株式総数 100 株・総株主の議決権 100 個の会社が，新株予約権 1 個あたりの目的株式数が 1 株である新株予約権を非株主である A に 120 個割り当てる場合を考えてみよう。この場合，A が割当後に新株予約権を実際に行使するかどうかは不確定であるが，仮に全部を行使して会社から新株 120 株の発行を受けるとすれば，会社の発行済株式総数は 220 株，総株主の議決権は 220 個となる。そして，その場合の A の持株数は 120 株，議決権数は 120 個になって，総株主の議決権 220 個の 2 分の 1 を超えるから，A への割当てについては，株主への通知・公告が要求されることになる。

　当該通知・公告の日から 2 週間以内に，総株主の議決権の 10% 以上を有する株主が反対する旨の通知をした場合には，原則として，当該引受人（特定引受人）への募集新株予約権の割当てについて，株主総会の特則普通決議（定款による定足数の引き下げは 3 分の 1 までしか許されない点で通常の普通決議とは異なる）による承認が要求されることは（同条 5 項本文・6 項），募集株式の発行等の場合と変わらない。

[4] その他，募集株式の発行等の場合との相違点

　既に触れた点もあるが，主な違いは以下の 5 点である。第 1 に，募集株式の発行等の場合は，会社に払込みがなされるのは，払込金額の払込みだけであるのに対し，募集新株予約権の発行の場合は，払込金額の払込み（会社 246 条。募集新株予約権発行の対価としての払込み）に加えて，（新株予約権が行使される場合には）権利行使価額の払込み（会社 281 条。新株予約権の行使による株式発行の対価としての払込み）がなされる。

　第 2 に，募集株式の発行等の場合は，引受人が払込金額の全額を払い込んで初めて，効力が生じる（引受人が株主になる）（会社 209 条）。これに対し，募集新株予約権の発行の場合は，引受人が払込金額の全額を払い込んでいるか否かにかかわらず，募集事項として定められた割当日に効力が生じる（引受人が新株予約権者となる）（会社 238 条 1 項 3 号・245 条 1 項）[4]。ただし，新株予

約権者が払込金額を払い込まないまま，新株予約権を行使して株式の発行を受けるのは不当だから，新株予約権者は，払込金額の全額を払い込まないかぎり，新株予約権を行使することができないとされている（会社246条3項）。

第3の相違点として，募集株式の発行等には新株発行と自己株式処分が含まれ，両者には同一の手続規制が課されるのに対し（会社199条1項），募集新株予約権の発行は新たに新株予約権を発行する場合だけを指し，会社が保有する自己新株予約権の処分は含まれない。このため，例えば自己新株予約権を安い対価で第三者に売却する場合でも，有利発行規制は適用されず，公開会社・非公開会社のいずれにあっても株主総会特別決議の手続は要求されないようにみえる。ただし，新たな新株予約権の発行と自己新株予約権の処分とでは既存株主に及ぼす影響に変わりがないことから，立法論としては同一の規制を課すべきであろう。

第4に，募集株式の発行等の場合は，払込金額を無償にすることは許されないのに対し（会社199条1項2号参照），募集新株予約権の発行の場合は，払込金額を無償にすることも許される。これは，募集新株予約権の払込金額の払込みは出資（株式発行の対価）ではないため，無償としても構わないという考え方によるものである。なお，募集新株予約権の場合に出資とされるのは権利行使価額の払込みであり，そのため，権利行使価額を無償とすることは許されない（会社236条1項2号参照）。

第5に，会社の承諾があれば，新株予約権の払込金額につき，金銭による

---

4) 会社法上，募集新株予約権発行の効力発生について，このように定められているのは，ストック・オプションとして新株予約権が発行される場合を考慮したためである。すなわち，ストック・オプションに関する会計基準によれば，取締役や従業員等から職務執行を受ける対価として会社がストック・オプションを発行するとき，発行されるストック・オプションは費用として会計処理される。こうした会計処理と揃える形で，会社法上の取扱いとしても，取締役等が会社で職務執行を行って報酬債権を得たうえで，新株予約権の払込金額の払込みに代えて，当該報酬債権をもって相殺する（会社246条2項参照）といった法律構成を用いることが考えられる。ところが，仮に払込金額の全額を払い込まないかぎり新株予約権発行の効力が生じないと規定すると，「当該新株予約権の対価とされている職務執行」を行うべき期間が終了するまで新株予約権が発行されないことになり，その期間については，新株予約権原簿を通じた開示（会社249条・252条）などの規制を及ぼすことができなくなってしまう。そこで，会社法上は，割当日に新株予約権の効力が生じるとしたうえで，払込金額の払込みは権利行使のための条件として整理されることになった。

払込みに代えて、金銭以外の財産を給付することも許されるが（会社246条2項），その際，募集株式の発行等の場合とは異なり，検査役の調査は不要である。これも，募集新株予約権の払込金額の払込みは出資ではないため，払込みの確保のために検査役調査を要求することまでは必要ないと考えられた結果である。なお，募集新株予約権の場合に出資とされるのは権利行使価額の払込みであるため，権利行使価額の払込みに関しては現物出資規制が用意されている（会社284条）[5]。

3 | 新株予約権の行使条件の決定手続

[1] 新株予約権の行使条件の決定を委任することの可否

　株主総会決議で新株予約権の募集事項の決定をすべき場合に，当該株主総会決議では新株予約権の行使条件を決定せず，取締役会や代表取締役に行使条件の決定を委任することは許されるのであろうか。この問題については，主に非公開会社の場合をめぐって，以下のような消極説と積極説の対立がある（公開会社の場合にも，株主総会決議で募集事項の決定をするとき〔有利発行のとき〕，および，239条1項に基づく決定の委任をするときには同様の問題が生じる）。なお，登記実務上は，消極説がとられている。

　まず消極説は，会社法上，非公開会社は，新株予約権の募集事項としての新株予約権の内容を株主総会で決定しなければならず（238条1項1号・2項），募集事項の決定を取締役会（取締役会非設置会社では取締役）に委任するときも，「その委任に基づいて募集事項の決定をすることができる募集新株予約権の内容」は株主総会で定める必要があるところ（会社239条1項1号），新株

---

[5] 転換社債型新株予約権付社債の場合には，新株予約権の権利行使価額の払込みに代えて会社に社債を現物出資することになるから（このため新株予約権〔転換権〕の行使によって社債は消滅する），検査役の調査が必要になるようにみえる。もっとも，新株予約権者が新株予約権（1個の新株予約権という趣旨であると解されている）の行使によって交付を受ける株式数が発行済株式総数の10％を超えない場合には，例外的に検査役調査が不要であるとされているため（会社284条9項1号），転換社債型新株予約権付社債の場合について，新株予約権の行使に際して検査役調査が必要になる場合はほとんど考えられないといわれる（相澤哲＝葉玉匡美＝郡谷大輔編『論点解説　新・会社法』〔商事法務，2006年〕255頁）。

予約権の行使条件は，新株予約権の内容を定める会社236条1項各号に掲げられていないが，行使条件が定められた場合には当該条件は新株予約権の内容になるため，結局，行使条件は常に株主総会決議で定めるべきであるとする[6]。

　これに対し，多数説は，積極説に立っている。積極説は，消極説が根拠とする上記の規定文言は，必ずしも決定的な理由にはならないという。というのも，新株予約権の内容のうち，会社法236条1項各号に掲げられている事項とそれ以外の事項とを区別し，会社法238条1項1号および239条1項1号でいう「新株予約権の内容」は前者に限られると解する余地もあるからである。仮にこうした解釈によれば，会社法の規定上は，会社法236条1項各号所定の事項以外の事項（新株予約権の行使条件など）については，総会特別決議で取締役会に決定を委任することも禁じられていないことになる。そうすると，むしろ重要なのは，行使条件の決定の委任を禁じるべき実質的理由があるかどうかであるが，積極説は，そうした実質的理由は見当たらないとする。なぜなら，新株予約権に行使条件を付すことは，その行使を制約する方向に働くものであるため，もともと濫用の危険はさほど大きくないうえに，株主総会決議による委任の趣旨による制約も課されると解されるため，それによって濫用の危険を防ぐことができるからである[7]。

[2] 株主総会決議で定めた新株予約権の行使条件を取締役会決議で変更・廃止することの可否

　株主総会決議で新株予約権の募集事項を決定する際に，当該株主総会決議で新株予約権の行使条件も定めた場合（株主総会決議で行使条件の決定を取締役会等に委任できると解した場合は〔上記[1]参照〕，そうした株主総会決議による委任に基づいて取締役会等が行使条件を決定した場合を含む），新株予約権の発行後に，当該行使条件を取締役会決議で変更したり廃止したりすることは

---

6) 相澤哲編『Q&A会社法の実務論点』（金融財政事情研究会，2009年）25頁，最判平成24年4月24日民集66巻6号2908頁の寺田逸郎裁判官補足意見。
7) 多数説の主張内容も含めて，学説の議論状況につき，久保田安彦「行使条件違反の新株予約権の行使による株式発行の効力（下）——最高裁平成24.4.24判決の検討」商事法務1976号（2012年）15頁以下参照。

許されるであろうか。最判平成24年4月24日民集66巻6号2908頁では，この点が問題となったところ，同最判は，行使条件の細目的な変更にとどまる場合を除き，取締役会決議によって変更・廃止することは許されず，取締役会で変更・廃止を決議したとしても当該取締役会決議は無効である（したがって当該行使条件は変更・廃止されていないことになる）旨を判示した。

こうした判示の理由付けは，以下のようなものである。すなわち，行使条件が事後的に変更・廃止されると，それが細目的な変更でない限り，株主にとっては新たに別の内容の新株予約権が発行されるのと同様の影響が及ぶことになる。それを取締役会決議の手続だけで行うことを許してしまうと，新株予約権の発行に係る株主総会決議の手続を潜脱する手段として利用される危険が大きいから，許すべきではない。

4　株主の救済策

[1] 募集新株予約権の発行の差止め

募集新株予約権の発行に瑕疵がある場合，その効力発生日（つまり割当日〔会社245条1項〕）の前であれば，株主は当該発行の差止めを求めることができる（会社247条）。その要件は，募集株式の発行等の差止め（会社210条）と同様である。

[2] 募集新株予約権発行の無効・不存在

新株予約権の発行に瑕疵がある場合，いったん募集新株予約権の発行が効力を生じた後は，株主は，募集新株予約権発行の無効または不存在を主張することになる。そして，募集新株予約権の発行の場合にも，募集株式の発行等の場合と同じく，無効の訴えの制度（会社828条1項4号2項4号・834条4号・838条・839条・842条）および不存在確認の訴えの制度（会社829条3号・834条15号・838条）が用意されている。

問題は，何が無効原因や不存在事由に該当するのかである。会社法上，募集新株予約権の発行については，募集株式の発行等の場合とパラレルな手続規制が用意されていることからすれば，募集新株予約権の発行の無効原因・不存在事由も，募集株式の発行等の場合とパラレルに考えてよいであろう[8]。こうした解釈に対しては，募集株式とは異なり，新株予約権は多くの場合で

あまり流通しないことから，取引の安全確保の要請が比較的弱く，それゆえ無効原因・不存在事由を拡げてよいとする指摘もありうる[9]。しかし，新株予約権付社債のように流通市場が形成されているものもみられる以上，取引の安全にも同等の配慮をせざるをえないと思われる[10]。

[3] 新株予約権の行使による株式発行の差止め

違法な新株予約権発行が行われた後，当該新株予約権が行使されようとしている場合には，もはや新株予約権発行無効の訴えの提起では間に合わないから，株主としては，当該新株予約権の行使による株式発行の差止めを求めるべきことになる。学説上，様々な議論があるが，新株予約権の行使による株式発行については，210条の類推適用に基づく差止めが認められるとする見解が有力である[11]。

問題は，どのような場合に上記の差止めが認められるべきかである。この点も様々な議論があるが，少なくとも，①新株予約権の発行に無効原因があり，しかも，新株予約権発行無効の訴えの提訴期間が過ぎていない状況で（提訴期間が過ぎていれば新株予約権発行は有効で確定する），当該新株予約権が行使されようとしている場合，および②行使条件に違反した新株予約権の行使など，新株予約権の違法な行使がなされようとしている場合には，かかる

---

8) 江頭憲治郎『会社法〔第7版〕』（有斐閣，2017年）811頁，吉本健一『会社法〔第2版〕』（中央経済社，2015年）337頁。なお，新株予約権発行の不存在をめぐる議論につき，詳しくは久保田安彦「新株予約権発行の瑕疵とその連鎖」同『企業金融と会社法・資本市場規制』（有斐閣，2015年，初出2011年）185頁以下参照。

9) 吉本健一「新株予約権の行使による株式発行等の差止めおよび無効」奥島孝康先生古稀記念論文集編集委員会『現代企業法学の理論と動態・第1巻（上篇）』（成文堂，2011年）245頁注14参照。

10) 新株予約権付社債の場合とそれ以外の新株予約権の場合とで，無効原因を区分して考えるというアイデアもありうるが（吉本・前掲注7）241頁参照），どのように区分するかの基準が必ずしも明らかでない，条文上の根拠に欠けているなどの難点がある（久保田・前掲注6）175-176頁参照）。

11) 同条の〔類推〕適用があることを前提に差止めを認めた裁判例として，東京高決平成20年5月12日金判1298号46頁などがある。また，学説の議論状況につき，詳しくは久保田・前掲注8）169頁以下，神田秀樹編『会社法コンメンタール（5）』（商事法務，2013年）106-107頁〔洲崎博史〕参照。

新株予約権の行使による株式発行の差止めが認められると解される。

なお，①の場合には，210条所定の差止事由のいずれに該当するかが問題となるところ，以下のような解釈が考えられる。すなわち，①の場合，本来，取締役は新株予約権発行無効の訴えを提起すべきであるのに，そうした措置をとることなく，新株予約権の行使に応じて株式発行を行うことは善管注意義務違反となり，①そのことが同条1号の法令違反に該当する，または②同条2号所定の不公正発行であることを基礎づけるという解釈である[12]。

[4] 新株予約権の行使による株式発行の無効

新株予約権が行使され，株式発行がなされたが，その新株予約権の行使に瑕疵がある場合には，株式発行の効力が問題となる。例えば，新株予約権の行使には権利行使価額の全額の払込みが必要であるのにそれがない場合，権利行使期間の始期が到来していないのに権利行使をした場合，権利行使の条件が成就していないのに権利行使をした場合などである。また，新株予約権の発行に無効原因がある場合にも，その新株予約権の行使による株式発行の効力は問題になりうる。

①株式発行の無効原因

どのような場合に新株予約権の行使による株式発行は無効とされるのであろうか。最判平成24年4月24日民集66巻6号2908頁は，非公開会社が株主割当て以外の方法により発行した新株予約権に株主総会決議によって行使条件が付され，かつ，当該行使条件が当該新株予約権を発行した趣旨に照らして当該新株予約権の重要な内容を構成している場合は，当該行使条件に違反した新株予約権の行使による株式発行は無効であると判示している。これは，以下の理由によるものである。すなわち，非公開会社で，株主総会の特別決議を経ないまま株主割当て以外の方法による募集株式の発行等がされた場合には，株主がその意思に反して支配的利益を害されるので，当該募集株式の発行等は無効である。そして，それとの均衡からは，上記のように，非公開会社において，重要な行使条件に違反した新株予約権の行使によって株

---

12) 久保田・前掲注8) 178頁。ただし，多数説は，善管注意義務違反は会社法210条1号の法令違反に該当しないと解しているから，こうした多数説に立つときは，上記①の解釈はとれないことになる。

式発行が行われる場合にも，株主がその意思に反して支配的利益を害される点では変わらないため（株主は当該行使条件が付されているからこそ株主総会決議で当該新株予約権の発行に賛成したはずである），やはり当該株式発行は無効であると解すべきである。

それでは，新株予約権発行に無効原因があるのに，新株予約権が行使されて株式の発行が行われた場合はどうであろうか。この問題については，当該新株予約権が行使されたのが新株予約権発行無効の訴えの提訴期間経過前である限り，株式発行は無効であると解される。逆にいえば，新株予約権発行に無効原因があった場合でも，新株予約権が行使されたのが新株予約権発行無効の訴えの提訴期間の経過後であれば，もはや新株予約権発行の無効原因は治癒しているため，新株予約権発行は有効なものとして確定するから，当該新株予約権の行使による株式発行も有効であるとみるべきであろう。

②無効の主張方法

上記のように新株予約権の行使による株式発行等が無効とされる場合でも，株主等がその無効をどのような方法で主張すべきかは別途問題になりうる。ここでの問題は，新株予約権の行使による株式発行の無効主張について，株式発行無効の訴えに関する規定（会社828条1項2号3号・2項2号3号）が（類推）適用（規定文言上，募集株式の発行等に限定されていないから，類推適用ではなく，直接適用できるとする見解もありうる）されるかどうかである。仮に（類推）適用されるとすれば，無効を主張するためには，提訴期間内に株式発行無効の訴えを提起しなければならないことになる。この問題について，上記の最判平成24年4月24日は，（類推）適用されることを前提としているようであるが，その理由は明らかにされていない。

他方，学説上は，取引の安全を図るため（類推）適用すべきとする見解（積極説）と，（類推）適用に消極的な見解（消極説）とが対立している[13]。消極説は，新株予約権がバラバラに行使されて株式の発行がなされた場合に，その一つ一つについて無効の訴えを提起しなければならないとするのはあまりに煩雑であること，また，そのようにバラバラに新株予約権が行使された場合は，いつ株式発行がなされたのかを株主が認識するのが困難で，提訴期間の制限を課すべきではないことを理由としている。消極説が想定しているのは，

---

13) 学説の議論状況につき，詳しくは久保田・前掲注8）180頁以下参照。

上場会社で新株予約権・新株予約権付社債の公募発行や株主割当発行がなされた場合など，多数の新株予約権者が存在する状況である。

たしかに，そのような状況を考えると消極説の論拠ももっともである。しかし反面で，そうした状況であればこそ，消極説だと法律関係の安定が害される危険が大きいように思われる。また，事後的に新株予約権の行使による株式発行を無効にすることで株主の救済をはかる必要が最も大きいのは，実質的には株主の支配的利益の保護が問題となっている場合である[14]。損害賠償による救済が困難であるからであるが，そうした場合には，新株予約権が特定の第三者に保有されているのが通例であって，バラバラな権利行使というのは考えにくいため，消極説が想定するような問題状況は生じにくい。さらに，そもそも非公開会社の場合には，新株予約権者の数も少ないであろうから，例えばバラバラに権利行使されたとしても，それらについて無効の訴えを提起することはそう煩雑ではない。以上のことを総合的に考えると，積極説が妥当であるといえる[15]。

[5] 関係者の責任

株主の救済は，関係者（引受人，取締役・執行役，現物出資に係る証明者）の

---

14) 例えば，公開会社の事例でいえば，平成26年改正で導入された，支配権移転が生じうる場合の規制（上記2[3]）に違反して新株予約権が発行された場合，非公開会社の事例でいえば，新株予約権発行に係る募集事項を決定するための株主総会決議を欠く場合が挙げられる。いずれの場合にも，新株予約権発行に無効原因が認められると解されるため（株式発行の場合と同様の解釈である。株式発行の場合につき，本書第11章5［公開会社の事例］および第12章3[2]［非公開会社の事例］参照），当該新株予約権が行使されたのが新株予約権発行無効の訴えの提訴期間経過前である限り，新株予約権の行使による株式発行等には無効原因が認められる。なお，公開会社の事例では，新株予約権発行に際して株主への通知・公告を欠くときにも，原則として新株予約権発行は無効であると解されるが（募集株式の発行等の場合につき最判平成9年1月28日民集51巻1号71頁，最判平成10年7月17日判時1653号143頁参照），そうした場合にも，実質的には株主の支配的利益の保護が問題となっていることは少なくない。
15) なお，新株予約権の行使による株式発行が不存在とされる場合もありうるところ，この場合には株主等はどのような方法で不存在を主張してもよく，訴えによる場合（株式発行不存在の訴えに関する規定が［類推］適用される）も提訴期間の制限は課されないと解される（どのような場合に不存在事由が認められるかも含めて，久保田・前掲注8) 196頁参照）。

会社に対する責任を追及することでも実現しうる。会社法は，①取締役と引受人の通謀により不公正な払込金額で募集新株予約権の発行がなされた場合（これは適法な株主総会決議を経ずに有利発行が行われた場合のことであると解されている）における差額支払責任（会社285条1項1号・2号），②募集新株予約権の権利行使価額の払込みについて現物出資財産の過大評価が行われた場合における不足額支払責任（会社285条1項3号・286条，会社規則60条），③募集新株予約権の払込金額の払込みについて，引受人による仮装払込みが行われた場合における支払責任（会社286条の2第1項1号・286条の3），④募集新株予約権の権利行使価額の払込みについて，新株予約権者による仮装払込みが行われた場合における支払責任（会社286条の2第1項2号3号・286条の3）に関して，募集株式の発行等の場合と同様の特別な規定を用意している（なお上記③④の支払責任を含め，仮装払込みをめぐる法律関係については別の回で取り上げる）。これらの支払責任は，株主代表訴訟の対象になる（会社847条1項）。

上記①③の場合に，関係者の支払責任が生じるのは，新株予約権が行使された場合に限定されている。立案担当者によれば，新株予約権発行時に不公正な払込金額しか払い込まれていない場合，あるいは，払込みが仮装された場合でも，新株予約権が行使され，株式が発行されない限り，最終的には既存株主の持株価値は低下せず，経済的な損失が生じないからであると説明される[16]。

しかし，このような説明には疑問がある。というのも，それらの場合には，当該新株予約権の発行の時点で，いったん株主から引受人への利益移転が生じて，株主は経済的な損失を被ると考えられるからである。募集新株予約権の有利発行について特別な規制（有利発行規制）が課されているのも，そうした考え方によるものであった。そして，このように新株予約権が行使されない場合でも，新株予約権の発行の時点で利益移転が生じるとすれば，それにもかかわらず，引受人が会社に対して何らの義務を負わないとするのは不当であろう。また，仮に引受人が新株予約権を行使した場合に限って支払責任を負うとすると，当該引受人は，不公正な払込金額の払込みや仮装払込みによって新株予約権の発行を受けたうえで，その後の新株予約権の目的株式の

---

[16] 坂本三郎編『一問一答 平成26年改正会社法』（商事法務，2014年）148頁。

株価動向をみながら,支払責任を履行してもなお利得できる場合だけ新株予約権を行使するという機会主義的行動をとることが可能になる。そうした行動を放置することは,不公正な払込金額の払込みや仮装払込みを助長する危険があるから,その意味でも不当であるといえる。したがって,立法論としては,新株予約権発行時に不公正な払込金額しか払い込まれていない場合,あるいは,払込みが仮装された場合には,新株予約権が行使されたかどうかにかかわらず,関係者に支払責任を負わせるべきであろう[17]。

---

17) 久保田安彦「株式・新株予約権の仮装払込みをめぐる法律関係」阪大法学65巻1号(2015年)142頁。

第15章

株式の仮装払込み

1 | はじめに

　平成26年会社法改正によって，仮装払込みに関する規定が新設された。規定の適用場面は，①設立時の株式発行，②募集株式の発行等，③募集新株予約権の発行，④新株予約権の行使にともなう株式の発行に際して，払込みが仮装された場合である。改正法は，これらの場合について，引受人・取締役等に対し，払込みを仮装した金額の全額を会社に支払う責任を課している。そのうえで，そうした支払責任の履行があるまで，引受人および悪意・重過失の譲受人は払込みが仮装された株式について株主としての権利を行使できないとする一方，善意・無重過失の株式譲受人は権利行使ができることを定めている。

　こうした改正の直接的な契機となったのは，近年続発していた上場会社による不公正ファイナンスの事例であるが，後述するように，改正法の主眼は，不公正ファイナンスの防止というより，むしろそれによって顕在化した法律関係の不明確さとそこから生じる問題を解決することにあったと理解される[1]。しかし，このように改正法は，法律関係の明確化を目的にしながらも，特定の解釈を前提とせずに立法作業が行われたという経緯[2]もあって，いまなお仮装払込みの法律関係（仮装払込みによる株式発行・新株予約権発行の効力

---

1) 笠原武朗「仮装払込み」法律時報87巻3号（2015年）24頁。また，山本爲三郎「仮装払込による募集株式の発行等」同『株式譲渡と株主権行使』（慶應義塾大学法学研究会，2017年，初出2015年）422-424頁も参照。
2) 坂本三郎編『一問一答　平成26年改正会社法』（商事法務，2014年）144-145頁。

など）には不明確な点が残されている。

そこで本章では、こうした仮装払込みについて、まずは改正の背景事情や改正法の内容を概観する。その後、仮装払込みの法律関係をめぐる学説の議論状況を整理したうえで、さらに、仮装払込みに関する規定が適用される仮装払込みの意義について取り上げることにしよう。なお、仮装払込みに関する規定は上記①から④の場面に適用されるが、本章では②募集株式の発行等の場面だけを取り上げることにしたい（もっとも、本章で述べることは基本的には①③④の場面にも当てはまる）。

2 │ 平成 26 年改正の背景事情

近年、上場会社がいわゆる不公正ファイナンスを実施する事例が続発して、社会的な注目を集めた。例えば、上場会社の第三者割当増資にあたり、引受人（支配株主など）が払込金額の払込みを仮装したうえで、取得した株式を市場で売り抜けて利益をあげるといった事例である。

平成 26 年改正の立案担当者によれば、同改正前の会社法の下では、仮装払込みが行われると既存株主から当該引受人への利益移転が生じると説明される。つまり、払込みを仮装した株式引受人は、財産を拠出することなく株式を取得することになる。その一方で、財産が拠出されないまま発行済株式総数が増加することにより、既存株主が有する株式1株あたりの価値が減少（希釈化）するから、既存株主から株式引受人への利益移転が生じるというのである[3]。

もっとも、従来から、仮装払込みは払込みとしての効力を有しないとするのが判例（最判昭和38年12月6日民集17巻12号1633頁）・多数説[4]であったから、素直に考えれば、仮装払込みの場合にも、払込みをしないときは引受人は失権する旨の規定（会社208条5項）が適用されることになりそうである。そうだとすれば、引受人による株式引受行為も無効となって、株式も成立しない（発行済株式総数も増加しない）以上、仮装払込みによって利益移転は生

---

3) 坂本・前掲注2) 138-139 頁。
4) 平成 26 年改正前会社法の下での学説の議論状況につき、松井英樹「会社法における資本原則と株式仮装払込の効力」中京学院大学法学論叢 23 巻 1 号（2010 年）124 頁以下参照。

じないはずである。また，仮に株式が有効に成立するとした場合でも，払込みを仮装した引受人が依然として払込義務（出資義務）を負うと解すれば，引受人の資力にもよるが，やはり利益移転は是正されうる。しかし，平成26年改正前会社法の下で，これらの点の解釈は判然としない状況であった。

そのような中，平成26年会社法改正法によって仮装払込みに関する規定が新設された。上記のことに鑑みると，改正法の主眼は，不公正ファイナンスの防止というより，むしろそれによって顕在化した，上記のような法律関係の不明確さとそこから生じる問題を解決することにあると理解すべきであろう[5]。

3 | 平成26年改正法の概要

[1] 募集株式の仮装払込みに関する責任

募集株式の引受人が払込金額の払込みを仮装した場合には，①当該引受人および②かかる仮装払込みに関与した取締役・執行役は，払込みを仮装した払込金額の全額を会社に対して支払う責任を負う（会社213条の2第1項1号，213条の3第1項本文）。現物出資が行われたときに，募集株式の引受人が現物出資財産の給付を仮装した場合には，当該引受人は，（a）給付を仮装した現物出資財産の給付をする責任，または，（b）会社が当該給付に代えて当該財産の価額に相当する金銭の支払を請求した場合には当該金銭の支払をする責任を負う（会社213条の2第1項2号）。仮装給付に関与した取締役・執行役については，（a）の責任は負わせても履行が期待できないため，（b）の責任だけが課されている（会社213条の3第1項本文）。ただし，仮装払込みや仮装給付に関与した取締役・執行役も，その職務を行うについて注意を怠らなかったことを証明すれば，上記の責任を免れる（会社213条の3第1項ただし書）。

取締役・執行役の責任はもちろん，仮装払込み・仮装給付をした引受人の責任も，適切な責任追及が必ずしも期待できないことから，株主代表訴訟の対象になるとされている（会社847条1項）。

なお，取締役・執行役が上記の支払責任を履行した場合でも，株式が当該

---

[5] もっとも，平成26年改正法には，立法論的な批判も強いところである（来住野究「株式仮装払込の効力と立法政策」明治学院大学法学研究98号〔2015年〕109頁）。

取締役等に帰属するとする規定は置かれていないため、引受人またはその承継人に株式が帰属すると解すべきである[6]。そのうえで、支払責任を履行した取締役・執行役は、払込みを仮装した引受人に対して支払額を求償できると解される（民500条・501条）[7]。

[2] 権利行使の制限

会社法上、引受人や取締役・執行役が上記の義務を履行しない場合は、履行するまでの間、当該引受人は、仮装払込みまたは仮装給付が行われた募集株式について株主の権利を行使できない旨が規定されている（会社209条2項）。これは、実質的にみて出資の履行がなされていない以上、株主の権利行使を認めるべきではないと考えられるからである。ただし、仮装払込み・仮装給付がなされたことを知らずに株式を譲り受けた者にまで権利行使を認めないことにすると、株式の取引の安全が害される。そこで、募集株式の譲受人は、悪意または重過失がない限り、株主の権利を行使することができるとされている（会社209条3項）。

4│募集株式の仮装払込みをめぐる法律関係

平成26年改正によって仮装払込みに関する規定が整備されたが、依然として規定からは必ずしも明らかでなく、解釈に委ねられている点も残されている。

[1] 仮装払込みの払込みとしての効力

第1の問題は、仮装払込み（上記のような仮装払込みに関する規定が適用されるもの）の払込みとしての効力である。払込有効説も有力に主張されているが[8]、学説の多くは払込無効説に立っている[9]。払込無効説の主たる根拠は、払込有効説の立場では、なぜ引受人・取締役等に支払責任が課されることの

---

6) 坂本・前掲注2) 144頁、松尾健一「資金調達におけるガバナンス」商事法務2062号（2015年）33頁。
7) 山本・前掲注1) 436頁。
8) 弥永真生『会社法〔第14版〕』（有斐閣、2015年）293頁。

説明が難しいのに対し，払込無効説の立場では，すぐ後に述べる第2の問題についてどのように解するかによって説明は異なりうるものの，比較的無理のない説明が可能であることに求められる（例えば後述する株式発行無効原因説や株式発行有効説では，仮装払込みの場合について，払込みがないときには引受人が失権する旨の規定〔会社208条5項〕は適用されないと解するため，引受人は依然として出資履行義務を負い続けていることになり，それを確認的に定めたのが引受人の支払責任を定める規定であると説明される）[10]。

[2] 仮装払込みに係る株式の成否と株式発行無効原因の有無

第2の問題は，払込みが仮装された株式は有効に成立するか，また，仮にそれを肯定した場合には，株式発行に無効原因が認められると解すべきかである。この問題については，以下の3つの見解が主張されている。すなわち，①払込みが仮装された株式は未成立（不存在）であるとする見解[11]，②株式は引受人の下で一応有効に成立するが，引受人または悪意・重過失の譲受人の手許に株式がある場合は，株式発行の無効原因が認められるとする見解[12]，③株式は引受人の下で有効に成立し，株式発行の無効原因もないとする見解[13]である。

それでは，上記のいずれの見解が妥当だろうか。ポイントは，いずれの見解であれば，（a）他の株主に十分な救済手段を与えることができるか，（b）仮装払込みに関する会社法上の規定と整合的であるか（解釈論としての無理の

---

9) 払込無効説に立つものとして，野村修也「資金調達に関する改正」ジュリスト1472号（2014年）31頁，笠原・前掲注1）29頁，松尾・前掲注6）31頁，山本・前掲注1）431頁，吉本健一『会社法〔第2版〕』（中央経済社，2015年）301頁，久保田安彦「株式・新株予約権の仮装払込みをめぐる法律関係」阪大法学65巻1号（2015年）122頁参照。

10) このように仮装払込み（仮装払込みに関する規定が適用されるもの）の払込みとしての効力をめぐる議論は，主に法律関係の説明の仕方に影響を与えるにすぎない。ただし，会社設立の場面では，払込無効説をとると，払込有効説をとるときよりも，仮装払込みが設立無効原因に結びつく場合が増えるという実際的な違いが生じる（後掲注17）参照）。

11) 江頭憲治郎『株式会社法〔第7版〕』（有斐閣，2017年）112頁注2・767頁注6。

12) 久保田・前掲注9）122頁以下。また，山本・前掲注1）432-433頁も，結論は留保しつつも，抜本的解決の方法として株式発行無効の訴えを活用できないか，困難ではあるが検討すべき問題であるとする。

13) 野村・前掲注9）31頁，笠原・前掲注1）29頁，松尾・前掲注6）32頁。

なさ）である。

　まずは（a）株主の救済手段を考えてみよう。①説・②説・③説とも，株主は引受人・取締役等の支払責任を株主代表訴訟によって追及できる。ただし，それだけでは必ずしも十分ではないと考えられる。第1に，善意・無重過失の者に株式が譲渡されると，支払責任の履行前でも株主権が行使されてしまうから，かかる株式譲渡を防止する手段も必要になる。第2に，引受人・取締役等が資力を有しないなどの理由で，支払責任が履行される見込みが薄い場合も少なくないと予想されるから，支払責任の追及も実効的な救済手段になるとは限らない。

　この点について，①説だと，引受人から善意・無重過失の者に株式が譲渡され，当該者による株主権の行使が行われるのを防ぐため，当該株式不存在確認の訴えを本案として，引受人による株式譲渡の禁止を命じる仮処分（民事保全23条1項）を求めること，②説だと，株式発行等無効の訴え（会社828条1項2号3号）の提訴期間内であれば，当該訴えを本案として同様の仮処分（民事保全23条2項）を求めることも可能になるから[14]，これらの点で①説・②説は，③説よりも優れている。ただし，②説③説の論者の一部からは，株主は，株主権に基づく妨害予防請求権を被保全権利として同様の仮処分（同項）を求めうる（申立期間の制限はない）とする解釈論も主張されているから[15]，こうした解釈論を前提にすると，①説・②説・③説の間に優劣はないことになる[16]。

　また，既述のように，引受人等による支払責任の履行の見込みが薄い場合もありうるところ，そのような場合に株主は，①説だと株式不存在確認の訴え（提訴期間の制限はない），②説だと株式発行無効の訴え（会社828条1項2号。提訴期間の制限がある）を提起することができる。請求認容の確定判決が

---

14)　会社法上，設立時発行株式の発行無効の訴えが法定されていないから，設立の場面については②説（無効原因説）は成立し得ないようにもみえる。しかし，設立時発行株式の発行無効についても，株式発行無効の訴えに関する規定（828条1項2号など）を類推適用すべきとする見解が有力に主張されているので（吉本健一「株式払込みの無効と当該株式の効力」永井和之＝中島弘雅＝南保勝美編『会社法学の省察』〔中央経済社，2012年〕163頁，吉本・前掲注9）302頁注9），この見解に立てば，設立の場面についても②説（無効原因説）は成立することになる。

15)　笠原・前掲注1）29頁，久保田・前掲注9）127-128頁。

得られれば，支払責任が履行されないまま引受人等が株主権を行使したり，善意・無重過失の者に株式を譲渡したりする危険が根本的に取り除かれるから，この点で①説・②説は，③説よりも優れている[17]。

他方，(b) 規定との整合性という点をみると，①説では，なぜ株式不成立なのに善意・無重過失の譲受人は権利行使できるのかの説明が難しいうえに（会社209条3項に権利創設効があるとみるほかないが，そのような効力は極めて異例である），なぜ引受人も支払責任の履行後だと権利行使できるのかの説明も難しい（引受人は支払の履行によって株式を取得できる一種のコール・オプションを取得すると説明されている）という問題がある。これに対し，②説・③説の立場では，募集株式の発行等は有効（②説だと無効判決が確定するまでは有

16) もっとも，本文で述べたような仮処分は，債務者である引受人等を拘束するだけであるから，仮処分に違反して株式譲渡が行われても，当該譲渡は有効であると解さざるを得ない。そのため，かかる仮処分には，そもそもあまり実効性を期待できないことになりそうである。ただし，特に非上場会社の場合は，裁判所が仮装払込みであるとして仮処分命令を下したという事実が少なくとも会社関係者の間には伝播されると考えられる。そして，実際上，仮装払込みを行った引受人から株式を譲り受けようとする者の多くは会社関係者であろうから，結果的に，かかる会社関係者である譲受人については悪意・重過失が認定されやすくなる（株主権行使の制限が及びやすくなる）という効果を期待できるかもしれない（久保田・前掲注9）128-129頁）。

17) 会社設立の場面に関しては，仮に仮装払込みが設立無効原因につながる場合があるとすると，その場合には，株主は会社設立の無効の訴え（会社828条1項1号）を通じた救済も受けられることになる。

この点について，第1に，設立に際して出資される財産の価額またはその最低額（会社27条4号）に相当する出資がない場合には設立無効原因になると解するのが一般である。そして，①説②説③説のいずれに立つかにかかわらず，仮装払込みは払込みとして無効であると解するときには，仮装払込分の払込みがないことになる結果，設立に際して出資される財産の価額またはその最低額（会社27条4号）に相当する出資がないという場合が生じうるから，その場合には設立無効原因が認められることになる（ただし，発起人等が仮装払込みに関する支払責任を履行すれば設立無効原因は治癒すると解される）。なお，以上の帰結は妥当であると考えられるから，そのことも，仮装払込みの払込みとしての効力を無効であると解すべきことの根拠となる。

第2に，1株も設立時発行株式を引き受けない発起人がいることも設立無効原因であると解されていること（会社25条2項参照）との関係で，①説（株式不存在説）に立つ場合には，かかる設立無効原因が生じることになる。また，②説（無効原因説）に立つ場合でも，設立時発行株式の発行に無効原因が認められるときは（前掲注14）参照），同様の設立無効原因が生じる。

効)であるから、善意・無重過失の譲受人が権利行使できるのは当然であり、ただ、引受人や悪意・重過失の譲受人の場合は権利行使が制限されるとする比較的無理のない説明が可能である。また、②説・③説に立つときは、所定の期間内に払込みがない場合には引受人が失権する旨の規定(会社208条5項)との関係が問題になるが、当該規定は外形上も払込みがない場合に限って適用され、仮装払込みの場合には適用されないという説明が可能である[18]。このように(b)規制の整合性(解釈論としての無理のなさ)という点では、②説③説は、①説よりも優れている。

5 │ 仮装払込みの意義とその該当性の判断基準

　平成26年改正前の判例によれば、仮装払込みとは、「実質的には会社の資金とするの意図なく単に払込の外形を装ったに過ぎないもの」をいう(最判昭和38年12月6日民集17巻12号1633頁〔会社設立時の仮装払込みの事例〕)。理解は分かれうるが、このような判例の見解は、改正法上の仮装払込みに関する規定が適用される仮装払込みの意義についても当てはまる(射程が及ぶ)と理解するのが素直であろう。というのも、上記のような場合には実質的には払込みがないのであるから、仮装払込みに関する規定を適用して、引受人は支払責任が履行されないかぎり株主権を行使できないとするのが妥当であると考えられるからである。

　それでは、個々の事例において「実質的には会社の資金とするの意図なく単に払込の外形を装ったに過ぎないもの」に該当するかどうかは、どのような基準によって判断すべきなのであろうか。この問題について、上記の判例は、いわゆる見せ金の事例(例えば引受人〔通常は取締役や発起人である引受人〕が第三者から借り入れた金銭をもって出資を履行し、その後それを会社の口座から引き出して当該第三者に対する借入金の返済に充てるような事例)について[19]、①

---

18) 野村・前掲注9) 31頁、吉本・前掲注9) 44頁注7。また、実質論としても、仮に仮装払込みの場合に失権規定が適用されるとすると、会社設立の場面においては、発起人の場合には法定の失権手続(会社36条)を経ない限りは失権しないのに、他の者は直ちに失権するなど、失権手続の有無によって株式の成否が変わることになって、妥当でないであろう(松尾・前掲注6) 31頁)。なお、かかる実質論に鑑みると、仮に①説に立つ場合でも、仮装払込みには失権規定は適用されないと解すべきことになりそうである。

会社成立後に（会社設立時の仮装払込みの事例なので「会社設立後に」となっているが，募集株式の発行等の場合であればその効力発生後になる），引受人（当該事例では発起人）が会社の口座から払込金を引き出して借入金を返済するまでの期間の長短，②払込金が会社資金として運用された事実の有無，③払込金を引受人の借入金の返済に充てたことが会社の資金関係に及ぼす影響の有無等を総合的に考慮して払込みの仮装性を判断すべきであるとした（前掲最判昭和 38 年 12 月 6 日）。

このうち①の基準は，会社が払込金を事業活動資金として利用する機会が与えられていたかどうか，②の基準は，仮にそのような機会が与えられていたとしても，実際に事業活動資金として利用していたかどうか（払込金を会社の資金とする意図がなければ，利用機会があっても利用しないであろうから，利用していないことは払込みの仮装性を認定する方向に作用する）に着目するものであると理解される。これに対し，③の基準がどのような意味を持つのかは判然としない。上記判例の差戻控訴審（名古屋高判昭和 41 年 5 月 23 日民集 23 巻 7 号 1086 頁）は，当該事例において，借入金がいったん払込金に宛てられた後に，当該払込金がそのまま返済に回された結果，会社は全くの無資産になったことをもって払込みの仮装性を認定する一要素としている。しかし，なぜそのような事情が仮装性の認定につながるのかも明らかではない。仮に当該払込金がそのまま（会社が事業資金として用いて増やすこともなく）返済に回されたために，会社が無資産になったという点に着目しているとすれば，③は②と実質的に同じ基準であることになる。

典型的な仮装払込みとしては，上記のような見せ金の事例のほかに，いわゆる預合いの事例（引受人が払込取扱機関の役職員と通謀して行う仮装払込み〔最決昭和 35 年 6 月 21 日刑集 14 巻 8 号 981 頁，最決昭和 36 年 3 月 28 日民集 15 巻 3 号 590 頁〕）もある。より具体的に，預合いの事例としては，(a) 引受人が払込取扱機関の役職員と通謀して当該払込取扱機関からの借入金で払込みを

19） 上記判例の事案は，発起人が払込取扱機関から借入れをして出資を履行しているので，見せ金の事例（第三者〔払込取扱銀行以外の第三者〕から借入れをして出資を履行する事例）には該当しないとする見方もある。しかし，払込取扱機関との通謀は認定されていないために，預合いの事例（引受人が払込取扱機関の役職員と通謀して行う仮装払込み）に該当せず，それゆえ，いわば消去法的に見せ金の事例に該当するとする見方が多い。

行ったうえで，その後すぐにそれを会社の口座から引き出して借入金の返済に充てる場合や，(b) 引受人が払込取扱機関の役職員と通謀のうえで払込取扱機関から借入れをし，それを払込みに充てたうえで，借入金を引受人が返済するまでは会社は口座にある払込金の払出しを請求しないこととする旨を約する（不返還の合意をする）場合が挙げられる。

このうち，まず (a) は上記判例の基準に照らすと，「実質的には会社の資金とするの意図なく単に払込の外形を装ったに過ぎないもの」に該当するであろう。なぜなら，会社は払込金を事業活動資金として用いる機会が与えられていない（当然，会社は実際に事業活動資金として利用してもいない）からである。さらに (b) も，払込後，引受人が借入金を返済して会社が口座にある払込金の払出しをできるようになるまでの期間が長ければ，その間，会社は払込金を事業活動資金として利用する機会が与えられないことになるから（当然その間は実際に用いることもない），仮装払込みに該当するものと考えられる。

このように考えると，判例のような立場をとる限り，いわゆる見せ金か預合いかを区別して論じる意味合いは乏しいといえる（実際，判例もそのような論じ方はしていない）。単に仮装払込みとは「実質的には会社の資金とするの意図なく単に払込の外形を装ったに過ぎないもの」をいうとしたうえで，それに該当するかどうかを上記①②（および③）の基準によって判断すれば足りることになるであろう[20]。

20) もっとも，実質論として，こうした解釈が妥当かどうかは別途問題になる。というのも，上記 (b) の預合いの事例に関するかぎり，会社にとっては，引受人・取締役（十分な資力を有しているとは限らない）に支払責任の履行を請求するよりも，払込取扱機関（通常は十分な資力がある）に払込金の支払を請求できるとした方が望ましいと考えられる。そうであれば，むしろ当該引受人による払込みは払込みとして有効であると解したうえで，発起設立の場合にも不返還の合意のみを無効であると解すべきである（募集設立の場合には不返還の合意は会社に対抗できない旨の規定〔会社64条〕があるのでこの点は問題にならない）と考えられるからである。そして，このような解釈をとる場合には，上記 (b) の事例については，結果として仮装払込みがなされなかったのと同じことになるから，仮装払込みに関する支払責任も発生しない（仮装払込みに関する規定が適用される仮装払込みには該当しない）と解すべきことになるであろう（高橋美加＝笠原武朗＝久保大作＝久保田安彦『会社法』〔弘文堂，2016年〕407-408頁〔笠原〕。なお，来住野・前掲注5）125頁以下，伊藤靖史＝大杉謙一＝松井秀征＝田中亘『会社法〔第3版〕』〔有斐閣，2015年〕39頁〔大杉〕も参照）。

第16章

資本制度と100%減資

1 | はじめに

　会社法上，株式会社が剰余金の配当または自己株式の取得を通じて，株主に会社財産を分配する場合には，財源規制が課される。かかる分配財源規制のポイントは，以下のとおりである。①株主への分配の財源にできるのは「分配可能額」であり，分配可能額は，まず「剰余金」を算定し，それに一定の額を増減することで算定される。②基本的には，分配可能額は「純資産－(資本金＋法定準備金)」と同額か，または，それよりも小さい額となる。このように現行の分配財源規制は，資本金・法定準備金を基準として分配財源を定めることから，資本制度とも呼ばれる。

　それでは，こうした分配財源規制としての資本制度はなぜ用意されているのであろうか。上記のように剰余金を算定したうえで分配可能額を算定するという二段階の算定方法がとられているのは，なぜであろうか。また，資本金と法定準備金はそれぞれどのように算定されるのであろうか。さらに，資本金・法定準備金を基準として分配財源を定める現行規制は本当に合理的なのであろうか。

　本章では，まずはそれらの問題を取り上げたうえで，そこで得た知識を踏まえながら，「100%減資」と呼ばれる会社行動についても概説することにしよう。

2 | 分配財源規制としての資本制度

[1] 分配財源規制の必要性

　株式会社の資産（総資産）のうち，負債に相当する額は，基本的に債権者に帰属すべきものであり，最終的には債権者に引き渡される（支払われる）ことになる。そうすると，株主に帰属すべきなのは，基本的には，資産の残りの部分（資産－負債＝純資産）である。このことを反映して，会社法上，会社を解散する場合には，清算手続の中で，会社はその保有する資産を処分・換価したうえで，まずは会社債務を弁済し，その終了後に残った資産は，株主に分配されるものとされている（会社502条本文。残余財産の分配）。

　このように株式会社の純資産が基本的に株主に帰属すべきものであるなら，会社を解散せず継続する場合にも，株主が望めば，純資産をすべて剰余金配当や自己株式取得の形で株主に分配することが許されてもよさそうである。しかし，会社法は，財源規制を設けることで，会社が純資産のすべてを株主に分配することを禁じている。それはなぜであろうか。

　その理由を理解するために，もし会社法上，純資産のすべてを株主に分配することが許されていたとした場合に，どのような事態が生じるかを考えてみよう。まず，会社の中には，実際に純資産のすべてを株主に分配するものが現れるかもしれない。この場合，そうした会社（甲社）の債権者の債権回収リスクは一気に増加する。翌事業年度が黒字になって純資産がプラスになればまだしも（それでも純資産額は減少しているから債権者の債権回収リスクは増加している），赤字であれば甲社は債務超過に陥ることになる。もし幸いに甲社が倒産しなかった場合でも，今後，甲社と契約関係に入ろうとする者は，純資産の全てが株主に分配されて債権回収リスクが増加する事態に備え，あらかじめ担保や高い利子率を要求するといった行動をとることで自衛しようとするであろう。

　このように仮に純資産のすべてを株主に分配すると，資金調達コストが増加してしまうため，会社の経営は難しくなる。そのことは容易に予測できるから，通常は，株主が純資産のすべての分配を望むことはなく，それゆえ，多くの会社では，純資産の全てが株主に分配されることはないであろう。しかし，世の中は，そうした株主・会社ばかりとは限らない。上記の甲社のような会社が現れる可能性はあるし，他の会社も甲社のような行動を絶対にと

らないとは言い切れない以上，それを懸念する債権者としては，すべての会社に対して，担保や高い利子率を要求する可能性が小さくない。そうなると結果的に，純資産のすべてを分配するといった行動はとらない会社（こうした会社が世の中の多数であろう）までもが，大きな資金調達コストを負担せざるを得なくなるのである。会社の中には，それを避けようとして，個々の債権者との間で，純資産のすべてを株主に分配しないことや仮に分配した場合には期限の利益を放棄することなどを契約する会社も現れるかもしれないが，そうした契約をすること自体にも少なからずコストを要することになる。

　こうした問題の一つの解決策は，法律で，すべての株式会社に対し，純資産のすべてを剰余金配当や自己株式取得の形で株主に分配することを禁じることである。つまり，会社法上の分配財源規制の第一の趣旨は，純資産のすべてを株主に分配するといった行動はとらない会社について，その資金調達コストが不必要に大きくなることを防止することに求められる。

　ところで，上記では，仮に分配財源規制がなかったとした場合に，会社債権者が自衛手段をとることを前提にしていたが，中には，何からの事情により自衛手段を講じることができない債権者も存在しうる。かかる債権者は，もし分配財源規制がなければ，会社が純資産のすべてを株主に分配するといった行動に出ることによって害されることになる。分配財源規制の第二の趣旨は，そのように自衛手段を講じることができない債権者の保護に求められる。

[2]「剰余金」と「分配可能額」

　剰余金配当および自己株式取得の財源にできるのは，「分配可能額」であり[1]（会社461条2項），その分配可能額の算定の基礎になるのが「剰余金」で

---

1) ただし，①単元未満株式買取請求（会社192条1項）による自己株式の取得，②事業全部の譲受け・合併・会社分割によって承継する財産に自己株式が含まれていたことによる自己株式の取得，③反対株主の株式買取請求による自己株式の取得のように，自己株式取得でも例外的に財源規制が課されていない場合もある。①③は，単元未満株主・反対株主の投下資本回収にとって重要であるため，それを優先すべきという考え方（ただし③のうち，会社法116条または182条の4に基づく株式買取請求による自己株式取得の場合は業務執行者の責任は生じる〔会社464条〕），②は，他の財産等と一体的に承継取得するものであって，自己株式だけ取得しないという対応が難しいという考え方に基づくものである。

ある。まず剰余金の額は，最終事業年度（会社2条24号)[2]の末日における貸借対照表から算定される（会社446条)。剰余金の額の基本的な算定式は下記【ⅰ式】のとおりである（同条1号)[3]。

剰余金＝その他資本剰余金＋その他利益剰余金【ⅰ式】

例えば，次頁【図A】のような貸借対照表（実際の貸借対照表と比べて著しく簡略化したものである）をもつ乙社の場合であれば，剰余金の額は7億円（＝その他資本剰余金3億円＋その他利益剰余金4億円）になる。また，資本金や法定準備金の額がどのように決まるのかについては3で取り上げるが，剰余金の額については，下記の【ⅱ式】が成り立つことも【図A】で確認してほしい。

剰余金≦(資産－負債)－(資本金＋法定準備金〔資本準備金＋利益準備金〕)【ⅱ式】
※仮に「評価・換算差額等」・「新株予約権」がゼロなら【ⅱ式】の両辺は＝で結ばれる

なお，剰余金の額の基本的な算定式は上記の通りであるが，会社が最終事業年度末日後に資本取引（自己株式の処分・資本金の額の減少・準備金の額の減少・自己株式の消却・剰余金の配当など）を行った場合には，それにともない剰余金の額が変動する（会社446条1項2号～7号)。例えば，会社が最終事業年

---

[2] 最終事業年度とは，その事業年度に係る計算書類について定時株主総会の承認（またはそれに代わる取締役会の承認）を受けた事業年度のうち，最も遅いものをいう（会社2条24号)。例えば，4月1日から翌年3月31日を事業年度とする会社（3月決算の会社）が，2018年6月20日開催の定時株主総会において，2018年3月期（2017年4月1日から2018年3月31日までの事業年度）に係る計算書類の承認を受けた場合を考えてみよう。この会社では，2018年6月20日開催の定時株主総会から，翌事業年度（2019年3月期）に係る計算書類を翌年の定時株主総会で承認するまでの間は，2018年3月期が「最終事業年度」であり，2018年3月31日が「最終事業年度の末日」になる。

[3] 会社法446条1号所定の基本的な算定式は，より正確には，「剰余金＝(資産＋保有自己株式)－(負債＋資本金・準備金＋法務省令で定める額)」というものである。ただし，「法務省令で定める額＝(資産＋保有自己株式)－(負債＋資本金・準備金＋その他資本剰余金＋その他利益剰余金)」であるから（会社規則149条)，結局，「剰余金＝その他資本剰余金＋その他利益剰余金」となる。

【図A】 乙社の最終事業年度末日における貸借対照表

(単位：百万円)

(資産の部)		(負債の部)	
現　　金	2,000		
売掛金	500	合計	3,000
商　　品	500	(純資産の部)	
機械・備品	1,000	株主資本	2,500
土地建物等	1,600	資本金	800
		資本準備金	800
		その他資本剰余金	300
		利益準備金	200
		その他利益剰余金	400
		評価・換算差額等	50
		新株予約権	50
合計	5,600	合計	2,600

度の末日後に剰余金の配当を行った場合には、当該配当額の分だけ剰余金の額は小さくなる（会社446条6号）。

　次いで、分配可能額は、すぐ後で述べるような一定の場合（次頁①②③の場合など）を除くと、剰余金の額と同一である。このときには、会社は、純資産のうち、少なくとも「資本金と法定準備金（資本準備金＋利益準備金）の合計額」に相当する金額は、剰余金配当・自己株式取得のために利用できないことになる。

　ただし、少し注意してほしいのは、上記のことは、資本金・法定準備金の合計額に相当する金額が、常に会社に留保されていることを意味しないことである（例えば資本金50億円・法定準備金50億円の会社が、常に100億円以上の純資産を有しているわけではない）。というのも、資本金・法定準備金の合計額に相当する金額は、剰余金配当や自己株式取得のために用いることは禁じられるが、会社事業のために用いることは禁じられない（それまで禁じてしまうと会社事業の遂行に重大な支障が生じうる）。そのため、会社が資本金・法定準備金の合計額に相当する金額を新規事業のために利用したが、それが失敗し

て損失が生じることで、純資産が資本金・準備金資本の合計額に相当する金額を下回る場合（資本金50億円・法定準備金50億円である会社の純資産が30億円であること）は十分にありうるからである。

　他方、分配可能額が剰余金の額と異なるのは、主に以下の場合である。すなわち、①会社が自己株式を保有している場合には、分配可能額算定時における当該保有自己株式の帳簿価額を剰余金の額から控除することで、分配可能額を求める（会社461条2項3号）。また、②会社が最終事業年度の末日後、保有自己株式を処分した場合には、処分対価の額も剰余金の額から控除することで、分配可能額を求める（会社461条2項4号）。さらに、③会社が最終事業年度の末日後、期中に臨時計算書類を作成して必要な監査・承認手続を踏んだ（臨時決算を行った）場合には、臨時計算書類によって算出された期中損益（最終事業年度の末日後における損益取引による資産の増減）の額を剰余金の額から増減して、分配可能額を求める（会社461条2項2号・5号）。

　このうち少し分かりにくいのは、上記①②の場合の処理である。そこで、下記［3］［4］において、それぞれ【事例】を用いながら解説することにしよう。

［3］会社が自己株式を保有している場合の分配可能額[4]

【事例1】
　乙社は、20×0年7月、4億円の現金を用いて自己株式を取得し、当該自己株式を保有することにした。乙社の最終事業年度の末日（20×0年3月31日）における貸借対照表は、前掲【図A】のとおりである。なお、乙社は、これまで自己株式を取得したことがないし、臨時決算も行っていない（上記［2］で掲げた①②③の場合〔分配可能額が剰余金の額と異なる場合〕には該当しない）。

　まずは、改めて乙社の分配可能額を確認しよう。乙社には、現時点では、

4）本節の以下の記述については、田中亘編『数字でわかる会社法』（有斐閣、2013年）115-117頁、124-130頁［小出篤］、髙橋美加＝笠原武朗＝久保大作＝久保田安彦『会社法』（弘文堂、2016年）367-369頁［久保大作］に負うところが大きい。

上記［2］で掲げた①②③の場合（分配可能額が剰余金の額と異なる場合）に該当する事情はないため，分配可能額は剰余金と同額になる。そして，最終事業年度末日の貸借対照表（【図A】）から算定される乙社の剰余金は，7億円（＝その他資本剰余金3億円＋その他利益剰余金4億円）であるから，分配可能額も7億円である。そのうち4億円を用いて，乙社が自己株式を取得し，当該自己株式を保有すると，乙社の貸借対照表は，下記【図B】のように変化する。

【図B】　自己株式の取得後における乙社の貸借対照表

（単位：百万円）

（資産の部）		（負債の部）	
現　金	1,600		
売掛金	500	合計	3,000
商　品	500	（純資産の部）	
機械・備品	1,000	株主資本	2,100
土地建物等	1,600	資本金	800
		資本準備金	800
		その他資本剰余金	300
		利益準備金	200
		その他利益剰余金	400
		自己株式	▲400
		評価・換算差額等	50
		新株予約権	50
合計	5,200	合計	2,200

※点線部が図Aから変わった項目

【図B】のように変化する理由は，以下のとおりである。すなわち，会社法上，乙社は保有する自己株式について，剰余金配当も残余財産分配も受けることができない（会社453条括弧書・504条3項括弧書）。このように乙社にとって，保有自己株式はキャッシュフローを生み出すことはないから，無価値であるといえる。その意味で，乙社にとっての自己株式取得とは，資産の取

得ではなく，剰余金配当と同じく，会社資産の株主への分配である。たしかに乙社は，剰余金配当の場合とは異なり，自己株式取得の場合には取得した自己株式を後に処分することによって処分対価を得ることができるが，どれほどの額の処分対価を得ることができるかは不確定であるし，そもそも処分するかどうか自体が不確定である（保有し続けるかもしれないし，消却〔会社178条〕するかもしれない）。

　そこで，会社が自己株式を取得した場合には，以下のような会計処理が行われる。第一に，会社の貸借対照表において，自己株式の取得価額（【事例1】だと4億円）の分だけ「資産の部」の額を減少させる一方，取得した自己株式を「資産の部」に資産として計上することはしない。そのため，【図A】と【図B】を比べると，【事例1】の自己株式取得によって乙社の「資産の部」の合計額が4億円分減少していることが分かる。

　第二に，こうした「資産の部」の額の減少に対応する形で，「純資産の部」の額も同額だけ減少させる必要がある。自己株式取得が行われた場合に「純資産の部」の額を減少させる方法としては，財源として用いられた，「その他利益剰余金」・「その他資本剰余金」の額を減少させる方法も考えられる（剰余金配当の場合はそのような方法がとられる）。しかし，自己株式取得の場合は，そのような方法はとらず，代わりに「純資産の部」に「自己株式」という控除項目（【図B】の「自己株式▲400」という項目）を設ける方法によって，「純資産の部」の額を減少させる（会社計算24条1項・76条2項5号，企業会計基準委員会「自己株式及び準備金の額の減少等に関する会計基準」〔以下「自己株式等会計基準」とする〕7項・8項）。

　自己株式等会計基準によれば，上記第二のような会計処理が行われるのは，自己株式の保有は処分または消却までの暫定的な状態であることを示すためである（自己株式等会計基準32項）。つまり，先にも触れたように，自己株式取得の経済的実質は，基本的には剰余金配当と同じく会社資産の株主への分配であるが，会社が保有自己株式を処分した場合には処分価額を得ることができるという点で剰余金配当とは異なる。そこで，会社が保有自己株式を処分した時点，または消却した時点（処分があり得ないことが確定した時点）で，確定的な会計処理を行う（「その他利益剰余金」・「その他資本剰余金」の額を変動させる）ことにして，それまでは暫定的に控除項目の形で表示させることにしたというわけである。

そして，上記のような会計処理がなされるために，会社が自己株式を取得後に保有している場合には，剰余金（その他資本剰余金＋その他利益剰余金）の額をそのまま剰余金配当・自己株式取得の財源とするのは妥当でないと考えられる。というのも，【図A】の貸借対照表と【図B】の貸借対照表を比べてみると，乙社は自己株式取得のために4億円を支出しているため（「資産の部」の金額も4億円減少している），その分，当該自己株式取得後において株主への分配（剰余金配当や更なる自己株式取得）を行うための財源も4億円減少して然るべきであるのに，剰余金の額は7億円（その他資本剰余金3億円＋その他利益剰余金4億円）のままで変わっていないからである。そこで，会社が自己株式を保有している場合には，剰余金配当・自己株式取得の財源を算定し直すために，分配可能額算定時（つまり自己株式取得後）における当該保有自己株式の帳簿価額を剰余金の額から控除することで分配可能額を求めて（会社461条2項3号），当該分配可能額を財源とさせるのである。この結果，【事例1】の自己株式取得後における乙社の分配可能額は3億円（剰余金7億円－自己株式の帳簿価額4億円）になる。

[4] 会社が最終事業年度の末日後に自己株式を処分した場合の分配可能額

> 【事例2】
> 　乙社は，上記自己株式取得から1年後の20×1年7月，保有自己株式の半分（帳簿価額2億円）を3億円の価値があるとされる土地を対価として処分することにした（処分差益1億円）。なお，乙社の最終事業年度の末日（20×1年3月31日）における貸借対照表は，上記【図B】の貸借対照表であるとする。

　会社が最終事業年度の末日後に保有自己株式を処分した場合には，以下のような会計処理が行われる。①処分の対象となった自己株式について，その帳簿価額を「純資産の部」の自己株式の項目（控除項目）から減額するとともに（計算規則24条2項・76条2項5号），処分対価の額の分だけ「資産の部」の額を増やす。②自己株式の帳簿価額と処分対価の額に差（処分差益または処分差損）が生じている場合には，その分だけ，その他資本剰余金の額を変動させる（計算規則27条1項3号・2項3号，自己株式等会計基準9項・10項）[5]。こ

【図C】 自己株式の処分後における乙社の貸借対照表
(単位:百万円)

(資産の部)		(負債の部)	
現　金	1,600	合計	3,000
売掛金	500	(純資産の部)	
商　品	500	株主資本	2,400
機械・備品	1,000	資本金	800
土地建物等	1,900	資本準備金	800
		その他資本剰余金	400
		利益準備金	200
		その他利益剰余金	400
		自己株式	▲200
		評価・換算差額等	50
		新株予約権	50
合計	5,500	合計	2,500

※点線部が図Bから変わった項目

の結果，乙社の貸借対照表は，【図C】のように変化する。

　問題は，このように会社が最終事業年度末日後に保有自己株式を処分した場合，それによって剰余金と分配可能額がそれぞれどのように変動するのかである。この点について，まず①処分差損益（自己株式の処分対価の額－処分した自己株式の帳簿価額）が生じた場合には，最終事業年度末日における貸借対照表から剰余金を算定する際に，当該処分差損益の額も含めて算定する（会社446条2号）。そのうえで，②剰余金の額から，分配可能額算定時（つまり自己株式処分後）における保有自己株式の帳簿価額（元々の保有自己株式の帳

---

5) 処分差損が生じた場合において，その分だけ，その他資本剰余金の額を減額した結果，その他資本剰余金の額がマイナスになったときは，その他資本剰余金の額はゼロとしたうえで，減らし切れなかった額をその他利益剰余金から減額する（計算規則27条3項・29条3項，自己株式等会計基準12項）。

簿価額－処分した自己株式の帳簿価額）だけでなく，処分した自己株式の処分対価の額も控除することで分配可能額を求める（会社461条2項4号）。

以上を当てはめて，【事例2】の自己株式の処分によって剰余金・分配可能額がどのように変動するのかを算定してみよう。まず，①乙社の最終事業年度の末日（20×1年3月31日）における貸借対照表（【図B】）から算定される剰余金は7億円であるが，処分差益1億円が生じているから，それを合わせると剰余金の額は8億円になる。そのうえで，②当該剰余金の額から，分配可能額算定時（つまり自己株式処分後）における保有自己株式の帳簿価額2億円を控除するとともに，処分した自己株式の処分対価の額3億円を控除することで分配可能額を求めるから，【事例2】の自己株式の処分後における乙社の分配可能額は結局3億円になる。

実は，この3億円という乙社の分配可能額は，自己株式の処分前における分配可能額と等しい額である（上記［3］最終段落参照）。つまり，上記①で剰余金の額を算定するときに，「自己株式の処分対価の額－処分した自己株式の帳簿価額」をプラスしながらも，上記②で分配可能額を算定するときに，「元々の保有自己株式の帳簿価額－処分した自己株式の帳簿価額」だけでなく，「自己株式の処分対価の額」までマイナスするために，会社が最終事業年度末日後に自己株式を処分した場合でも，結局，その処分対価の額は分配可能額に反映されないのである（処分対価が分配可能額に反映されるのは，自己株式処分の日が属する事業年度について決算手続〔計算書類の作成・監査・承認の手続〕が行われた後のことである）。

立案担当者によれば，このように自己株式の処分対価の額が分配可能額に反映されないのは，以下の理由によるものである[6]。例えば，自己株式の処分対価が現物である場合において，それが過大評価されたときは，処分対価の額を分配可能額に反映させると分配可能額も過大なものとなってしまう。そうした事態を避けるために，通常の年度ごとの決算か，または臨時決算か，そのいずれかの決算の手続（計算書類の作成・監査・承認の手続）を経ることで，処分対価の評価の適正性が確保されて初めて，処分対価の額を分配可能額に反映させるべきであると考えられる[7]。そこで，①会社が最終事業年度の末

---

[6] 相澤哲＝郡谷大輔「新会社法関係法務省令の解説（10）分配可能額（下）」商事法務1768号（2006年）22頁。

日後に資本取引（自己株式の処分など）を行ったときは、それにともない剰余金の額が変動するというルール（会社446条1項2号〜7号）を適用しつつも、上記のような考え方を実現するために、②剰余金の額から処分対価の額を控除することで分配可能額を求めて（会社461条2項4号）、それを分配財源にさせるという方法が採用されているのである。

3 │ 現行法上の分配財源規制の合理性

[1] 資本金・準備金の額の定め方

　既述のように、株主への会社財産の分配（剰余金配当・自己株式取得）の財源にできるのは「分配可能額」であり（会社461条2項）、その分配可能額の算定の基礎になるのが「剰余金」である。剰余金の額は、最終事業年度（会社2条24号）の末日における貸借対照表から算定される（会社446条）。その基本的な算定式は下記【 i 式】のとおりであった（同条1号）。また、剰余金の額については、下記の【ii式】も成り立った。

　　剰余金＝その他資本剰余金＋その他利益剰余金　【 i 式】

　　剰余金≦純資産－（資本金＋準備金〔資本準備金＋利益準備金〕）【ii式】
　　※仮に「評価・換算差額等」・「新株予約権」がゼロなら【ii式】の両辺は＝で結ばれる

　分配可能額は、一定の場合（会社が自己株式を保有している場合など）を除くと、剰余金の額と同一である。このとき会社は、純資産のうち、少なくとも「資本金と準備金（資本準備金＋利益準備金）の合計額」に相当する金額は、株主への分配のために利用できないことになる。このように現行の分配財源規

---

7) もっとも、自己株式の処分対価は金銭であるのが通例であるうえに、仮に処分対価が現物である場合には現物出資として原則的に検査役調査の対象になり（会社207条）、それで過大評価の危険は防止しうるから、こうした立案担当者の説明は必ずしも十分な説明になっていないように思われる。むしろ、決算手続を経るまでは、処分対価の分だけ確実に会社の純資産が増加しているかどうか（実際に自己株式の処分が行われ、かつ、自己株式の処分対価が確実に会社に支払われているかどうか）に不安が残るためであると理解すべきであろう（久保・前掲注4）373頁参照）。

制は，資本金・準備金を基礎にしているといえるが，そもそも資本金・準備金の額は，どのように定まるのであろうか[8]。

　第一に，会社法上，設立時または設立後における新株発行に際して，株主となる者が株式会社に対して払込金額の払込み，またはそれに代わる現物の給付を行うと，そうした出資額の分だけ，貸借対照表上の「資産の部」の額が増えることになる。そこで，それに対応する形で，出資額に相当する額について「純資産の部」の額を増やす必要があるところ，「純資産の部」における資本金の額を増やすという会計処理（そうした処理のことを指して「資本金として計上する」といった言い方がされる）が行われる（会社445条1項）。ただし，出資額の2分の1を超えない額については，資本金ではなく資本準備金の額を増やす（資本準備金として計上する）という会計処理をすることも許されている（会社445条2項3項）。後述するように（3 [3] 参照），資本準備金の方が資本金よりも減少させるための手続が容易であることから，実務上，許容範囲いっぱいまで（つまり出資額の2分の1まで）資本準備金として計上する例が多くみられる。

　第二に，会社が剰余金配当を行うと，資本準備金または利益準備金も増える。例えば，会社が現金で総額1億円の剰余金配当を行う場合を考えてみよう。この場合，①1億円分だけ，貸借対照表上の「資産の部」の現金の額が減る[9]ことになるから，それに対応する形で「純資産の部」の額を減らす必要がある。そこで，②「純資産の部」における「その他資本剰余金」または「その他利益剰余金」を減らすという会計処理[10]（そうした処理のことを指して「その他資本剰余金またはその他利益剰余金を財源として剰余金配当を行う」といった言い方がされる）が行われる（計算規則23条）。さらに，それに加えて，③「そ

---

8) 資本金・準備金の額は，新株発行や剰余金配当の場合のほか，合併などの組織再編の場合にも増加することがあるが（会社445条5項，計算規則35条〜52条），その点についての説明は割愛する。

9) 正確には，剰余金配当を行うことを株主総会決議または取締役会決議で決定したときに，その剰余金配当の額を「負債の部」における未払配当金として計上したうえで，実際に配当したときに未払配当金を消去するとともに，「資産の部」の額（現金の額など）を減らすという処理がなされる。

10) その他資本剰余金とその他利益剰余金のいずれを減額するかは，会社が任意に決定することができる（計算規則23条参照）。

の他資本剰余金」を財源として剰余金配当を行った場合は，当該剰余金配当額の 10 分の 1 に相当する額の分だけ，「純資産の部」の「その他資本剰余金」の額を減らす一方，資本準備金の額を増やし，④「その他利益剰余金」を財源として剰余金配当を行った場合は，当該剰余金配当額の 10 分の 1 に相当する額の分だけ，「その他利益剰余金」の額を減らす一方，利益準備金の額を増やすという会計処理（剰余金の準備金への組入れ）が行われる（当該額については分配されるわけではないから「資産の部」の額は減らないし，「純資産の部」の合計額を減らすわけでもない）。ただし，資本準備金と利益準備金の合計額が資本金の額の 4 分の 1 に達したときは，それ以上に資本準備金・利益準備金の額を増やす必要はないとされている（会社 445 条 4 項，計算規則 22 条）。

[2] 資本金・準備金を基礎にすることの合理性

　現行の分配財源規制は，上記のような方法で算定される資本金・準備金を基礎として分配可能額を定めている。それはどのような理由に基づくのだろうか。また，そのことに合理性はあるのだろうか。

　まず，剰余金配当額の 10 分の 1 に相当する額の分だけ，剰余金を資本準備金または利益準備金に組み入れることについて，理由を探すとすれば，以下のようなものが考えられる。すなわち，毎回の剰余金配当額が大きいほど，行き過ぎた剰余金配当が行われている可能性が高いと考えられる。配当額の 10 分の 1 に相当する額の分だけ，剰余金を準備金に組み入れる（そうすれば分配可能額も減ることになる）のは，そのような行き過ぎた剰余金配当を抑制するためである。もっとも，このような会計処理だと，設立時期が古い会社では，たとえ毎年の剰余金配当額が少額でも過去の配当額の累積額は大きくなるために，準備金の額も大きくなってしまうという問題が生ずる。そこで，この問題に対処するため，剰余金配当時における剰余金の準備金への組入れは，資本準備金と利益準備金の合計額が資本金の額の 4 分の 1 に達するまで行えばよいことにしたという理由付けである。ただし，そもそも，毎回の剰余金配当額が大きいほど，行き過ぎた剰余金配当が行われている可能性が高いという出発点の妥当性は自明でない[11]。

　他方，出資額（過去の出資額の累計額）に相当する金額を資本金・資本準備金にして，それを元に分配可能額を算定することについても，やはり理由の説明は難しい。出資額に相当する額は事業損失等によって生ずる会社財産の

減少に対する緩衝材になるべきものであるから，株主への分配を禁ずるべきである旨の説明がなされることが多いが，そうした緩衝材（すなわち分配財源規制）が必要であるとしても，なぜ出資額に相当する金額を緩衝材にすべきなのだろうか。

　この点については，以下のような説明が考えられるかもしれない。すなわち，株主が会社に出資をするのは，その出資金を用いて会社に事業を行わせ，その収益の分配を受けるためであるから，出資額に相当する額については，会社が株主に分配することを認める必要はないし（株主もそれを望んでいない），債権者も株主に分配されないであろうと期待するからであるという説明である[12]。しかし，こうした説明とて決して十分なものとは言い難い。まず，債権者がそのような期待を有している可能性があるとしても，それが法的保護に値するほどの強い期待かどうかは不明である。しかも，会社が出資額に相当する額を株主に分配することを認める必要がない（株主もそれを望んでいない）とも限らない。というのも，むしろ有効な投資機会のない余剰資金を貯め込んでいる会社（わが国の上場会社にもそのような会社は少なくない）では，そのままだと経営者に浪費されるだけになる危険が大きいであろう。そうであれば，余剰資金は，出資額に相当する額も含めて株主に分配させる方が社会的にみて望ましいし（そうすれば株主は当該分配金を有効な投資機会を有している会社に再投資できる），株主もそれを望んでいると考えられるからである[13]。

　また，会社債権者にとって最も重要なのは，株主への分配が行われること

---

11)　藤田友敬「会社法と債権者保護」商法会計制度研究懇談会編『商法会計に係る諸問題』（企業財務制度研究会，1997年）29頁は，剰余金配当時における剰余金の準備金への組入れについて，理論的な必然性は弱いとする。

12)　過去の米国の裁判所でも，これと似たような考え方（信託基金理論や詐欺理論）が採用されていた（森淳二朗「信託基金理論の変貌と債権者保護」大阪府立大学経済研究19巻4号〔1974年〕73頁以下参照）。しかし，現在における多くの州会社法は，別の考え方に基づく分配財源規制を採用している（後掲注15）とそれに対応する本文参照）。

13)　会社法は，後述するような手続（債権者異議申述手続など）を経ることで，「純資産の部」における資本準備金の額を減少し，その減少額の分だけ「その他資本剰余金」の額を増やす（それにより分配可能額も増える）という会計処理を行うことを許している（計算規則27条1項2号）。それも，会社法が，出資額に相当する額についても株主に分配させる方が望ましい場合があることを認めているからであると理解される。

によって会社の支払能力が失われ，債務の弁済に支障をきたすのを防ぐことであると考えられる。しかし，そもそも出資額は会社の支払能力と何の関係もない数字である。例えば，出資額（資本金・資本準備金）は500万円で，資産は10億円，負債は9億円であるような会社もありうるところ，そうした会社で純資産1億円のうちの500万円についてだけ株主への分配を禁じたところで，会社の支払能力の維持にはほとんど役立たないであろう。結局，出資額を基準にして資本金・資本準備金を算定し，それを元に分配可能額を算定することは，分配財源規制の趣旨に照らして不合理とまでは言い切れないかもしれないが，少なくとも積極的に合理的であるとは言い難いのである[14]。そのため，立法論として，むしろ資産負債比率を基準とした分配財源規制（株主への分配後における会社の資産額が負債額の一定割合〔110％や125％など〕以上になるような分配に限って許すという規制）を採用すべきであることが有力に主張されている[15]。

[3] 資本金と資本準備金という二重構造の合理性

既述のように，そもそも現行の分配財源規制が資本金・準備金を基礎としていることの合理性には疑わしいところがあるが，その点は措いても，資本金も準備金も，基本的にそれに相当する金額は株主への分配のために用いることができないという点では共通するにもかかわらず，現行規制が資本金・準備金という二重構造を採用するのはなぜだろうか。

資本金と準備金の相違点は，分配可能額がないのに，会社が分配を行いた

---

14) 出資額を基準にして分配可能額を算定することに合理性が乏しいことは，古くから指摘されてきた（吉田昂「株式会社資本の債権者保護的機能」商事法務116号〔1958年〕2頁以下，吉原和志「会社の責任財産の維持と債権者の利益保護 (2)」法学協会雑誌102巻5号〔1985年〕909頁以下，郡谷大輔＝岩崎友彦「会社法における債権者保護（下）」商事法務1747号〔2005年〕21頁など）。わが国と同様の分配財源規制を維持しているEU諸国でも，当該規制には強い批判がある（久保大作「資本制度・分配規制に関連して」商事法務1974号〔2012年〕21頁以下参照）。

15) 吉原・前掲注14）909頁以下。また，弥永真生『「資本」の会計：商法と会計基準の概念の相違』（中央経済社，2003年）187頁以下も参照。こうした立法論は，1977年カリフォルニア州一般会社法や1980年改正模範事業会社法の規制をモデルにしたものである（それらの規制の詳細につき，吉原和志「会社の責任財産の維持と債権者の利益保護 (1)」法学協会雑誌102巻3号〔1985年〕471頁以下，弥永・前掲176頁以下など参照）。

いという場合の取扱いが異なることにある。つまり，分配可能額がないのに株主への分配を行いたいという場合，会社は資本金か準備金の額を減らすしかないところ，会社法上，資本金の額を減らす場合と準備金の額を減らす場合とでは，異なる手続が定められている。まず，①資本金の額の減少については，債権者異議申述手続（会社449条1項）に加えて，株主総会の特別決議の手続が必要とされる（会社447条1項・309条2項9号）。これに対し，②準備金の額の減少については，やはり債権者異議申述手続は要求されるが（会社449条1項），株主総会決議は普通決議でよいとされている（会社448条1項）[16]。

このように資本金と準備金とでは，その額を減少する場合の手続が異なり，資本金の額の減少の方が株主総会の特別決議が要求される点で手続規制が厳格である。このことの理由については，出資額をベースとする資本金の額を減少して株主への分配を可能にする場合には，事業規模の縮小など，会社の基礎に関わる事態（いわゆる会社の一部清算）が生じていることが多いからであるという説明がなされる[17]。しかし，本当にそうであるかは自明でないし，一方，仮にそうであるならば，同じく出資額をベースとする資本準備金の額を減少する場合も同様であろうから，必ずしも十分な説明にはなっていないように思われる。現行制度が資本金減少と準備金減少を区別しているのは，むしろ以下にみるような沿革的な理由が大きいというべきであろう[18]。

16) ただし，こうした資本金・準備金の額の減少の手続には，以下のような例外がある。①資本金の額の減少でも，定時株主総会において欠損填補の目的で行う場合には，株主総会決議は普通決議でよい（会社309条2項9号イロ）。②資本金または準備金の額の減少と同時に新株発行を行う場合で，資本金または準備金の額の減少の効力発生日後における資本金または準備金の額が，効力発生日前における資本金または準備金の額を下回らない場合には，株主総会決議は不要である（会社447条3項・448条3項）。③準備金の額の減少については，減少させた額の全額を資本金とする場合など，一定の場合には債権者異議申述手続が不要である（会社447条1項第2括弧書・同項ただし書）。

17) 江頭憲治郎『株式会社法〔第7版〕』（有斐閣，2017年）695頁。また，平成17年会社法制定の立案担当者によれば，資本金の額の減少でも，定時株主総会において欠損填補の目的で行う場合には株主総会決議は普通決議でよいとされている（会社309条2項9号イロ，前掲注16）参照）のは，そのような場合には，一部清算的な側面が少ないという考え方に基づくものである（法務省民事局参事官室「会社法制の現代化に関する要綱試案　補足説明」〔2003年10月〕71頁）。

明治32年商法制定当時，株式は全て額面株式（株券に「額面額」が記載されたもの）であり，資本金の額は，その額面額に発行済株式総数を乗じることによって算定された。こうした法制の下では，資本金の額を減少させるためには，発行済株式総数を減らすか，または額面額を小さくするしかない。しかし，額面額には下限が法定されており，その下限よりも額面額を小さくすることは許されなかったという事情など[19]から，額面額は変更しにくく，それゆえ，発行済株式総数を減少させる方法で資本金減少が行われることが少なくなかった。そして，発行済株式総数を減少させるには，会社が株主から持株を強制的に取得すること（その結果として株主の締出しも生じうる）が必要になる関係で，かつての法制では，資本金減少の手続のなかで，株主からの強制的な持株取得（強制消却）を行うことが可能であった（平成17年改正前商213条・375条）。そうした意味で，資本金減少は株主に大きな影響を及ぼしうるために，株主総会の特別決議という厳格な手続が要求されていたのである[20]。

　ところが，幾多の法改正を経て（額面株式の制度も平成13年6月商法改正によって完全に廃止された）[21]，現行会社法の下では，資本金の額と発行済株式総数の関係は完全に切断されている。既述のように，資本金の額は発行済株式

---

18) 久保・前掲注4) 363頁参照。
19) 実務上，額面額は剰余金配当の算定基準とされていた（例えば額面額が50円である場合に1株あたり5円・10円の配当を行うことを「1割配当」・「2割配当」と呼んでいた）といった事情もあるであろう。
20) 法務省民事局参事官室・前掲注17) 71頁参照。
21) 主な改正の概要は，以下のとおりである。①昭和25年商法改正によって無額面株式制度が導入され，資本金の算定方法が二元化された。すなわち，額面株式については従来どおり額面総額の合計額を資本金に計上する一方，無額面株式については原則として発行価額の総額を資本金に計上するものとされた（昭和25年改正商法284条ノ2第1項）。②昭和56年商法改正によって，額面株式についても，無額面株式と同じく，原則として発行価額の総額を資本金に計上するものとされた。このことの背景には，額面株式についての時価発行増資の実務の普及があった。額面を大きく超える時価で新株発行が行われると，発行価額のうち非常に小さな割合だけが資本金に計上され，残りは資本準備金に計上されるために，両者のバランスが悪すぎるという問題が指摘されたのである（元木伸『改正商法逐条解説〔改訂増補版〕』〔商事法務研究会，1983年〕194頁）。③本文でも触れたように，平成13年6月商法改正によって額面株式の制度が廃止された。

総数とは直接関係しない形で定められるから，資本金の額を減少させる場合にも，株主からの強制的な持株取得を行う必要はない。それとの関係で，資本金減少の手続のなかで強制的な株式取得を行うことは許されず，株主からの持株の強制取得を行う場合には，株式併合や全部取得条項付種類株式などの別の制度によらなければならない（本書第 17 章参照）。しかし，そうした制度では，別途厳格な手続（株主総会の特別決議など）が要求されるから，現行会社法の下では，資本金減少について株主総会の特別決議という手続を要求する必要は乏しくなっている[22]。そして，仮に資本金減少についても，準備金減少と同じく株主総会の普通決議の手続でよいとするならば，そのことは，資本金・準備金という二重構造を採用することの合理性が薄まることを意味する。

4 │ 100% 減資

[1] 100% 減資の意義

大企業が経営危機に陥って，法的整理の手続に入ることが新聞等で報道されると，同時に，100% 減資が行われる予定である旨の報道がなされることが少なくない。この 100% 減資とは，一体どのようなものなのだろうか。本節では，これまで取り上げてきた資本制度のおさらいも兼ねて，100% 減資について概説することにしよう。

減資とは資本金の額の減少の略称であるから，一見すると，100% 減資とは資本金を 0 円にすることを意味するようにみえる。しかし，実はそうではない。100% 減資は法律上の用語ではないから，語る者によって必ずしも意味は同一ではないものの，一般には，株式会社の既存の全株主を株主でなくしたうえで（株主全員の締め出し），新しい出資者に出資させることを指す。100% 減資は，会社が倒産に瀕した場合に，その再建のために実施されるのが通例である。これまでは会社更生手続や企業再生手続といった法的整理の

---

[22] 法務省民事局参事官室・前掲注 17) 71 頁も，「資本減少に際して株主総会の特別決議を要求することについて合理性があるかどうか自体が問題となる」とする。また，金本良嗣＝藤田友敬「株主の有限責任と債権者保護」三輪芳朗＝神田秀樹＝柳川範之編『会社法の経済学』（東京大学出版会，1998 年）211 頁注 22 参照。

手続のなかで実施されてきたが，後述するように，平成17年会社法制定によって私的整理の手続のなかで実施することも容易になった。

　後ほど改めて取り上げるように，かつての商法上は，株主全員を締め出すためには，いったん資本金を0円に減少させることが必要であった。100%減資という用語は，そのことに由来している。しかし，現行会社法上はそれが求められているわけではない。実務上の要請から，資本金の額を0円に減らすケースもみられるが，最後に触れるように，会社法のもとでは，そうすることなく，資本金の額を0円に減らすのと同一のことを実現できるし，むしろその方がコストはかからない。こうした意味で，100%減資という用語は，会社法上の制度からは少なからず乖離している。

[2] 株主の締め出しの必要性

　会社を再建させるためには新規の資金調達が必要である。しかし，ただでさえ新しい出資者（スポンサー）をみつけるのは難しいのに，既存株主が会社に残ったままだと，さらにスポンサー探しは難しくなるであろう。スポンサーからすれば，自己の出資によって会社が再生したとしても，多数の既存株主が残っていれば，彼らと再建による企業価値の増加分を分け合わなければならない。また，スポンサーが会社再建のための組織再編や経営機構改革などを進めようとしたときに，既存株主がそれに反対して，再建の障害になるかもしれない。

　なお，既存株主の全員を締め出すことになると，その後にスポンサーによる出資が予定されているとはいえ，いったんは株主が存在しない状態が生まれる。学説上は，この点をとらえて，全株主の締め出しは株式会社の本質に反するものであって許されないとする見解もみられたが，同時に増資が行われるようなケースについては，実質的に問題は生じないとして肯定的に解するのが一般である。

[3] 株主の締め出しの方法

　株主全員の締め出し（100%減資）は，法的整理では，裁判所の監督のもと，更生計画や再生計画に基づいて行われる。他方，私的整理では，締め出される全株主との合意に基づいて，会社が全株式を自己株式として取得する方法（会社156条以下）によるほか，全部取得条項付種類株式や株式併合を用いれ

ば，株主総会の特別決議に基づいて株主全員を締め出すこともできる。株式併合を用いた締め出しは本書第17章で取り上げるから，ここでは全部取得条項付種類株式を用いた締め出しを取り上げることにしよう。

全部取得条項付種類株式とは，株主総会決議により会社がその全部を強制的に取得することができる株式（会社108条1項7号）をいい，平成17年会社法制定によって導入されたものである。同法の立案過程では，倒産に瀕した会社が法的整理の手続によらずに，かつ全株主の同意も得ることなく株主全員の締出しを行うために用いるケースが想定されていた。しかし，それを条文上明らかにすることが困難であったなどの事情により，会社法上，用途を制限する規定は置かれなかったため，会社再生の場面に限らず，株主の締出しのために用いられてきた。

全部取得条項付種類株式を用いる場合の通例的な手続は，より具体的に，問題の会社が1種類の株式（一般に普通株式と呼ばれる）のみを発行する会社であれば，以下のとおりである。①全部取得条項付種類株式を発行できるのは，2種類以上の株式を発行する会社（発行を予定している会社を含む）だけであるとされているので，まずは定款を変更して，普通株式以外の何らかの種類株式（いわばダミーの種類株式であり実際には発行されない）について定める（会社108条2項）。次いで，②普通株式を全部取得条項付種類株式に変更するため，定款を変更して，普通株式の内容として全部取得条項を定める（会社108条2項7号）。その後，③株主総会特別決議で，全部取得条項付種類株式の全部を会社が強制的に取得する旨，およびその取得対価などを定める（会社171条）。

上記①②③は，いずれも株主総会特別決議に基づいて行われる（会社309条2項11号・3号）。実務上，それらの決議は全て，同一の株主総会で行われることが多い[23]。

---

23) なお，上記②については，株主総会決議に加えて，普通株式の株主による種類株主総会の特別決議も必要である（会社111条2項1号・324条2項1号）。普通株式の株主しか存在しなければ，株主総会と種類株主総会の構成員は同一になるが，両者の決議が要求されるわけである。

[4] 株主の締め出しの対価

　既述のように，100％減資は，会社が倒産に瀕した場合に，その再建のために実施される。この場合，会社には，分配可能額が存しないのが通例であろう。このため，会社による全部取得条項付種類株式の取得対価（締め出される全株主に交付される対価）は無償とされることになる。すなわち，会社が全部取得条項付種類株式の全部取得（会社にとっては自己株式の取得になる）を行うにあたり，株主に取得対価として金銭等（当該会社の別の種類の株式を除く）を交付する場合には，それも会社財産の分配に該当するから，当該金銭等の帳簿価額の総額が，分配可能額（会社461条2項）を超えてはならないとされている（会社461条1項4号）。そのため，会社に分配可能額が存しない場合には，会社は，全部取得条項付種類株式の全部取得に際し，その株主に取得対価として金銭等を交付することができないことになる。その場合でも，全部取得条項付種類株式とは別の種類の株式であれば，株主に取得対価として交付することはできるが，100％減資の場合には，株主全員を締め出したいのだから，別の種類の株式を交付するわけにはいかない（それを交付すると株主が当該種類株式の株主として残ることになってしまう）。この結果，100％減資の場合において，会社に分配可能額が存しないときは，取得対価が無償とされるというわけである。

　このように取得対価を無償とすることは，会社が債務超過やそれに近い状態に陥っているときには，株式の価値も小さく，少なくとも純資産方式で算定すれば株式価値がゼロであるという考え方によって正当化されている[24]。

[5] 資本金の額の減少

　先にも触れたように（上記3[3]参照），かつては商法上，資本金の額と株式数が連動しており，額面株式の額面額と発行済株式総数とを乗じることで資本金の額が算定されていた。この時代にあっては，株主を締め出すために発行済株式総数を減らそうとすれば，額面額または資本金の額を減らすしかない。しかし，額面額の減少には制約があったうえに，既存株主の全員を締め出して，発行済株式総数をゼロにする場合には，いずれにせよ資本金の額を0円に減らさなければならなかった。

　しかし，幾多の法改正を経て，現在では，資本金の額と株式数の関係は完全に切断され，新株が発行され金銭その他の財産が出資されると，その2分

の1以上の額が資本金に計上されるものと定められている（会社445条1項2項）。つまり、資本金の額の減少・増加がなされていない限り、資本金の額は、これまで会社が新株を発行する都度、調達した金額のそれぞれ2分の1以上を累計することで算定された金額となる。それはいわば過去の記録に基づく帳簿上の概念にすぎないから、もちろん現在における会社の発行済株式総数や株主数とは関係がない。現行会社法のもとでは、会社が既存株主の全員を締め出したとしても、資本金の額を減少させる必要はないのである。

　もっとも、それにもかかわらず、やはり実務上は資本金減少がなされ、資本金の額が0円とされる場合もみられる。それは、資本金の額が分配財源規制の基礎になっているからである。株主全員を締め出すような場合は、会社が倒産に瀕しており、純資産がマイナスで債務超過に陥っていることも少なくない。他方で、当該会社の規模が大きく、過去の新株発行による出資額の累計が大きければ資本金（および資本準備金）の額も当然大きいから、資本金（および準備金）の額を減らしておかないと、スポンサーによって新たに出資がなされた後、そのスポンサーが株主として剰余金配当などを通じた会社財産の分配を受けるためには、相当の額の純資産が積み上がるまで待たなければならないことになる。しかし、それだとスポンサー探しも難しくなるので、スポンサーが出資する前段階、株主全員を締め出すときに、併せて資本金減

24）　ただし、DCF法などのインカムアプローチによれば、会社の再建可能性がある限り、株式価値はゼロにはならないはずである。しかも、株主は、100％減資において分配可能額が存しないために取得対価が無償とされる場合には、事実上、取得価格決定の申立て（会社172条）による救済も受けられない。そのため、株主総会特別決議の手続を経るとはいえ、取得対価を無償とすることに全く問題がないわけではない。全部取得条項付種類株式の全部取得の対価が無償とされること（株主を無償で締め出すこと）のみをもって、100％減資のための株主総会決議の効力、ひいては100％減資の効力に影響が及ぶことはないとしても、仮に100％減資が会社再建のためではなく、特定の株主の利益を図るためのものであるといった事情が認められる場合には、100％減資のための株主総会決議は、特別利害関係株主の議決権行使による著しく不当な決議（会社831条1項3号）であるとして取り消される可能性もある。

　　この点に関連して、福岡高判平成26年6月27日金判1462号18頁は、全部取得条項付種類株式を用いた100％減資につき、株主が、無償の取得対価を定める株主総会決議の効力を争った事案において、取締役らに図利目的がないこと、当該100％減資の目的が真に会社再建のためのものであることなどを認定したうえで、株主の主張を斥けた。

少（および準備金減少）が実行されるというわけである。

　なお，いったん資本金の額を0円にしたうえでスポンサーに新株を発行する場合，スポンサーの出資額は，その2分の1以上の額が新しい資本金の額とされる。その場合，資本金の額は登記事項とされているから（会社911条3項5号），資本金の額の減少だけでなく，その増加についても登記しなければならない。しかし，とくに資本増加の登記については，登録免許税額が増加する資本金の額に1,000分の7を乗じた額とされているため（登録免許税法9条，別表第1・24（1）二），そのコストは決して小さくない。そこで，資本金の額を減少しない，または資本金の額の減少幅を抑えるとともに，会社が取得した全部取得条項付種類株式を消却せずにスポンサーに交付したうえで（自己株式の処分），全部取得条項を廃止する旨の定款変更をおこなえば，登記のコストを節約できるといわれる。この方法であれば，新株が発行されないので，資本金の額は増加せず，その登記も要しないからである。

第17章

少数株主の締め出し

1 | はじめに

　時として，支配株主が少数株主から強制的に持株を取得して，会社から締め出したいと考えることがある。こうした少数株主の締め出しは，その英訳であるスクィーズ・アウトと呼ばれることもあるし，キャッシュ・アウト（特に現金を対価とする締め出しの場合）と呼ばれることもある。

　少数株主の締め出しについて，平成17年改正前商法は抑制的なスタンスをとっていた。しかし，少数株主の締め出しには，合理的な目的のために行われるものも少なくないことから，現行会社法はスタンスを緩和的にして，締め出しのために多様な方法を利用できるようにしている。後ほど改めて触れるように，それらの締め出しの方法の中でも，これまで良く用いられてきたのは全部取得条項付種類株式の全部取得による方法（その手続については本書第16章4［3］参照）であるが，平成26年会社法改正を経て，現在ではむしろ株式併合による方法の方が利用しやすいという状況が生まれている。

　少数株主の締め出しをめぐる法的問題点は多岐にわたるが，とりわけ重要なのは，著しく不当な対価で締め出される少数株主の救済策である。最も現実的な救済策になるのは反対株主の株式買取請求権であるが，問題は，それで満足できない株主をどのように救済するかである。そこで本章では，特に株式併合を用いた締め出しの場合を念頭に置きながら，著しく不当な対価で締め出される少数株主の救済策（差止め・無効主張・取締役の責任追及），さらに，そもそも対価の不当性をどのように判断すべきなのかという問題を取り上げることにした[1]。以下ではまず，少数株主の締め出しの目的と方法，そして株式併合を用いた締め出しの手続について概観することから始めよう。

2 │ 少数株主の締め出しの目的

　少数株主の締め出しの目的としては，株主を事業内容に通暁した僅かな数の株主のみとすることによって，①長期的視野に立った経営（大胆な事業再編など）を実現しやすくする，②株主による経営陣の監視をしやすくする，③株主管理コストを削減する，④少数株主の存在によって生じる支配株主（親会社）・少数株主間の利益相反問題を回避する，⑤株主総会に関する手続を省略できるようにして（会社300条・319条参照）意思決定を迅速化するといったことが挙げられる。

　金融商品取引法に基づく有価証券報告書などの継続開示書類の提出義務のような，上場にともなうコスト負担を削減するために，上場会社を非上場会社化する（ゴーイング・プライベート）一環として少数株主の締め出しが行なわれることもある。というのも，非上場会社になるだけでは継続開示書類の提出義務を免れることはできず，それを免れるためには株主数を一定数未満（株主数25名未満または前5事業年度のすべての末日における株主数300名未満）にする必要があるからである（金商24条1項ただし書，金商施行令3条の5第2項・4条2項3号）。また，上場会社を非上場会社化すれば株式の価値も低下するので，非上場会社化にあたって少数株主に会社から相応の対価で離脱する機会を与えなければ，取締役等が少数株主から損害賠償請求を受けるおそれがあり，それを防ぐ意味でも，少数株主の締め出しが行われる。

　少数株主の締め出しは，企業買収の一環として行われることも多い。典型的には，買収者が株式公開買付け（TOB）を行い，対象会社の支配株式を取得して支配株主になった後に，株式公開買付けに応じずに会社に残った少数株主の締め出しを行う場合である（二段階買収）。近時は，こうした二段階買収の一類型として，上場会社の経営者が（ファンドなどとともに）少数株主を締

---

1) 少数株主の締め出しをめぐっては，「正当な事業目的」ないし「正当な理由」の要否も問題になるが，その問題については，笠原武朗「少数株主の締め出し」森淳二朗＝上村達男編『会社法における主要論点の評価』（中央経済社，2006年）113頁以下，船津浩司「キャッシュ・アウト―全部取得条項付種類株式・株式併合」神田秀樹編『論点詳解　平成26年改正会社法』（商事法務，2015年）178頁以下，福島洋尚「株式併合によるキャッシュ・アウト」上村達男ほか編『企業法の現代的課題（正井章筰先生古稀祝賀）』（成文堂，2015年）487頁以下など参照。

め出して当該上場会社の株式全部を取得する事例（Management-Buyout, MBO）も少なくない。かかる上場会社の MBO は，企業買収の一環としての締め出しであると同時に，上場会社の非上場会社化の一環として締め出しでもある。

3 │ 少数株主の締め出しの方法とその選択

　会社法上，少数株主の締め出しを行うための方法としては，①組織再編（合併や株式交換）を利用する方法，②全部取得条項付種類株式を利用する方法（会社 108 条 1 項 7 号・2 項 7 号，171 条以下），③株式併合を利用する方法（会社 180 条以下），④特別支配株主（会社の総株主の議決権の 90% を有する株主）による株式等売渡請求を利用する方法（会社 179 条以下）が挙げられる。

　少数株主の締め出しには，締め出しの対価として，少数株主に金銭を交付する場合と，金銭以外のものを交付する場合とがある。後者の場合について，金銭以外のものというと，理論上は多様な対価が考えられるのであるが，実際上は，親会社株式が交付される場合が多い。そして，親会社株式を対価として交付したい場合には，上記①組織再編のうち，株式交換（会社 767 条以下）が用いられることになる[2]。つまり，株主の締め出しを行う会社（S 社）が株式交換完全子会社，その親会社（P 社）が株式交換完全親会社となる株式交換を行い，P 社が S 社の株主に株式交換の対価として P 社株を交付するわけである。ただし，当事会社の一方が外国の会社である場合には，日本会社法上の株式交換という方法を用いることができるかどうかに疑義があることから，代わりに，いわゆる三角合併が用いられる。ここで三角合併とは，外国

---

[2] 少数株主に締め出しの対価として親会社株式を交付したい場合には，株式併合や特別支配株主による株式等売渡請求はもちろん，全部取得条項付種類株式の全部取得の方法を用いることもできない。すなわち，原則として子会社による親会社株式の取得・保有は禁じられているところ（会社 135 条），三角合併の場合には，子会社による親会社株式の取得・保有を許す特則規定が設けられている（会社 800 条・135 条 2 項 5 号，会社規則 23 条 8 号）。これに対し，全部取得条項付種類株式の全部取得の場合には，そうした特則規定が設けられていないため，そもそも会社が親会社株式を取得・保有することができず，それゆえ，親会社株式を少数株主に全部取得（締め出し）の対価として交付することもできないのである。

の会社など（P社）が日本で子会社（S社）を設立したうえで，S社にP社株式を取得・保有させ，その後，S社を存続会社，株主の締め出しを行う会社（T社）を消滅会社とする吸収合併を行わせて，S社がT社の株主に合併対価として保有するP社株式を交付する場合をいう（会社800条・135条2項5号，会社規則23条8号）[3]。

以上に対し，少数株主に締め出しの対価として金銭を交付したい場合には，組織再編を用いる方法に加えて，他の方法（②③④）を用いることもできる[4]。それらのうち，④特別支配株主による株式等売渡請求は，他の方法とは異なり，株主総会決議を要しない締め出しの方法として，平成26年会社法改正で新設されたものである。すなわち，同改正前は，①②③の方法しか認められなかったところ，いずれの方法による場合も株主総会特別決議の手続が要求される。しかし，株主総会特別決議を確実に成立させられるだけの数の議決権を有する支配株主が存在する場合にまで株主総会特別決議の手続を要求すると，余計な費用・時間がかかってしまい，少数株主にとっても不利益となる[5]。そこで，平成26年会社法改正により，株主総会決議を要しない少数株主の締め出しの方法として，特別支配株主による株式等売渡請求の方法が新設された。この方法によれば，特別支配株主は，少数株主に対し，自己

---

3) 同様の手法で，株式交換（または外国会社が行う株式交換に相当する行為）を行う三角株式交換や吸収分割（または外国会社が行う吸収分割に相当する行為）を行う三角吸収分割も認められている（会社800条・135条2項5号，会社則23条8号ハ・ニ）。実際の事例として，2008年にシティグループ・ジャパン・ホールディングス株式会社（CJH）と株式会社日興コーディアルグループ（日興）が三角株式交換を行った事例が挙げられる。同事例では，まず米国のシティグループ・インクが日本でCJHを設立したうえで，CJHがシティグループ株式を取得し，その後，日興が株式交換完全子会社，CJHが株式交換完全親会社となる株式交換を行い，CJHが日興の株主に株式交換の対価としてシティグループ株式を交付した。三角合併でなく，三角株式交換が用いられたのは，三角合併だと日興が消滅するのに対し，三角株式交換だと日興が存続するため，日興が受けている許認可等を取り直す必要がないし，日興が保有する財産の移転に係る登記等も行う必要がないからであろう（石綿学「三角組織再編をめぐる実務上の諸問題」商事法務1832号〔2008年〕44頁参照）。

4) 従前は，少数株主に締め出しの対価として金銭を交付する場合，組織再編を用いる方法は他の方法に比べて，税制上不利であった。しかし，2017（平成19）年税制改正によって，同様の効果をもたらす取引には同様の課税がなされるよう税制が整備され，少数株主の締め出しをめぐる税制上の不均衡は基本的に解消された。

に株式を売り渡すよう強制することができ，その際，株主総会決議は不要である。そこで，実務上，特別支配株主が存在する状況で，株主総会決議を経ずに少数株主の締め出しを行いたい場合には，特別支配株主による株式等売渡請求が用いられる[6]。

　他方，上記のように，親会社株式を締め出しの対価として交付したいとか，特別支配株主が存在する状況で株主総会決議を経ずに少数株主の締め出しを行いたいとか，親会社株式を締め出しの対価として交付したいとかいった特別な事情がない場合には，②全部取得条項付種類株式の全部取得または③株式併合の方法が用いられる。

　従来，全部取得条項付種類株式の全部取得または株式併合だと，もっぱら前者の方法が選択されてきた。というのも，後者の方法については，反対株主の株式買取請求権が規定されていないなど，他の方法と比べて株主の保護策が十分でなかったために，実務上，かえって少数株主の締め出しの方法として利用しにくいという事情があったからである。しかし，平成26年会社法改正によって，株主保護のための規定が整備されたことから，手続が複雑な全部取得条項付種類株式の全部取得よりも，むしろ株式併合の方が利用しやすい状況が生まれている。

4｜株式併合を用いた締め出しの手続

[1] 手続の概要

　会社が株式併合を行うときには，株主総会の特別決議で，併合の割合，併

5）　二段階買収の場合において，一段階目の株式公開買付けが行われた後，二段階目の少数株主の締め出しが行われるまでに長期間を要する場合は，その間，株式公開買付けに応募しなかった株主は不安定な地位に置かれてしまうため，株主は一段階目の株式公開買付けに応じるように仕向けられる（公開買付けの強圧性が高まる）という問題も指摘されていた（坂本三郎編『一問一答　平成26年改正会社法』〔商事法務，2014年〕229頁）。

6）　会社の総株主の議決権の90％を有する親会社（特別支配会社）が存在する場合には，略式株式交換の手続によっても株主総会決議を経ることなく締め出しを行うことができる（会社784条1項）。なお，平成26年改正後における各締め出し方法の利用状況につき，中東正文「平成26年会社法改正後のキャッシュ・アウト法制」日本証券経済研究所・金融商品取引法研究会研究記録第59号（2017年）2頁以下参照。

合の効力発生日，効力発生日における発行可能株式総数を定める必要があるうえに（会社180条2項・309条2項4号），その株主総会決議に際しては，取締役による理由の説明も求められる（会社180条4項）。少数株主の締め出しのために株式併合を行う場合は，会社に残る支配株主だけが株式を保有することになるように，併合割合を定める。例えば，支配株主は1000株，その他の少数株主は全員300株未満の保有である会社が，株式併合を用いた少数株主の締め出しを行う場合には，300分の1という併合割合（株式併合によって300株を1株にすること）を定めれば，株式併合によって支配株主だけが株式を保有し，少数株主は全員1株に満たない端数を保有することになる。

株式の併合により端数となる株式の株主には，反対株主の株式買取請求権が与えられる（会社182条の4）。先に触れたように，少数株主の締め出しの場合には，締め出される少数株主は全員，株式の併合により端数となる株式の株主に該当するから，株式買取請求権が与えられる。株式買取請求権の行使要件（同条），株式買取価格の決定等（会社182条の5）については，定款変更や組織再編における反対株主の株式買取請求と同様の規定が置かれている。

株式併合が法令・定款に違反する場合において，株主が不利益を受けるおそれがあるときには，株主は株式併合の差止めを請求することもできるほか（会社182条の3），そうした差止めや事後的な無効主張による救済を実効化するため，株主に対する事前開示（事前開示書類を本店に備え置いて株主の閲覧に供する〔会社182条の2〕）・事後開示の制度（事後開示書類を本店に備え置いて株主の閲覧に供する〔会社182条の6〕）も設けられている。

[2] 端数の処理

株式併合を用いた少数株主の締め出しの場合には，その対価として，少数株主に1株に満たない端数が交付される。ここで，支配株主Aは1200株，少数株主B・Cはそれぞれ240株・180株を保有している甲会社の場合を考えてみよう。甲会社が株式併合を用いた少数株主の締め出しを行う場合において，例えば300分の1という併合割合（株式併合によって300株を1株にすること）を定めると，株式併合の効力発生日に，支配株主Aだけが株式（4株）を保有し，少数株主B・Cはそれぞれ0.8（240×1/300）・0.6（180×1/300）という端数を保有することになる。

その後，会社は，かかる端数の合計数（1株未満は切り捨てる〔会社235条1

項括弧書〕）に相当する数の株式を売却して，その売却代金を少数株主に交付する。例えば，上記の甲会社の場合であれば，端数の合計数 1 株（0.8＋0.6＝1.4 だが 0.4 は切り捨てる）を売却する。仮に売却代金が 350 万円であったとすると，B・C にはそれぞれ 200 万円（350×0.8/1.4）・150 万円（350×0.6/1.4）の金銭が交付される。実質的にみれば，少数株主の締め出しの対価は，こうして端数処理の結果として少数株主に交付される金銭である。

　会社が端数の合計数に相当する数の株式を売却する方法は，原則として競売である（会社 235 条 1 項）。ただし，市場価格のある株式は競売以外の方法（相対での売却や市場での売却）により市場価格で売却できるし，市場価格のない株式も，裁判所の許可を得れば，競売以外の方法で売却できる（会社 235 条 2 項・234 条 3 項）。また，会社自身が，そのようにして売却される株式の一部または全部を買い取ることもできる（会社 235 条 2 項・234 条 4 項）。会社自身が買い取る場合（会社にとって自己株式の取得になる）は，取締役会設置会社では取締役会決議が要求されるほか（会社 235 条 2 項・234 条 5 項），自己株式取得の取得財源規制に服する（会社 461 条 1 項 7 号）。

　少数株主の締め出しのために株式併合が用いられる場合には，端数の合計数に相当する数の株式は，会社が支配株主に売却するか，または，会社自身が買い取ることになる。さもないと，せっかく少数株主を締め出したのに，別の者が少数株主として会社に入ってきてしまうからである。他方，少数株主にとっても，自己の端数がどのような方法で処理されて，最終的に自己にどのような額の金銭が交付されるのかは極めて重要な関心事である。そこで，本店に備え置いて株主の閲覧に供すべき事前開示書類の記載事項としても，「端数の処理をすることが見込まれる場合における当該端数の処理の方法に関する事項，当該処理により株主に交付することが見込まれる金銭の額及び当該額の相当性に関する事項」が規定されている（会社 182 条の 2，会社規則 33 条の 9 第 1 号ロ）。仮に少数株主に端数を交付することになる場合において，それらの事項が事前開示書類に記載されていないときは，法令違反に該当するため，株式併合は後述する差止めの対象になると解される。

5│株式併合の差止め

　著しく不当な対価で締め出される少数株主の救済策を考えるときに，前提

として，そこでいう締め出しの対価が何を指すかが問題となる。既述のように，株式併合を用いた締め出しの場合は，少数株主に1株に満たない端数が交付される。形式的にみれば，締め出しの対価は当該端数ということになるであろう。ただし，端数は会社が整数倍の株式にまとめたうえで売却処分し（支配株主への売却または会社自身による買取り），その売却代金としての金銭が端数に応じて少数株主に交付されるから，実質的には，それが締め出しの対価である。したがって，相当性を問題とすべき締め出しの対価も，こうして端数処理の結果として少数株主に交付される金銭ということになる。かかる金銭の額（既述のように事前開示書類に記載される）は，株式併合の効力発生後に端数処理を行うまでは（つまり株主総会決議の日など，株式併合の効力発生前の時点では）予定額でしかないが，形式的な対価である端数だと相当性を判断しようがないから，当該予定額をもって相当性を判断せざるを得ない。

少数株主が締め出しの対価（端数処理の結果として交付される予定の金銭の額）が不当であると考える場合には，株主総会で反対の議決権行使をしたうえで，株式買取請求権を行使して，会社に端数を「公正な価格」で買い取ってもらうことができる（会社182条の4）。これが最も現実的な救済策であり，多くの株主にとってはそれで足りるのであるが，仮に株主がそれで満足しない場合には，どのような救済策が考えられるのであろうか。

まず株式併合の効力発生前であれば，少数株主としては，株式併合の差止めをすることが考えられる。株式併合の差止めについて，平成26年会社法改正前はそれが可能かどうかについて学説が分かれていたところ，同改正により，組織再編（会社784条の2など）・全部取得条項付種類株式の全部取得（会社171条の3）・特別支配株主の株式等売渡請求（会社179条の7）と並んで，株式併合（会社182条の3）についても株主の差止請求権の規定が新設された。

もっとも，略式組織再編（会社784条の2第2項2号）・特別支配株主の株式等売渡請求（会社179条の7第1項3号）の場合には，対価の著しい不当が差止事由として規定されているのに対し，それ以外の場合には，株式併合の場合を含めて，法令・定款違反のみが差止事由とされ，対価の著しい不当が差止事由として規定されていない。これは，対価が著しく不当かどうかについては，締め出し等の効力が生じるまでの短い期間内に裁判所が審査することが困難であるという考え方によるものである[7]。こうした立法の経緯に鑑みると，締め出しの対価の著しい不当それ自体は，株式併合の差止事由になら

ないと解される[8]。

しかし，学説の多くは，そうだとしても，締め出しの対価が著しく不当である場合において，株主による差止めが完全に否定されるわけではないとする。そのための理論構成として様々なものが主張されているが，代表的なものは以下のとおりである[9・10]。すなわち，少数株主の締め出しは，支配株主（典型的には単独で特別決議を成立させられるだけの数の議決権を有する支配株

---

7) 法務省民事局参事官室「会社法制の見直しに関する中間試案の補足説明」（2011 年 12 月）53 頁，岩原紳作「『会社法制の見直しに関する要綱案』の解説〔Ⅴ〕」商事法務 1979 号（2012 年）9 頁。

8) 岩原・前掲注 7) 9 頁。また，組織再編の場合につき，坂本・前掲注 5) 309 頁参照。

9) 田中亘「各種差止請求権の性質・要件および効果」神作裕之＝中島弘雅ほか編『会社裁判にかかる理論の到達点』（商事法務，2014 年）23 頁以下，齊藤真紀「不公正な合併に対する救済としての差止めの仮処分」神作裕之＝中島弘雅ほか編『会社裁判にかかる理論の到達点』（商事法務，2014 年）122 頁・126 頁，中東正文「組織再編等」ジュリスト 1472 号（2014 年）48-49 頁，江頭憲治郎『株式会社法〔第 7 版〕』（有斐閣，2017 年）892-894 頁，中村信男「組織再編の差止」鳥山恭一＝福島洋尚編『平成 26 年会社法改正の分析と展望』（経済法令研究会，2015 年）98-99 頁，受川環大『組織再編の法理と立法』（中央経済社，2017 年）291 頁・306 頁など参照。これらの論者の多くは，組織再編の場合を念頭に置いて，本文で紹介した見解を主張しているが，かかる見解は株式併合の場合にも同様に妥当すると考えられる。

10) 本文で紹介した見解のほか，それと併存しうる見解として，以下の見解も有力に主張されている。すなわち，①情報開示に関する規定の違反は法令違反に該当するところ，情報開示の対象となる「〔締め出しの対価の〕相当性に関する事項」（会社規則 33 条の 9 第 1 号ロ）には，締め出しの対価の算定を行った第三者機関の独立性に関する事項など，株主の意思決定や対価に影響する情報が広く含まれると解することで，かかる情報が開示されていない場合に株主による差止めを認めるべきとする見解（飯田秀総「組織再編等の差止請求規定に対する不満と期待」ビジネス法務 12 巻 12 号〔2012 年〕80-81 頁，白井正和「組織再編等に関する差止請求権の拡充―会社法の視点から」川嶋四郎＝中東正文編『会社事件手続法の現代的展開』〔日本評論社，2013 年〕220-221 頁参照），②差止事由としての法令違反における「法令」には取締役等の善管注意義務・忠実義務に関する規定（会社 330 条・355 条，民 644 条）は含まれないと一般に解されているが，それを含むものとして解すべきとする見解（白井・前掲 217 頁以下，和田宗久「キャッシュ・アウト手段としての全部取得条項付種類株式と株式併合」鳥山恭一＝福島洋尚編『平成 26 年会社法改正の分析と展望』〔経済法令研究会，2015 年〕85 頁）である。ただし，平成 26 年改正の立案担当者は，同改正法の解釈として②の解釈に消極的である（坂本・前掲注 5) 309 頁，法務省民事局参事官室・前掲注 7) 54 頁参照）。

主）が存在する場合において，当該支配株主以外の株主（少数株主）を会社から排除するために行われることが多い。この場合，締め出しの対価が不当に低額であれば，締め出される少数株主には不利益である一方，会社に残る支配株主にとっては利益になるから，締め出しのための株式併合を決定する株主総会決議について，支配株主は他の少数株主とは異なる利害関係を有する特別利害関係人に該当する。したがって，かかる特別利害関係人たる支配株主の議決権行使によって，少数株主に著しく不当な対価を交付することを前提とした株式併合を決定する株主総会決議が成立した場合には，当該決議について，特別利害関係人の議決権行使による著しく不当な決議であるという決議取消事由（会社831条1項3号）が存することになる。そして，株式併合について株主総会決議を要求する会社法180条2項は，適法な株主総会決議を要求していると解されるから，上記のように株主総会決議に取消事由があること（取消事由のある株主総会決議によって株式併合を決定していること）は法令（会社180条2項）違反となり，そのことを理由にした差止めが認められると解するのである。既述のように，平成26年改正会社法は対価の著しい不当を株式併合の差止事由として規定していないが，そのことは，特別利害関係人の議決権行使によって著しく不当な対価を前提とする株式併合が決定された場合にまで，株主による差止めを否定する趣旨ではないと考えられる[11]。

　上記のような解釈をとるときに問題となるのは，第一に，本来，株主総会決議の取消事由は決議取消訴訟によってしか主張できず，決議取消判決が確定するまでは株主総会決議は適法なものとされるはずであるから，差止めをするために，まずは決議取消訴訟を提起して，決議取消しの確定判決を得る必要があるのではないかという点である[12]。しかし，それを要求すると，通常は，決議取消しの確定判決を得るまでの間に株式併合の効力発生日が到来してしまうため，株主に差止めの機会が与えられないことになる。そこで，

---

[11]　平成26年改正の立案担当者も，その旨を述べている（法務省民事局参事官室・前掲注7）54頁）。

[12]　募集株式の発行の差止めについても同様のことが問題になるところ，神田秀樹編『会社法コンメンタール（5）』（商事法務，2013年）108-109頁［洲崎博史］は，決議取消判決の確定前の差止めを認めるべきとする。

この問題については，①決議取消訴訟，および，当該訴訟が認容されることで提起可能となる法令違反を理由とした差止請求訴訟の双方を本案とすることで，決議取消判決の確定前に差止仮処分（民事保全23条2項）を求めることが可能になると解するか[13]，あるいは，より端的に，②会社法182条の3に基づく差止請求訴訟の中で，直接に株主総会決議に取消事由があることを差止事由として主張できると解したうえで，そのことを前提に，当該差止請求訴訟を本案として差止仮処分（民事保全23条2項）を求めることができると解する[14]ことが考えられる。仮に①の見解によれば，差止仮処分の申立てができるのは，当然に，決議取消訴訟の提訴期間である株主総会決議日から3ヶ月以内に限られる。また，②の見解による場合でも，株主総会決議取消訴訟の制度を設けて株主総会決議をめぐる法律関係の早期判定を図ろうとした法の趣旨に鑑みて，株主総会決議に取消事由があることを差止事由として主張することが許されるのは，やはり決議取消訴訟の提訴期間である株主総会決議日から3ヶ月以内に限られると解すれば，実質的な問題は生じないように思われる[15]。

第二に，株主総会決議の成立前における差止仮処分の申立てが許されるかどうかも問題となる。難しい問題であるが，上記①②のいずれの見解に従うにせよ，許されないとするのが素直な解釈ではある[16]。

---

13) 田中・前掲注9) 27-28頁。
14) 差止請求訴訟のみを本案とする差止仮処分を認めるべき旨を積極的に主張するものとして，中村・前掲注9) 99頁，受川・前掲注9) 293-295頁参照。
15) 株主総会決議取消訴訟については提訴権者が株主等に制限されているが（会社831条1項），会社法182条の3に基づく差止請求訴訟の提訴権者（ひいては当該訴訟を本案とする差止仮処分の申立てができる者）も株主に限られるから（会社182条の3），この点でも，株主総会決議の取消事由は決議取消訴訟によってしか主張できないとする原則を破っても，実質的な問題はなさそうである。

なお，本文で述べたのと同様の解釈は，組織再編の無効の場面でも採られているところである。すなわち，多数説は，組織再編の効力発生後は，組織再編無効訴訟の中で直接に，組織再編を承認する株主総会決議に取消事由があることを当該組織再編の無効原因として主張できるとしたうえで，株主総会決議取消訴訟の制度を設けて株主総会決議をめぐる法律関係の早期判定を図ろうとした法の趣旨に鑑みて，かかる無効原因を主張する場合には，株主総会決議の日から3ヶ月以内に組織再編無効訴訟を提起しなければならないと解している（江頭・前掲注9) 372-373頁注7参照）。

6 | 株式併合の無効

　既述のように，会社が株式併合を行うときには，株主総会の特別決議で，併合の割合，併合の効力発生日，効力発生日における発行可能株式総数を定めなければならない（会社180条2項・309条2項4号）。少数株主の締め出しのために株式併合を行う場合は，会社に残る支配株主だけが株式を保有することになるように，併合割合を定める。例えば，支配株主は1000株，その他の少数株主は全員300株未満の保有である会社が，株式併合を用いた少数株主の締め出しを行う場合には，300分の1という併合割合（株式併合によって300株を1株にすること）を定めれば，株式併合によって支配株主だけが株式を保有し，少数株主は全員1株に満たない端数を保有することになる。

　少数株主に交付される締め出しの対価は，形式的にみれば，当該端数である。ただし，端数は会社が整数倍の株式にまとめたうえで売却処分し（通常は支配株主への売却または会社自身による買取り），その売却代金としての金銭が端数に応じて少数株主に交付されるから（会社235条・234条），実質的には，それが締め出しの対価である。したがって，相当性を問題とすべき締め出しの対価も，こうして端数処理の結果として少数株主に交付される金銭の額ということになる。かかる金銭の額（事前開示書類に記載される〔会社182条の2，会社規則33条の9第1号ロ〕）は，株式併合の効力発生後に端数処理を行うまでは（つまり株主総会決議の日など，株式併合の効力発生前の時点では）予定額でしかないが，形式的な対価である端数だと相当性を判断しようがないから，当該予定額をもって相当性を判断せざるを得ない。

　少数株主が締め出しの対価（端数処理の結果として交付される金銭の額）が不当であると考える場合，株式併合の効力発生前であれば，株式買取請求権の

---

16) 受川・前掲注9) 294頁注29。ただし，効力発生日の設定の仕方によっては株主総会決議後に差し止める時間的余裕がない場合もあるため，決議成立前の差止めを認める必要性は小さくない。そこで，松中学「子会社株式の譲渡・組織再編の差止め」神田秀樹編『論点詳解　平成26年改正会社法』（商事法務，2015年）208頁は，株主総会特別決議を単独で成立させられるだけの議決権数を有する支配株主が存在する場合において，株主総会の議案が著しく不当であるとき（株式併合の場合は少数株主に著しく不当な対価を交付することが予定されているときということになろう）には，すでに決議成立前の時点で会社法831条1項3号の状態が生じているとみて差止めを認める余地があるとする。

行使や株式併合の差止めをすることになろう。これに対し，いったん株式併合の効力が発生した後は，株式併合の無効を主張することが考えられる。会社法上，株式併合については，その効力を争う特別の訴えの制度は用意されていないから（会社828条参照），株主はいつでもどのような方法でも株式併合の無効を主張することができる。

　問題は，どのような場合に株式併合が無効とされるか（株式併合の無効原因）である。この問題について，5 で詳述したように，特別利害関係人たる支配株主の議決権行使によって，少数株主に著しく不当な対価を交付することを前提とした株式併合を決定する株主総会決議が成立した場合には，当該株主総会決議について，特別利害関係人の議決権行使による著しく不当な決議であるという決議取消事由（会社831条1項3号）が認められる。その場合，株主が当該決議日から3ヶ月以内に訴えを提起して，株主総会決議の取消しを請求し，その請求を認容する判決が確定したときは，株式併合は株主総会決議を経ずに行われたことになるところ，株主総会決議の欠缺という瑕疵は重大であるから株式併合は当然に無効になる（少数株主は株主の地位を回復する）と解される。この点に関連して，平成26年改正会社法は，株主総会決議に基づく株式併合の効力発生によって会社から締め出され，もはや株主でなくなった者（逆にいえば当該株主総会決議の取消しにより株主の地位を回復する者）も，上記のような株主総会決議取消の訴えを提起できる旨を明文で規定している（会社831条1項柱書後段）。

　ところで，判例[17]は，公開会社で株主総会決議を欠いたまま募集株式の有利発行が行われた場合でも，特に上場会社の募集株式の発行をめぐる取引の安全（発行された株式の引受人・転得者の保護）を重視して，募集株式の発行は無効にならないと解しているから，株主の保護は差止めに委ねられていることになる。そこで，株式併合の場合にもそれとパラレルに考えて，株主総会決議の欠缺は無効原因にならないとする解釈もありうるところである[18]。し

---

17) 最判昭和46年7月16日判時641号97頁。
18) 組織再編の場合にも同様のことが問題になるが，それについては，笠原武朗「組織再編行為の無効原因」飯田秀総ほか編『商事法の新しい礎石（落合誠一先生古稀記念）』（有斐閣，2014年）320頁以下，笠原武朗「組織再編行為における対価の不均衡と無効の訴え」黒沼悦郎＝藤田友敬編『企業法の進路（江頭憲治郎先生古稀記念）』（有斐閣，2017年）475頁以下参照。

かし，株式併合の場合には，募集株式の有利発行の場合とは大きく事情が異なる。すなわち，実際上，株式併合について株主総会決議の欠缺が問題になるのは，少数株主の締め出しのために株式併合が行われる場合に限られるであろう。その場合には，株式併合を行う会社が非上場会社であるときはもとより，たとえ上場会社であるときでも，締め出しのための株式併合が行われることで株主数がごく少数になるために，当該上場会社は上場廃止になる。したがって，株式併合後に株式が転々流通することはなく，それゆえ，株式併合が無効とされることで株式の転得者が害されたり，その他の第三者が害されたりする事態は考えにくい。また，株式併合の場合において，仮に株主の保護を差止めだけに委ねても問題がないのであればともかく，そうとも言い難い。というのも，締め出しを行う会社が非上場会社である場合も少なくないところ，そのように株式に市場価格がない場合を想定すると，株式の時価がどれくらいかの判断が難しく，締め出しの対価の相当性の判断も容易でないために，短期間のうちに行わなければならない株式併合の差止めだけに株主の保護を委ねるのは妥当でないからである[19]。したがって，募集株式の有利発行の場合とは異なり，株式併合の場合には，株主総会決議の欠缺は無効原因に該当すると解すべきであろう。

　他方で，締め出しの対価が著しく不当であること自体は，株式併合の無効原因に当たらないと解される。その理由は，上記のように解すれば，締め出しの対価の著しい不当それ自体を無効原因とする必要性に乏しい一方，先に触れたように，株式併合の無効を主張できる期間が制限されていないために，締め出しの対価の著しい不当それ自体を無効原因にすると，法的安定性が著しく阻害されることにある[20]。後者の点は，仮にそうなると，組織再編を用いた締め出しの場合（組織再編の無効を主張できる期間は最長でも無効の訴えの提訴期間である組織再編の効力発生後6ヶ月間である〔会社828条1項7号等〕）と

---

[19] 念のために付言すると，募集株式の有利発行についても，同様の理由から，特に非上場会社の場合には差止めだけに株主の保護を委ねることには問題があると考えられるが，判例は，それよりも，上場会社の募集株式の発行をめぐる取引の安全（発行された株式の引受人・転得者の保護）の方を重視して，株主総会決議の欠缺は無効原因に当たらないとしている。これに対し，株式併合については，差止めだけに株主の保護を委ねることには問題があるうえに，およそ全ての会社の場合について取引の安全保護の要請も小さいのだから，株主総会決議の欠缺は無効原因に当たらないと解すべき理由はないといえよう。

の非対称性が大きくなるという意味でも，好ましくないように思われる[21]。

7 | 裁判所による対価の相当性の審査方法

[1] 一般論

　これまで繰り返してきたように，特別利害関係人たる支配株主の議決権行使によって，少数株主に著しく不当な対価を交付することを前提とした株式併合を決定する株主総会決議が成立した場合には，当該決議について，特別利害関係人の議決権行使による著しく不当な決議であるという決議取消事由（会社831条1項3号）が認められる。それでは，そもそも締め出しの対価が著しく不当であるかどうかは，どのように判断すべきなのだろうか。

　一般論としては，締め出しの対価（端数の処理の結果として少数株主に交付される金銭の額）が「公正な対価」と比べて著しく低廉である場合に，締め出しの対価が著しく不当であると評価されることになるであろう。問題は，そこでいう「公正な対価」が何を意味するのかである。あまり明示的に議論されていないようであるが，素直に考えると，「公正な対価」とは，反対株主が株式買取請求をした場合に得られる「公正な価格」（会社182条の4第1項）と同義であることになりそうである[22]。そして，仮にそうだとすれば，ここでの「公正な価格」は，①締め出しによって企業価値が増加する場合には，当該増加分が少数株主に公正に分配されるとした場合に少数株主が受け取ることになる対価の額（公正分配価格），②締め出しによって企業価値の増加が生じない場合は，株式併合について決定する株主総会決議がなかったならば当該株

---

20) なお，合併については，特に中小企業間の合併の場合には，合併対価の著しい不公正それ自体が無効原因になるとする見解も有力である（受川・前掲注9）363頁以下など）。合併については合併無効の訴えの提訴期間を制限するという形で無効を主張できる期間が制限されているため，株式併合とは異なり，そのように解しても，法的安定性が著しく阻害されるわけではない。
21) 締め出しのための株式併合の無効につき，組織再編を用いた締め出しの場合との非対称性をなるべく小さくするような解釈論が望ましいことを指摘するものとして，船津・前掲注1）187頁以下参照。
22) 玉井利幸「判批」南山法学34巻3・4号117頁注33，大阪地判平成24年6月29日判タ1390号309頁参照。

式が有していたであろう価格（ナカリセバ価格）[23]を指すことになるであろう[24・25]。

ただし，一般論としては上記のようにいえるとしても，現実には，締め出しによって企業価値の増加が生じるのか，また，生じるとした場合にどのくらいの増加が生じるのかの認定は難しい。この問題について，裁判所が不十分な情報に基づいて判断すると，取引当事者の予測可能性が害されるうえに，それを恐れて，望ましい締め出しが行われなくなる危険もある。さりとて，少数株主の締め出しは支配株主が存在する状況で行われることが多いところ，その場合には，取締役が支配株主の意向に従い，支配株主に有利で少数株主に不利な対価を定める危険が小さくないから（利益相反問題の存在），裁判所が全く介入しないとするのも妥当でない。

それでは，締め出しの対価の相当性について，裁判所はどのような方法で審査すべきなのであろうか。この問題については，近時，締め出しの場合だ

---

23) 後述するように，二段階買収の場合には，企業価値の増加が生じるかどうかは，二段階目の取引（締め出し）によって企業価値の増加が生じるかどうかではなく，一連の取引（第一段階目の取引と第二段階目の取引）によって企業価値の増加が生じるかどうかによって判断されるべきである。このこととの関係で，ナカリセバ価格も，一連の取引が全体として行われなかったならば当該株式が有していたであろう価格と定式化されるべきことになる。

24) 最決平成23年4月19日民集65巻3号1311頁，最決平成24年2月29日民集66巻3号1784頁は，組織再編の場合における反対株主の株式買取請求に係る「公正な価格」の意義について，そのように解している。株式併合を用いた締め出しの場合における反対株主の株式買取請求に係る「公正な価格」について，それと別異に解する合理的な理由は見当たらないであろう（田中亘「総括に代えて─企業再編に関する若干の法律問題の検討」土岐敦司＝辺見紀男編『企業再編の理論と実務─企業再編のすべて』〔商事法務，2014年〕217-219頁）。なお，レックス・ホールディングス事件最高裁決定（最決平成21年5月29日金判1326号35頁）における田原睦夫裁判官の補足意見では，全部取得条項付種類株式を用いた締め出しの場合につき，若干異なる定式化がなされているが，それと本文で述べた定式との異同につき，金融商品取引法研究会「公開買付前置型キャッシュアウトにおける価格決定請求と公正な対価」金融商品取引法研究会研究記録58号6-11頁〔藤田友敬報告〕参照。

ただし，いずれにせよ算定基準日は別にせざるを得ない。すなわち，最高裁は，株式買取請求に係る「公正な価格」の算定基準日は，株式買取請求権の行使時であると解している。これに対し，株主総会決議の効力との関係で「公正な価格」を問題にする場合は，株主総会決議日における「公正な価格」を基準にすることになろう。

けでなく，組織再編も含めたM&A取引一般について，裁判所は会社による対価の決定手続が公正であるかどうかを審査すべきであり，仮に一般に公正と認められる手続で対価が決定されている場合には，会社が決定した対価を「公正な価格」とすべきであるとする考え方[26]が多数になってきている。以

25) もっとも，少数株主の締め出しに係る株主総会決議の効力が問題になる場面においても，株式買取請求に係る「公正な価格」と同じ額（ただし算定基準日は株主総会決議日）を基準にして対価の相当性を判断することが本当に妥当かどうかは，再検討の余地がある。筆者自身は，差止めや取締役の責任が問題になる場面はそれで妥当だが，株主総会決議の効力が問題になる場面に関しては，むしろ常にナカリセバ価格（算定基準日は株主総会決議日）を基準にして判断する方が妥当なのではないかと考えている。すなわち，株主総会決議の取消しが認められると，株式買取請求権を行使しなかった株主には救済が与えられる反面，株式買取請求権を行使した株主は，既に「公正な価格」（締め出しによって企業価値が増加する場合は公正分配価格）を受け取っていたのに，それを会社に返還して元の保有株式を受け取ることになる。その場合，「公正な価格」よりも元の保有株式の価値が低ければ，株式買取請求権を行使した株主にとっては，不利益になる。そのため，決議取消しが認められるのは，株式買取請求権を行使した株主の不利益を考慮してもなお，株式買取請求権を行使しなかった株主を救済すべきであるといえるほど，その救済の必要が大きい場合に限られるべきではなかろうか。そして，締め出しの対価がナカリセバ価格と比べると著しく低廉ではないが，公正分配価格と比べると著しく低廉な場合には，株式買取請求権を行使しなかった株主も元の保有株式の価値に近い対価は受け取っており，決議取消しを認めないとしても締め出し前より状態がさほど悪化するわけではないことに鑑みると，彼らに決議取消しという救済を与える必要性はそう大きくないように思われる（久保田安彦「判批」商事法務2032号〔2014年〕110-111頁参照）。

26) 田中亘「組織再編と対価柔軟化」法学教室304号（2006年）79-80頁，藤田友敬「新会社法における株式買取請求権制度」黒沼悦郎＝藤田友敬編『企業法の理論（江頭憲治郎先生還暦記念）（上）』（商事法務，2007年）288-290頁，中東正文「企業買収・組織再編と親会社・関係会社の法的責任」法律時報79巻5号（2007年）36頁，松尾健一「株式買取請求権」ジュリスト1346号（2007年）54-55頁，加藤貴仁「レックス・ホールディングス事件最高裁決定の検討（中）」商事法務1876号（2009年）5頁，田中・前掲注24）224-230頁など。これらの学説の議論は，直接的には，反対株主の株式買取請求に係る「公正な価格」，または，全部取得条項付種類株式の取得価格決定申立てに係る「取得の価格」（会社172条1項）をめぐるものである。しかし，そうした学説の議論は，株式併合を決定する株主総会決議が会社法831条1項3号所定の著しく不当な決議に該当するかどうかという問題についても妥当するであろう（伊藤吉洋「特別利害関係人の議決権行使による著しく不当な決議と組織再編の差止め」北村雅史＝高橋英治編『（藤田勝利先生古稀記念）グローバル化の中の会社法改正』〔法律文化社，2014年〕236頁，受川・前掲注9）294頁参照）。

下では，二段階買収でない場合と二段階買収である場合とに分けて，そうした考え方に基づく裁判所の審査方法について検討することにしよう。

[2] 二段階買収でない場合

　二段階買収の場合には例外もあるが（後掲［3］参照），二段階買収でない場合には，少数株主の締め出しは支配株主が存在する状況で行われるのが通例である。そのような場合には，取締役が支配株主の意向に従い，支配株主に有利で少数株主に不利な対価を定める危険が大きい（利益相反問題の存在）。そこで，特に上場会社の場合には，実務上，締め出しの対価の公正性を担保するため，社外役員や外部有識者からなる特別委員会（独立委員会，第三者委員会ともいう）に対価の公正性を審査させたり，中立的な株価算定機関（投資銀行など）による株価算定書に基づいて対価を決定するといった措置（公正担保措置）が講じられることが少なくない。裁判所は，そうした公正担保措置が実効的なものであり，一般に公正と認められる手続で締め出しの対価が決定されたと評価できるかどうかを審査し[27]，その結果，そのように評価できるとした場合には，特段の事情がない限り，締め出しの対価は「公正な価格」であるとみるべきである。したがって，その場合には，株式併合を決定する株主総会決議について，特別利害関係人の議決権行使による著しく不当な決議であるという決議取消事由（会社831条1項3号）は認められないことになる。

　他方，公正担保措置が全く講じられていないとか，一応講じられてはいるが実効的なものとはいえない場合には，会社が決定した締め出しの対価が「公正な価格」であるとみることはできない。そこで，裁判所は，新たに「公正な価格」を算定すべきである（既述のように締め出しによって企業価値の増加が生じるかどうかによって「公正な価格」は変わってくる）。そのうえで，裁判所は，算定した「公正な価格」と実際の締め出しの対価を比較することになる。

---

[27] 公正担保措置としての第三者委員会の実効性に関する裁判所の審査方法につき，詳しくは，白井正和「利益相反回避措置としての第三者委員会の有効性の評価基準」岩原紳作ほか編『会社・金融・法（下）』（商事法務，2013年）165頁以下，寺前慎太郎「支配株主による締出しの場面における特別委員会のあり方」同志社法学65巻5号（2014年）151頁以下参照。

「公正な価格」にはある程度の幅がありうるが（この場面では株式買取請求の場面とは異なり裁判所が「公正な価格」を一義的に決める必要はない），その幅の下限を実際の対価が下回る場合は，株式併合を決定する株主総会決議は会社法831条1項3号所定の著しく不当な決議に該当すると解される。

[3] 二段階買収である場合

先に触れたように，二段階買収とは，一段階目の取引として，買収者が株式公開買付けを行い，対象会社の支配株式を取得して支配株主になった後に，二段階目の取引として，株式公開買付けに応じずに会社に残った少数株主の締め出しを行う場合のことをいう。

こうした二段階買収にあっては，二段階目の取引で少数株主に交付される締め出しの対価は，一段階目の取引における公開買付価格と同額に定められるのが通例である[28]。そして，一段階目の取引である株式公開買付けの時点では，買収者が対象会社の支配株主や取締役ではなく，利益相反問題が存在しないと評価できるような場合もありうる。そのような場合には，特段の事情がない限り，公開買付価格と同額に定められる二段階目の取引における締め出しの対価は「公正な価格」であると解される。これは以下の理由によるものである。

すなわち，株式公開買付け自体は，買収者と対象会社の株主との間の取引である。しかし，実際上，買収者は，事前に対象会社の取締役との間で公開買付価格その他の買収条件をめぐる交渉を行って，対象会社の取締役会の賛同を得た後に，公開買付けを行うのが通例である。というのも，対象会社の取締役会の賛同を得ていれば，対象会社の株主の応募を得やすいし，デュー・デリジェンスを行って対象会社の事業・財産の状況を把握したうえで株式公開買付けを行うことが可能になるからである[29]。そうすると，買収者が

---

[28] このように二段階目の取引で少数株主に交付される締め出しの対価が，一段階目の取引における公開買付価格と同額にされるのは，締め出しの対価の方が高額だと，株式公開買付けが成功しにくくなること，逆に，締め出しの対価の方が低額だと，株式公開買付けの強圧性という問題が生じることが主たる理由である。株式公開買付けの強圧性については，飯田秀総「買収手法の強圧性ととりうる法の対処策」田中亘編『数字でわかる会社法』（有斐閣，2013年）222頁以下など参照。

[29] 田中亘「企業買収・再編と損害賠償」法律時報88巻10号（2016年）23頁。

対象会社の支配株主や取締役ではない場合には，買収者と対象会社の取締役が独立当事者として交渉して同意した結果として，株式公開買付けが行われることになる。そのような場合には，企業価値を増加させないとか，買付価格が不当であるというような株式公開買付けに対して，対象会社の取締役があえて賛同するとは考えにくいから，特段の事情がない限り，公開買付価格は対象会社の株主にとって公正な価格（当該二段階買収によって会社の企業価値が増加し，その増加分が株主に公正に分配されるような価格〔公正分配価格〕）であり，それと同額に定められる二段階目の取引における締め出しの対価も「公正な価格」であると解される。したがって，株式併合を決定する株主総会決議にも，特別利害関係人の議決権行使による著しく不当な決議であるという決議取消事由（会社831条1項3号）は認められないことになる。

　他方，仮に一段階目の取引の時点で，すでに買収者が対象会社の支配株主や取締役（MBOの場合）であり，利益相反問題が存在すると評価される場合には，上記 [2] で述べたのと同じく，裁判所はまず，実効的な公正担保措置が講じられているかどうかを審査するという方法に拠るべきであると解される[30]。そのうえで，仮に実効的な公正担保措置が講じられていない場合には，裁判所は「公正な価格」を算定して対価の不当性を判断すべきであるが，その際，ナカリセバ価格と公正分配価格のいずれを「公正な価格」とすべきかは，二段階目の取引（締め出し）によって企業価値の増加が生じるかどうかではなく，一連の取引（第一段階目の取引と第二段階目の取引）によって企業価値

---

30) ジュピターテレコム事件最高裁決定（最決平成28年7月1日民集70巻6号1445頁）も，上場会社の多数株主が当該上場会社の株式を対象とした株式公開買付け（一段階目の取引）を行った後に，全部取得条項付種類株式を用いた少数株主の締め出し（二段階目の取引）が行われ，その少数株主が取得価格決定の申立て（会社172条）を行った事案について，同様の考え方を採用している。すなわち，同決定は，「独立した第三者委員会や専門家の意見を聴くなど多数株主等と少数株主との間の利益相反関係の存在により意思決定過程が恣意的になることを排除するための措置」が講じられ，公開買付けに応募しなかった株主の保有株式も公開買付価格と同額で取得する旨が明示されているなど「一般に公正と認められる手続」により公開買付けおよび公開買付価格と同額での全部取得条項付種類株式の取得が行われた場合には，「上記取引の基礎となった事情に予期しない変動が生じたと認めるに足りる特段の事情」がない限り，取得価格決定の申立て（会社172条）に係る取得価格を公開買付価格と同額とするのが相当である（公開買付価格と同額が公正な価格になる）旨を判示した。

の増加が生じるかどうかによって判断することになろう。というのも，二段階買収の場合，企業価値の増加は一連の取引によって生じるところ，そのうちのどれだけが一段階目の取引（公開買付け）によって生じ，どれだけが二段階目の取引（締め出し）によって生じるかのかは区別できないからである[31]。

8 ｜取締役の責任

[1] 問題の所在

　株式併合の効力発生後において，不当な対価で締め出された少数株主としては，締め出しの効力は争わずに，取締役の損害賠償責任を追及することも考えられる。その場合，締め出しによって会社には損害が生じておらず（むしろ企業価値が向上する場合も少なくない），株主に直接損害が生じているから，株主は，取締役の第三者に対する責任の追及を考えるべきことになる。

　取締役の第三者に対する責任の要件は，①取締役がその職務を行うについて悪意または重大な過失があること，②第三者（ここでは株主）に損害が生じていること，および，③①と②の間に相当因果関係が認められることである（会社 429 条 1 項）。このうち①の要件は，判例[32]・通説によれば，悪意・重過失による任務懈怠があることを指すところ，実際の事例で特に問題となるのは当該要件を充たすかどうかであるから，以下，その点を取り上げて検討してみよう。

[2] 取締役の善管注意義務の内容

　取締役の任務懈怠とは，本来行うべき取締役としての任務を怠ることをいう。本来行うべき取締役としての任務とは，抽象的には，善良なる管理者の注意をもって取締役としての職務を行うことであるから，そうした注意を払わずに行為した場合（善管注意義務違反の場合）には任務懈怠が認められることになる。

　会社法上，取締役の善管注意義務は，会社に対して負うものとされ（会社 330 条・民 644 条），株主に対して何らかの義務を負うことは，明文上は規定さ

---

31) 田中・前掲注 24) 217-219 頁。
32) 最判昭和 44 年 11 月 26 日民集 23 巻 11 号 2150 頁。

れていない。そのため，取締役としては，会社の利益になるように（企業価値を最大化するように）行為すればよく，それゆえ，少数株主の締め出しのための株式併合を行うことで企業価値が増加するのであれば，たとえ少数株主に不当な対価を交付して損害を与えたとしても，善管注意義務に違反しないようにもみえる。

　しかし，締め出しの場合を含めて，企業再編一般の場合につき，会社法は，株主に交付される対価の公正性の確保を目指していると考えられる。例えば，特別支配株主の株式等売渡請求や略式組織再編の場合には，対価の著しい不当が差止事由として規定されているし（会社 179 条の 7 第 1 項，784 条の 2 第 2 号），反対株主の株式買取請求権という形でも「公正な価格」の交付が予定されている。そうだとすれば，会社法上，取締役の善管注意義務の内容としても，対価の公正性を確保すべきこと（公正価値移転義務）が予定されていると解するのが素直であろう[33]。そして，そのような解釈の下では，締め出しによって企業価値が増加する場合であっても，少数株主に交付される対価が不当であるときには，取締役に公正価値移転義務違反，すなわち善管注意義務違反（任務懈怠）が認められる余地が生じることになる[34]。

---

[33]　飯田秀総「特別支配株主の株式等売渡請求」神田秀樹編『論点詳解　平成 26 年改正会社法』（商事法務，2015 年）153-154 頁。また，田中・前掲注 29）23 頁も参照。さらに，少数株主の利益を守る義務を取締役に課すことで，事前の段階で資本コストの上昇を抑止し，事後の段階で価値減少型の締め出しを抑止することにもなり，会社の長期的利益の向上につながるという議論もなされている（玉井利幸「株式等売渡請求，キャッシュ・アウト，取締役の義務（1）」南山法学 36 巻 3・4 号〔2013 年〕242-243 頁）。

[34]　レックス・ホールディングス事件高裁判決（東京高判平成 25 年 4 月 17 日金判 1420 号 27 頁）も，締め出しの一類型である MBO の場合につき，以下のように判示している。「株式会社は，会社の企業価値を向上させて，会社の利益ひいては企業所有者たる株主の共同の利益を図る仕組みの営利企業であり，取締役及び監査役の会社に対する善管注意義務は，会社，ひいては，株主の共同の利益を図ることを目的とするものと解される。」「株主は……MBO に際して実現される価値を含めて適正な企業価値の分配を受けることについて，共同の利益を有するものと解される……。」「したがって，取締役及び監査役は，善管注意義務の一環として，MBO に際し，公正な企業価値の移転を図らなければならない義務（以下，便宜上「公正価値移転義務」という。）を負うと解するのが相当であり，MBO を行うこと自体が合理的な経営判断に基づいている場合……でも，企業価値を適正に反映しない買収価格により株主間の公正な企業価値の移転が損なわれたときは，取締役及び監査役に善管注意義務違反が認められる余地があるものと解される。」

[3] 公正価値移転義務違反の有無の審査方法

そうすると次の問題は，公正価値移転義務違反があったかどうかを具体的にどのように審査すべきかである。ここで，裁判所が締め出しの対価の相当性について，どのような方法で審査すべきであったかを思い出してみよう。まず，①利益相反問題が存在する場合（二段階買収でない場合など）には，会社が実効的な公正担保措置を講じているかどうかを審査する。そのうえで，(a) 会社が実効的な公正担保措置を講じており，それゆえ，一般に公正と認められる手続で締め出しの対価が決定されたと評価できる場合には，利益相反問題の影響は排除されているはずだから，特段の事情がない限り，少数株主に交付される締め出しの対価は公正であるとされる。(b) そうでない場合には，裁判所は「公正な価格」を算定したうえで，それと実際の締め出しの対価を比較することで対価の相当性を判断する。他方，②二段階買収において，一段階目の取引の時点では買収者が支配株主・取締役でない場合のように，利益相反問題が存在しないと評価できる場合もありうる。このような場合には，特段の事情がない限り，一段階目の取引における公開買付価格は公正な価格であると考えられるから，それと二段階目の取引における締め出しの対価が同額に定められるときには，締め出しの対価は公正であるとされる。

取締役の公正価値移転義務違反の有無が問題となっている場面でも，上記と同様の審査方法を採用すべきであろう。したがって，第一に，上記のような審査の結果，仮に締め出しの対価が公正であるとされるなら，取締役の公正価値移転義務違反は認められない[35]。

第二に，締め出しの対価が不当であると評価される場合には，そうした不当な対価での少数株主の締め出しが行われたことにつき，取締役の公正価値移転義務違反が認められる余地が生じる。ここで問題となるのは，どのような基準で取締役の義務違反の有無が審査されるべきか，経営判断原則が適用されるべきかどうかである。仮に経営判断原則が適用されれば，取締役の義務違反の有無は，取締役の決定の過程または内容に著しく不合理な点があるかどうかという緩やかな基準[36]で審査されることになる。

この問題については，利益相反問題の影響を受けているかどうかで異なる

---

35) 田中・前掲注29) 24頁参照。
36) 最判平成22年7月15日判時2091号90頁。

と考えられる。すなわち，まず上記①-(b)の場合のように，利益相反問題の影響を受けている場合（利益相反問題が存在し，かつ，実効的な公正担保措置が講じられていないために利益相反問題の影響が排除されていない場合）では，取締役に広い裁量権を認めるべきではなく，厳格な審査をすべきである。したがって，経営判断原則は適用せず，むしろ締め出しの対価が不当であることをもって取締役の公正価値移転義務違反（任務懈怠）を認めてよいであろう[37]。また，そのような場合には，当該任務懈怠につき，取締役の悪意または重過失[38]も認められることが多いと思われる。

　これに対し，上記①-(a)の場合（利益相反問題が存在するが，実効的な公正担保措置が講じられており利益相反問題の影響が排除されている場合）または上記②の場合（そもそも利益相反問題が存在しない場合）において，例外的に締め出しの対価が不当であるとされたときには，経営判断原則を否定する理由は見当たらない。したがって，取締役の公正価値移転義務違反の有無は，取締役の決定の過程または内容に著しく不合理な点があるかどうかという緩やかな基準で審査すべきであると解される[39・40]。この結果，取締役の義務違反（任務懈怠）は否定されやすくなる反面，仮に義務違反が肯定される場合には，同時に悪意または重過失も肯定されるのが通例であろう。

---

37) 飯田・前掲注33) 156頁。また，田中・前掲注29) 23頁も参照。
38) ここでの過失は，客観的な過失，すなわち，結果の予見可能性を前提とした，結果回避義務違反（結果を回避するための措置・手段を十分に講じていないこと）のことであるから，重過失とは，かかる結果回避義務違反の程度が著しい場合（締め出しの対価を公正なものとするための行為があまりに不十分である場合）を指すことになる。
39) 飯田・前掲注33) 156頁，田中・前掲注29) 23-24頁参照。
40) 例えば，上記②の場合，すなわち，独立当事者である買収者が二段階買収を行い，一段階目の株式公開買付けの買付価格と同額の対価により二段階目の少数株主の締め出しを行ったところ，かかる締め出しの対価が不当であるとされた場合を考えてみよう。この場合，対象会社の取締役に対しては，(a) 一段階目の株式公開買付けの買付価格が不当であるのに，それに賛同することを決定して当該価格での公開買付けを許してしまったこと，および，(b) 当該公開買付価格と同額の対価で締め出しを行うことを決定したことにつき，公正価値移転義務違反があるかどうかが問われるところ，そうした取締役の決定の過程または当該決定の内容に著しく不合理な点がない限り，義務違反はないとされることになる。通常は，仮に (a) の決定について義務違反がないとされれば，(b) の決定についても義務違反がないとされるであろう。

事項索引

〈あ〉

預合い ………………………………176
安全資産の収益率……………………23
安全利子率……………………………23

〈い〉

一株一議決権原則 ……………………7
一元説 …………………………………105
因果関係 ………………………………118
インカムアプローチ ……………22, 27
インセンティブ報酬 …………………90

〈え〉

MSCB …………………………………151
MBO …………………………………204

〈お〉

オプション評価モデル …………101, 148, 156

〈か〉

会計監査人……………………………19
会社設立の無効 ………………………174
額面株式………………………………195
仮装払込み……………………107, 166, 168
合併 ……………………………………204
株券発行会社…………………………38
株券不発行会社 ………………………32, 40
株式 ……………………………………1
株式会社法の目的 ……………………9
株式公開買付け ……………………203, 220

〈き〉

株式交換 ………………………………204
株式譲渡制限 …………………………15
株式の準共有 …………………………44
株式の評価 ……………………………20
株式併合 ……………………………204, 206
　──の差止め ………………………208
　──の無効 …………………………213
株主総会 ………………………………4
株主のコントロール権 ………………4, 13
株主の締め出し ……………………196, 202
株主名簿 ………………………………32
　──の確定的効力 …………………33
　──の権利推定力 …………………34
　──の資格授与的効力 ……………34
　──の対抗力 ………………………33
　──の名義書換 ……………………33, 34
　──の免責的効力 …………………34
株主資本コスト ………………………24
監査委員会……………………………62
監査等委員会設置会社 ………………63
監査役会設置会社 ……………………55
監視義務 ……………………………113, 119
間接取引………………………………65

〈き〉

機関権限分配秩序論 …………………125
客観的な過失 ………………72, 106, 109, 225
キャッシュ・アウト …………………202
共同相続………………………………44
業務担当取締役 ………………………56

〈く〉

具体的な法令の違反 …………………72
区分規制………………………………10

〈け〉

経営判断原則 ………………109, 117, 224
契約の不完備性 …………………………5
現物出資 …………………107, 159, 166
権利行使者の選定方法……………………45

〈こ〉

ゴーイング・プライベート ……………203
公開会社………………………………11, 121
公正価値移転義務 ……………………223
公正分配価格 ……………………………216
コーポレートガバナンス・コード ……89, 90

〈さ〉

再調達価値法……………………………21
差額説 ……………………………………118
三角合併 …………………………………204
残余権者 ……………………………………5

〈し〉

CEO …………………………………………58
時価純資産法……………………………21
自己株式及び準備金の額の減少等に関する
　会計基準 ……………………………185
自己株式
　――の取得 ……………………178, 183
　――の消却 …………………………185
　――の処分 ……………122, 186, 201
　――の保有 …………………………183
自己新株予約権の処分 …………………158
執行役 ……………………………………62
実際配当還元法 ……………………27, 28
資本金 ……………………………178, 189
資本準備金 ……………………………190
資本制度 ………………………………178
指名委員会 ………………………………62
指名委員会等設置会社 …………………62
社外監査役 ………………………………61
社外取締役 ………………………………61
社長 ………………………………………58
収益還元法………………………………22

収益方式…………………………………22
授権資本制度 ……………………123, 133
出資 ………………………………………2
準共有 ……………………………………44
　――株式 ………………………………44
純資産方式………………………………21
準備金 ……………………………178, 189
譲渡制限株式の売買価格………………26
使用人兼務取締役………………………59
常務………………………………………58
剰余金 …………………………………178
剰余金の配当 …………………………178
新株の発行 ……………………………121
新株引受権附社債 ……………………146
新株予約権 …………………98, 145, 154
　――の行使条件の決定の委任 ………159
　――の行使条件の変更・廃止 ………160
　――の行使による株式発行の差止め …162
　――の行使による株式発行の無効 …163
　――の有利発行 ………………99, 155
　――発行の差止め …………………161
　――発行の不存在 …………………161
　――発行の無効 ……………………161

〈す〉

スクィーズ・アウト ……………………202
ストック・オプション………………90, 146

〈せ〉

清算価値法 …………………………21, 30
say on pay ……………………………88
善管注意義務 …………………104, 222
選定業務執行取締役……………………56
全部取得条項付種類株式 ………198, 204
専務………………………………………58

〈そ〉

その他資本剰余金 ………………181, 190
その他利益剰余金 ………………181, 190

〈た〉

大会社……………………………………18

事項索引　227

退職慰労金‥‥‥‥‥‥‥‥‥‥‥‥‥‥90
代表執行役‥‥‥‥‥‥‥‥‥‥‥‥‥63
代表取締役‥‥‥‥‥‥‥‥‥‥‥‥‥56

〈ち〉

直接取引‥‥‥‥‥‥‥‥‥‥‥‥‥‥65

〈て〉

TOB‥‥‥‥‥‥‥‥‥‥‥‥‥‥‥203
DCF法‥‥‥‥‥‥‥‥‥‥‥‥‥‥22
敵対的買収の脅威による経営者の規律付け
‥‥‥‥‥‥‥‥‥‥‥‥‥‥‥‥‥13
転換社債‥‥‥‥‥‥‥‥‥‥‥146, 151

〈と〉

頭取‥‥‥‥‥‥‥‥‥‥‥‥‥‥‥‥58
特定引受人‥‥‥‥‥‥‥‥‥‥‥‥127
特別支配株主の株式等売渡請求‥‥‥204
特別の利害関係を有する株主 ‥‥211, 214, 219
特別の利害関係を有する取締役‥‥‥‥84
特例有限会社‥‥‥‥‥‥‥‥‥‥‥‥11
取締役
　——の過失‥‥‥‥‥‥72, 106, 109, 225
　——の監視義務‥‥‥‥‥‥‥113, 119
　——の説明義務‥‥‥‥‥‥‥‥‥‥95
　——の善管注意義務‥‥‥‥‥104, 222
　——の第三者に対する責任‥‥‥‥222
　——の退職慰労金‥‥‥‥‥‥‥‥‥90
　——の調査権限‥‥‥‥‥‥‥‥‥114
　——の任務懈怠‥‥‥‥‥‥‥‥‥222
　——の任務懈怠責任‥‥‥‥‥71, 104
　——の任務懈怠と過失の関係‥‥‥‥73
　——の任務懈怠の推定‥‥‥‥‥‥71
　——の報酬等‥‥‥‥‥‥‥‥‥‥‥78
　——の無過失責任‥‥‥‥‥‥‥‥71
取締役会の無機能化‥‥‥‥‥‥‥‥‥55
取引事例法‥‥‥‥‥‥‥‥‥‥‥‥‥25

〈な〉

内部職制制‥‥‥‥‥‥‥‥‥‥‥‥‥58
内部統制システム‥‥‥‥‥‥‥114, 116
ナカリセバ価格‥‥‥‥‥‥‥‥‥‥217

〈に〉

二元説‥‥‥‥‥‥‥‥‥‥‥‥‥‥105
二段階買収‥‥‥‥‥‥‥‥‥‥203, 220

〈ね〉

ネットアセットアプローチ‥‥‥‥21, 30

〈は〉

端数の処理‥‥‥‥‥‥‥‥‥‥‥‥207

〈ひ〉

非公開会社‥‥‥‥‥‥‥‥‥‥11, 133
比準方式‥‥‥‥‥‥‥‥‥‥‥‥‥25
非上場会社化‥‥‥‥‥‥‥‥‥‥‥203
非上場の公開会社‥‥‥‥‥‥‥‥‥14
100％減資‥‥‥‥‥‥‥‥‥‥‥‥196
平取締役‥‥‥‥‥‥‥‥‥‥‥‥‥57
非流動性ディスカウント‥‥‥‥‥‥30

〈ふ〉

副社長‥‥‥‥‥‥‥‥‥‥‥‥‥‥58
不公正発行‥‥‥‥‥‥‥‥124, 131, 141
不公正ファイナンス‥‥‥‥‥‥‥‥168
振替株式‥‥‥‥‥‥‥‥‥‥‥‥‥40
フリーキャッシュフロー‥‥‥‥‥‥22
分配可能額‥‥‥‥‥‥‥‥‥‥‥‥178

〈へ〉

閉鎖会社‥‥‥‥‥‥‥‥‥‥‥‥‥15

〈ほ〉

報酬委員会‥‥‥‥‥‥‥‥‥‥‥62, 86
簿価純資産法‥‥‥‥‥‥‥‥‥‥‥21
募集株式の発行等‥‥‥‥‥‥121, 133
募集新株予約権の発行‥‥‥‥‥‥‥154

〈ま〉

マイノリティディスカウント ……………30
マーケットアプローチ……………………25

〈み〉

見せ金 ……………………………………175

〈も〉

MM〔モジリアーニ=ミラー〕の第1命題
　……………………………………………2
モニタリングモデル ……………63, 64, 115

〈ゆ〉

有限会社法…………………………………10

〈り〉

利益供与 …………………………………107
利益準備金 ………………………………190
利益相反取引………………………………65
利益相反問題 ……………111, 217, 220, 224
リスクフリーレート………………………23
リスクプレミアム…………………………24

〈る〉

類似会社比準法……………………………25

〈ろ〉

労務出資の禁止……………………………99

〈わ〉

ワラント債 ………………………………146
割引率………………………………………23

事項索引　229

《著者紹介》
久保田　安彦(くぼた　やすひこ)

●──略歴
1994 年　　早稲田大学法学部卒業
1997 年　　同大学院法学研究科修士課程修了
2000 年　　同大学院法学研究科博士後期課程単位取得退学
早稲田大学法学部助手，早稲田大学商学部准教授，大阪大学大学院法学研究科准教授等を経て現在，
慶應義塾大学大学院法務研究科教授
2010 年～2011 年　　ブリティッシュ・コロンビア大学客員研究員
2016 年～　　公認会計士試験（企業法）試験委員

●──主要著作
『会社法』（共著，弘文堂，2016 年）
『人間ドラマから会社法入門』（共編著，日本評論社，2015 年）
『企業金融と会社法・資本市場規制』（有斐閣，2015 年）
ほか

会社法の学び方(かいしゃほう　まな　がた)

2018 年 2 月 28 日　第 1 版第 1 刷発行

著　者────久保田安彦
発行者────串崎　浩
発行所────株式会社　日本評論社
　　　　　　〒170-8474　東京都豊島区南大塚 3-12-4
　　　　　　電話　03-3987-8621（販売：FAX-8590）
　　　　　　　　　03-3987-8592（編集）
　　　　　　https://www.nippyo.co.jp/　振替　00100-3-16
印刷所────株式会社精興社
製本所────株式会社難波製本
装　丁────図工ファイブ

JCOPY 〈(社) 出版者著作権管理機構　委託出版物〉
本書の無断複写は著作権法上での例外を除き禁じられています．複写される場合は，そのつど事前に，(社) 出版者著作権管理機構（電話 03-3513-6969，FAX 03-3513-6979，e-mail：info@jcopy.or.jp）の許諾を得てください．また，本書を代行業者等の第三者に依頼してスキャニング等の行為によりデジタル化することは，個人の家庭内の利用であっても，一切認められておりません．

検印省略　Ⓒ2018　Yasuhiko Kubota
ISBN 978-4-535-52338-8　　　　　　　　　　　　　　　　　Printed in Japan